Das altdeutsche
WEIHNACHTSBUCH

Das altdeutsche
WEIHNACHTSBUCH

Bechtermünz Verlag

Konzeption und Produktion: Bücher-GmbH, Bayreuth
(Zusammenstellung und Redaktion: Diethard H. Klein und
Dr. Teresa Müller-Roguski; Textbearbeitung und Bildauswahl:
Dr. Teresa Müller-Roguski)

Genehmigte Lizenzausgabe für
Bechtermünz Verlag im
Weltbild Verlag GmbH, Augsburg 1996

Umschlagmotiv: AKG, Berlin
Umschlaggestaltung: Adolf Bachmann, Reischach
Gesamtherstellung: Ebner Ulm
Printed in Germany
ISBN 3-86047-503-7

Vorwort

In seinen Texten, Liedern und Bildern besinnt sich dieses Buch zurück auf die Weihnachtszeit, wie man sie feierte, als noch nicht Weihnachtslieder vom Tonband durch die Kaufhäuser hallten und eine Weihnachts-Show über alle Fernsehkanäle flimmerte.

Mit welchen Bräuchen man Weihnachten feierte im vergangenen Jahrhundert, wie für Kinder und Erwachsene der Heilige Abend ablief, welche Freuden schon die Adventszeit brachte und was man für schöne alte Lieder sang, das will dieses Buch zum Lesen und Vorlesen, Spielen und Singen vermitteln. Denn es sind den Liedern die Noten beigegeben, die Spiele kann man, zum Teil ebenfalls mit Gesang, aufführen, und gleichermaßen zum Vor- wie zum Selberlesen sind die Erzählungen, Erinnerungen, Brauchtumsberichte und Gedichte geeignet. Die hier behandelte Zeit reicht im übrigen von Nikolaus bis Dreikönig, und unter den Erzählungen aus Stadt und Land findet sich neben Besinnlichem auch Heiteres, und auch zwei Liebesgeschichten, die in enger Verbindung zum Weihnachtsfest stehen, sind dabei.

Um möglichst systematische Vielfalt haben wir uns sowohl bei der Auswahl der Autoren wie beim Spielplatz der Erzählungen als auch bei den Brauchtumsschilderungen, Rezepten und Spielen bemüht. Daher sind Niedersachsen, Schleswig-Holstein und Berlin ebenso vertreten wie Westfalen und das Rheinland, Bayern, Baden und Schwaben; Sachsen, Thüringen und das Erzgebirge gleichermaßen wie Meckenburg, Ostpreußen und Schlesien; auch Österreich und die Schweiz sind berücksichtigt. Und da unser Buch ganz und gar unpolitisch ist, dürfen wir auf ein Weihnachtsspiel aus Böhmen ebenso verweisen wie auf Verfasser, die in Warschau oder St. Petersburg, dem heutigen Leningrad, geboren wurden ...

Die Abbildungen haben wir aus Dutzenden von alten Werken zusammengetragen; unter den Künstlern (die im einzelnen zu nennen zu weit führen würde) finden sich mittelalterliche Meister wie Dürer und Schongauer neben jenen der Romantik, allen voran Ludwig Richter, Adolph von Menzel, Franz von Pocci und Moritz von Schwind, aber auch manche weniger oder gar nicht bekannte.

Was die Texte betrifft, so haben wir sie (ohne jedoch das Zeitkolorit oder die persönliche Handschrift des Autors zu vergewaltigen) heutigem Sprachgebrauch angepaßt. Heute nicht mehr so ohne weiteres verständliche Begriffe und Ausdrücke haben wir in Fußnoten erläutert, und gleiches gilt in bescheidenem Maße auch für die Mundarttexte, wobei wir freilich auch dem Leser einiges zutrauen. Im übrigen haben wir bewußt einen gut lesbaren Schriftgrad gewählt, um auch älteren Lesern die Lektüre zu erleichtern.

Und da wir sicher sind, damit einem vielfachen Wunsch zu entsprechen, haben wir auf den letzten Seiten des Bandes Informationen über die Autoren aufgenommen, deren Beiträge aus diesem „Altdeutschen Weihnachtsbuch" ein rundes Ganzes machen. Wenn einige davon aufzeigen, daß es in der „guten alten Zeit" zwar besinnlicher, aber auch viel bescheidener zuging, und daß das Weihnachtsfest nicht für alle rauschend und fröhlich war, dann kann das eigentlich nicht schaden ...

Inhaltsverzeichnis

Mariä Verkündigung

(Adventslied)

Es flog ein Vöglein leise
Zu einer Jungfrau rein,
In eines Engels Weise
Wohl in ihr Kläuselein:
Grüß dich Gott, du auserwählte Maid!
Du bist so wohl gezieret, gesegnet ist dein Leib.

Fritz Ortwein

Sitten und Bräuche in der Adventszeit

Welch' liebe Zeit ist doch diese auf des Christkindleins Geburtstag vorbereitende Adventszeit!

Träumen wir uns zurück in unsere Kindheitstage und die Erlebnisse der Adventsabende, da wir im dunklen Zimmer saßen, eines an das andere geschmiegt und von dem flüsterten, was das Christkind bringen möchte und was es wohl bringen würde. Da ging von der Gasse her ein flüchtiger Schein an den Wänden hin, und wir lauschten, ob die Haustür klingeln werde. Und horch! es schellte, es pochte an die Stubentür, sie öffnete sich, und Äpfel und Nüsse regneten herein. Aber sie tat sich rasch wieder zu und wir klagten, daß der „Knecht Ruprecht" oder der „alte Joseph" nicht zu uns hereintrete. Ein andermal hatte er mehr Zeit; da stürzte er in das Zimmer, in Pelz gehüllt, das Gesicht vermummt, die mächtige Rute in der Hand, den schweren Sack auf dem Rücken. Er fragte nach Fleiß und Artigkeit und seine Rutenhiebe vergalt er durch Gaben aus seiner Bürde. Am liebsten aber war uns, wenn das schöne Christkind mit ihm kam oder Gabriel und Petrus. Da sangen sie schön alte Gesänge, und die Milde des Christkindes und des Engels stachen scharf ab gegen die gutmütige aber strenge Art des Petrus und die komisch polternde des Josef oder Ruprecht.

Diese durch die Dämmerung der Adventsabende schleichenden und huschenden Gestalten wollen wir uns im folgenden näher betrachten.

Es sind gar verschiedenartige Wesen: im Norden altheidnische Götter, unter ihnen verirrt eine Gestalt aus der Schar der Kirchenheiligen; im Süden und dessen Grenzgegenden die lebendig gewordenen Bilder der biblischen Geschichte; mitten unter ihnen tauchen aber alte Heiden, die früher die Länder durchzogen, auf und gemahnen an die gestürzte Dynastie, deren Reich das Christkind eroberte.

Nach der vollen Bestellung des Winterfeldes, wenn in den Hof alle Ernte eingebracht war, begann Wodans heilige Zeit. Da zog er auf seinem weißen Rosse durch das Land, empfing Opfer und gab Segen. Die Erinnerung an diesen Umzug Wodans haben viele deutsche Landschaften in der Darstellung des Schimmelreiters bewahrt.

In Norddeutschland wird derselbe meist dadurch gebildet, daß einem Burschen ein Sieb mit langer Stange vor die Brust gebunden wird, an der ein Pferdekopf befestigt ist; das Ganze wird mit weißen Tüchern verhängt.

In Schwaben, wo der Gebrauch zu Fastnacht statt hat, wird das Roß aus einem Sack gebildet mit einem Kopf aus weißen Tüchern; zwei Burschen nehmen ihn auf die Schultern, das Linnen verhüllt sie. Auf dem Sack sitzt der Reiter. Der Schimmelreiter kommt nicht allein. Fast überall begleitet ihn ein Bär, dargestellt durch einen Burschen, welcher in Erbsstroh gehüllt den gefesselten Bären an der Stange spielt.

In Sachsen geht der Haferbräutigam mit, ein ganz in Haferstroh gepackter Knecht.

Auf der Insel Usedom und in England kommt der Klapperbock hinzu, d. i. ein Bursche mit einem hölzernen Pferdekopfe. An der unteren Kinnlade ist eine Schnur befestigt, welche durch die obere in den Schlund läuft, so daß, wenn der Tragende daran zieht, die beiden Kinnladen klappernd zusammenschlagen. Mit diesem Klapperbock, der in Dänemark unter dem Namen „Julbock“ in keiner Weihnachtsstube fehlen darf, werden die Kinder, welche nicht beten können, gestoßen und geschreckt.

Eine ähnliche Gestalt ist in Ilsenburg am Harz der Habersack, indem jemand eine Stange nimmt, welche in eine Gabel ausläuft, einen stumpfen Besen dazwischenklemmt, so daß es wie ein Kopf mit Hörnern aussieht, und ein langes Laken daran hängt, das ihn selbst verbirgt.

Zu den Umzügen in der ehemaligen Grafschaft Ruppin versammeln sich die Knechte und Mägde in der Woche vor Weihnachten. Ein Knecht stellt einen Reiter auf einem

Schimmel dar, ein anderer, weiß gekleidet und mit Bändern geschmückt, trägt eine große Tasche und heißt der Christmann oder die Christpuppe. Mehrere von den übrigen verkleiden sich als Weiber, schwärzen ihr Gesicht und werden nun „Feien“ (Feen) genannt.

In Schlesien geht eine Schar Knechte nebenher, welche vor den Häusern mit großen Peitschen knallen oder platzen, bis sie eine Gabe erhalten. Unter Begleitung aller Versammelten setzt sich der Zug mit Musik in Bewegung und geht von Haus zu Haus. Beim Eintritt in die Stube muß der Reiter über einen vorgesetzten Stuhl springen, worauf auch die Christpuppe mit der sie begleitenden Menge eintritt. Nur die Feien werden nicht zugelassen. Dann singen die Mädchen nach einer bestimmten Melodie einen Text, der vielleicht hier und da noch sehr alt sein mag, und der Reiter wählt aus der Schar der Mädchen eines aus, mit dem er zur Musik tanzt. Unterdessen geht die Christpuppe bei den Kindern umher und fragt, ob sie beten können. Sagen sie nun einen Bibelspruch oder Gesangbuchvers her, so werden sie mit einem Pfefferkuchen aus der großen Tasche belohnt, vermögen sie's nicht, mit dem Aschenbeutel geschlagen. Hierauf tanzt der Reiter sowohl wie der Christmann mit einigen Mädchen aus der Menge, und dann geht's weiter. Nun erst werden die Feien, welche bis dahin fortwährend versucht haben, einzudringen, aber unter allerlei Scherzen und Neckereien immer wieder zurückgetrieben sind, ins Haus gelassen, wo sie wild und tobend herumspringen, die Kinder schlagen und alles in Schrecken zu setzen suchen. Auf diese Weise wiederholt sich die Szene in jedem der Häuser, von denen, je nach der größeren oder geringeren Anzahl der Höfe im Dorfe, eins oder mehrere besucht werden.

In Schlesien und Sachsen zieht der Schimmelreiter zur

Ernte oder Martini herum. Der heilige Martin von Tours selbst ist zum Schutznamen für Wodan gemacht worden. Wenn es um Martini schneit, sagen die Schlesier: „Der Märten kommt auf dem Schimmel geritten!“ Zu dem Tage werden Hörner gebacken, ein Rest uralten Opfergebäckes, das sich auf den Bock zu beziehen scheint, der im Gefolge des Schimmelreiters sich befindet.

In Holland und in der Mark beschert er den Kindern gleich dem Christkinde, und die Armen sammeln Almosen. Auch in Halle wird den Hallorenkindern von dem „lieben Martin“ einbeschert, Most und Martinshörner.

In Schwaben aber zieht der Pelzmärte (Pelzmichel, Graale, Buzegraale) umher; ein vermummter Kerl, oft mit Erbsenstroh umflochten, hat er ein schwarzes, rußiges Gesicht, eine Kette um den Leib und einen Stock in der Hand, einen Korb auf dem Rücken. An manchen Orten hat er eine Pelzmütze auf und ist mit einer Schelle versehen. Er erschreckt die Kinder und teilt dann Äpfel, Nüsse und andere Gaben, die er in einem alten Kochtopfe mit sich führt, an sie aus. Diese schwäbische, ganz unheilige Erscheinung und die Feuer, welche am Martinstage in Vlamland und am Rheine noch jetzt angezündet werden, weisen deutlich auf die heidnische Gestalt, welcher der Heilige seinen Namen borgte. Es ist Wodan, welcher die Opferschmäuse besucht und Segen spendend durch seine Gläubigen zieht, die jetzt bis auf die Kinder zusammengeschmolzen sind. –

In einigen Gegenden führt der Schimmelreiter den Namen Ruprecht oder wird wenigstens von dem Ruprecht begleitet. Das ist jene Kinder erschreckende und Kinder erfreuende Gestalt, die auch für sich allein auftritt, in Pelz oder Stroh gehüllt, das Gesicht vermummt, die Rute oder Keule in der Hand, den Sack mit Gaben auf dem Rücken.

Knecht Ruprecht ist bekannt in der Mark, in Sachsen, Thüringen, in der Lausitz und dem westlichen Teile von Schlesien; auch in dem südlichen Deutschland ist er stellenweise zu treffen. Kein Knecht ist in dem alten Pelzträger verborgen, sondern, wie der Name schon verkündet, ein ruhmglänzender Gott, niemand anders als Wodan.

Darum begleitete ihn auch bei seinen Umzügen seine Gemahlin, die leuchtende Göttin Berchta, die mütterliche Erdgöttin (auch Fricke oder Holda).

So erschien in Schwaben die „Berchtel“, welche die Kinder, die nicht fleißig spannen und lernten, mit der Rute bestrafte, fleißigen aber Nüsse und dergleichen schenk-

te; und in der Umgegend von Augsburg die „Buzebercht". Sie war vermummt und in schwarze Lumpen gehüllt, hatte das Gesicht geschwärzt, die Haare wirr herabhängen und einen Topf mit Stärke in der Hand, die sie mit einem großen Kochlöffel umrührte und Begegnenden ins Gesicht strich.

In Schlesien wird Ruprechts Gebiet durch den alten Joseph beschränkt; im nordwestlichen und südlichen Deutschland tritt der heilige Nikolaus an seine Stelle.

In Mecklenburg der rauhe Klas, „rû Cläs", in der Altmark, Braunschweig, Hannover, Westfalen, Ostfriesland einfach „Klas" oder „Bullerklas" oder von seinem Aschensack „Aschenklas", tritt er ganz wie Ruprecht auf und hält seinen Umzug am Abend und Tage seines Festes, am 6. Dezember.

Namentlich in den Niederlanden wird dieser Tag überaus festlich begangen.

Schon Wochen vorher fragen die Kinder voller Ungeduld jeden Abend beim Schlafengehen: „Wieviel Mal muß ich nun noch schlafen, bis er kommt?", und ihre Sehnsucht wächst mit jedem Tage. Sie singen ihn an, sobald es dunkel im Zimmer wird, sehen ihn im Traume, wie er sie beschenkt oder bestrafen will, je nachdem sie den Tag über artig gewesen sind oder nicht, und werden dann und wann durch kleine Gaben beglückt, die entweder durch den Schornstein herab ins aufgehaltene Schürzchen fallen oder sich wie zufällig in einer Ecke des Zimmers finden. Ein freundliches: „Danke, heiliger Niklas!" wird ihm für jede Gabe zugerufen. Immer brünstiger wird gebetet (Ostfriesland):

„Sünder Klaas, du gode Bloot!
Breng mi Nööt (Nüsse) un Zuckerbrot,

Nicht to veel un nich to minn (wenig)
Smiet (schmeiß) in mine Schörten (Schürze) in!“

Endlich erscheint der 5. Dezember und mit ihm der langersehnte Abend, wo St. Nikolaus die Geschenke bringt oder einkauft, um sie in der Nacht zu bescheren.

Um zum Einkauf anzulocken, sind die Läden mit glänzenden Ausstellungen aufgeputzt und des Abends aufs hellste erleuchtet. Die Straßen sind belebter als gewöhnlich und die Volksmenge wogt lachend, jubelnd und scherzend von einem Schaufenster zum andern, um all' die schönen Dinge bewundernd zu betrachten. In Palast und Hütte, mit viel und wenig hält St. Nikolaus am Vorabend seines Festes seinen Einzug, wenn die Kinder schlafen, und bringt jedem die Erfüllung seines Lieblingswunsches.

Schon seit einigen Tagen bereits sind die Nachbarinnen abends zum Vergolden gegangen, um den Pfefferkuchenbäckern beim Vergolden der vielen Kuchen zu helfen.

Das Backwerk, in den verschiedensten Formen und Gestalten aus Mehl oder Honig bereitet und durch kostbare Gewürze und Leckerbissen verfeinert, wird vom Holländer gewöhnlich kurzweg St. Nikolaasgoed oder Klaaszoed, St. Nikolausgut oder Klasfüß genannt.

In Belgien sind große Pfefferkuchen in Gestalt von Reitern oder Männern, welche den heiligen Bischof vorstellen sollen, sowie kleine Schiffchen aus Marzipan mit Bonbons beladen das übliche Nikolausgeschenk, zu dem noch Spielsachen und andere Kleinigkeiten kommen.

In manchen Gegenden geht er, als Bischof gekleidet, mit Bischofsstab und -hut in den Häusern herum, läßt sich Bericht erstatten, wie sich die Kinder betragen haben, lobt oder ermahnt sie und gibt ihnen seinen Segen.

Auch in der Grafschaft Glatz, in Österreich, Steier, Kärnten, Bayern, der Schweiz und in manchen schwäbischen Strichen ist er der Kirchenheilige, der die Kinder liebende Bischof; ein Engel ist sein Begleiter.

Auf dem Lande verkleidet sich häufig ein Bauer in einen langbärtigen Greis oder Bischof, um des Abends mit einem großen Korb zur Seite und einem Bündel Ruten in der Hand auf einem Schimmel, Esel oder künstlich gemachten Pferde durch die dunklen Straßen zu reiten und mehr durch Schrecken als durch milde Gaben auf das Gemüt der Kinder zu wirken.

Auf der Insel Helgoland gehen die Kinder zu ihren Verwandten und Paten und bringen ihnen einen ihrer Schuhe, damit Sönner Klâs was hineinlege, und ebenso werden in Württemberg und Baden den Kindern am St. Nikolaustage Patengeschenke gegeben, welche im Breisgau „Hälsen", im württembergischen Oberlande „Santiklaus" heißen. Mit demselben Namen bezeichnet man in der Schweiz sämtliche Geschenke, welche die Kinder am Nikolausabend durch den Samiklaus erhalten.

Fast überall in der Schweiz erscheint ein älteres Familienglied, vermummt oder als Bischof, und poltert entweder mit der Betglocke in die Kinderstube hinein, um die Eltern nach den Kindern zu fragen und Naschwerk oder Ruten auszuteilen, oder zieht in Begleitung des Christkindes, welches die Gaben bringt, mit einem Esel herum, der einen Sack voll Nüsse trägt und mit Schellen klingelt.

In Vorarlberg, wo er unartige Kinder in einen Heusack steckt, wird er „Zemmiklas" genannt, in Tirol der „heilige Mann", welcher vom schrecklichen „Klaubauf" begleitet wird, der die bösen Kinder in einen Tragkorb (Krechse) nimmt.

Im Fuldaschen, wo den Kindern ebenfalls am Nikolaustage und nicht am Heiligen Abend beschert wird, trägt der halb ängstlich, halb freudig erwartete Niklas einen langen weißen Talar, einen altmodischen Hut, einen langen Bart und eine Kuhglocke, welche er oft schüttelt.

Auch in Niederösterreich folgt dem Niklo eine vermummte Person, „Krampus" (in Steiermark und Kärnten „Bartel"), als Diener. Dieser Begleiter hat das heidnische Wesen bewahrt. Er kommt in Pelz gehüllt, Gesicht und Hände sind geschwärzt; aus dem Munde hängt ihm eine lange rote Zunge, und am Kopfe hat er Hörner. Er ist mit einer Kette an beiden Armen gefesselt und trägt eine Feuergabel oder eine Rute. Er und sein Genosse Krampus sind, wenn nicht Vermummungen des Wodan selbst, worauf der für ihn erscheinende Ruprecht und der Name Bartel, d. i. Berchtolt, führen möchten, doch wenigstens Wesen, die zum Gefolge des Gottes gehören.

Mit dem Nikolo tritt in Obersteier die „Habergeiß“ auf. Sie wird durch vier Männer gebildet, welche sich aneinander halten und mit weißen Kotzen (wollenen Dekken) bedeckt sind. Der vorderste hält einen hölzernen Geißkopf empor, dessen untere Kinnlade beweglich ist und womit er klappert. Die Habergeiß stößt die Kinder.

Im Böhmerwald erscheint Nikolo mit einem eigens zur Mütze eingedrückten Kopfkissen auf dem Kopfe, einem übermehlten Gesicht, einem Leintuch als Gewand und einer Rute in der Hand. Auf seinen Ruf: „Willst bet'n?“ stürzen alle Kinder auf die Knie, worauf er ihnen Obst am Boden zurollt und weiter geht. Im Niederlande Böhmens tritt der „Rumpanz“ als Schreckmann im Gefolge des Christkindes auf, oder es verkleiden sich drei junge Leute als Engel, Teufel und Bock. Letzterer hat die Aufgabe, die Kinder, welche nicht beten können und folglich vom Engel nicht beschenkt werden, auf seine Hörner zu heben, so daß der Teufel ihnen einige Schläge mit seiner Rute geben kann.

Im Erzgebirge erscheinen der heilige Petrus und Ruprecht. Zuweilen geht auch „Knecht Ruprecht“, „Rupperich“ oder „Zemper“ an einigen Abenden vor Weihnachten allein herum, erkundigt sich, wie sich die Kinder betragen haben, examiniert sie aus dem Katechismus, läßt sie beten und beschenkt die Braven mit Näschereien, während er den Unartigen mit einer Rute droht. Nach seinem Bericht fallen dann die Geschenke des Christkindes aus, dessen steter Begleiter er ist.

In Niederösterreich harren die Kinder am Weihnachtsabend betend des „heiligen Niglo“ statt des Christkindes und fangen, sobald sie sein Glöcklein hören, bebend zu singen an:

„Haerei, hearei (herein), Hear Niglo,
Goar gua' de Kinder sain jo do,
De beden gearn (gern), de lernen gearn,
De biden 'n halich'n (heil'gen) Niglo,
Er soll earna was beschearn.“

Die Tür geht auf und der heilige Niglo mit Stab und hoher Bischofsmütze tritt herein und spricht:

„G'lobt sei Jesas Christas,
'n Himlssöge bringt mit hear do
Da Godastab und Ring dös halich'n Niglo“,

worauf die Kinder mit zitternder Stimme antworten:

„Miar griaßen dich, o halich'r Man,
Und beden alle Dag dich an
In alle Ewikeit. Amend.“

Dann geht Niglo bis an den Tisch, läßt jedes Kind beten und sich ihre Gebet-, Schul- und Schreibbücher zeigen. Wehe dem, welches seine Bücher nicht in Ordnung hat oder beim Beten stottert. Der schwarze Ruprecht, mit einem Pelze angetan, steht mit glühenden Augen und langer roter Zunge und mit einer großen Kette vor der Tür, um die Befehle seines Herrn zu vollziehen. Haben nun die Kinder ihre Schuldigkeit getan, so müssen sie noch einzeln vor ihm niederknien und seinen Ring küssen, dann gibt er ihnen noch eine gute Lehre, stellt eine in Kalk getauchte Rute auf den Tisch, gibt dann den Kindern seinen Segen, bespritzt sie mit Weihwasser, während die Kinder das Kreuz schlagen, und geht mit dem frommen Wunsche:

„God's Södg'n blaib bei eng (euch),
N'irds Brisül von eng zwäng,
G'lobt sai Jesas Christas!"

ebenso leise wie er gekommen ist und schließt die Tür hinter sich zu.

Die Kinder atmen auf, da die Gefahr vorüber ist, und beeilen sich, ihre Schuhe auszuziehen, rein abzubürsten und mit den Schuhbändern zusammenzubinden. Dann schleicht der mutigste Knabe zur Haustür, horcht, ob er das Glöcklein noch höre, und stellt behutsam seine Schuhe hinter ein Gesträuch' im Garten, wo er vorher sorgfältig den Schnee weggekehrt hat. Ihm folgen seine Geschwister und stellen ihre Schuhe unter dasselbe Gesträuch.

Jetzt wird unruhig gewartet, bis es zehn Uhr schlägt, während man sich unterdessen die Zeit mit Erzählen von Geschichten vertreibt, in denen natürlich der schwarze Ruprecht eine große Rolle spielt. Kaum aber ist der zehnte Schlag der Uhr verhallt, so läuft der furchtloseste Knabe ans Schlüsselloch, guckt hinaus, ob alles sicher sei, öffnet leise die Tür und schleicht auf den Zehen zu seinen Schuhen, die er mit Äpfeln, Nüssen und Leckereien gefüllt findet. Schnell ergreift er sie und kommt mit raschen Schritten zurück, wo schon ungeduldig seine Geschwister ihn erwarten. Jetzt läuft groß und klein an den bezeichneten Ort und holt die gefüllten Schuhe.

In Schwaben zeigt sich zuweilen ein weißgekleideter Engel, das Christkind, das die Kinder prüft und beschenkt.

Auch im Elsaß geht das Christkind um und kündigt seine Ankunft durch eine Glocke an. Es ist eine Frau in weißem Gewande, mit langen blonden Haaren, gewöhnlich aus Lammwolle aufgeputzt. Das Gesicht ist mit Mehl bestrichen, auf dem Kopfe trägt sie eine Krone von Gold-

papier mit brennenden Wachskerzchen. In der einen Hand hält sie eine silberne Glocke, in der anderen einen Korb mit Zuckerwerk. Die Freude der Kinder hat den höchsten Grad erreicht, da verwandelt sie sich mit einem Male in Schrecken und Grauen: man hört Kettengerassel, und herein tritt „Hans Trapp“, der furchterregende Begleiter des Christkindes, in ein Bärenfell gehüllt, das Gesicht ganz schwarz, mit einem großen Barte und in der Hand eine Rute, mit der er droht. Mit dumpfem Tone fragt er, wer nicht artig gewesen, und geht auf die Unartigen los, die sich zitternd und weinend zu verstecken suchen. Doch das Christkind bittet für sie, die Kinder versprechen Besserung, und der Engel führt sie zu dem von Kerzen funkelnden Christbaum, wo die Geschenke sie bald die garstigen Drohungen von Hans Trapp vergessen lassen und sie ihnen in Freuden verwandeln.

N'irds Brisül von eng zwäng: jedes Unglück von euch scheuche

Das schlesische Adventspiel

Überall lebt das Stück nur in mündlicher Überlieferung. Ich teile es hier genau so mit, wie ich es in Agnetendorf gehört habe. Bezüglich der Vortragsweise müssen wir drei verschiedene Arten unterscheiden: 1) Den Sprechgesang in den ersten Partien des Engels und des Christkindes sowie in den Schlußversen. Die Töne bewegen sich in diesen verschiedenen Teilen nirgends über ein und denselben Dreiklang hinaus; bei ziemlich lebhaftem Tempo besteht keine strenge Taktmessung, es herrscht der Sprechrhythmus. 2) Den Gesang der Lieder und Refrains des Chores. 3) Den einfachen Sprechvortrag der übrigen Stücke.

Die Personen sind:

1) Der Engel Gabriel, nur im Agnetendorfer Text Immanuel angeredet. Weibliche Rolle. Er trägt ein langes weißes Gewand, das Gesicht ist mit einem Schleier verhüllt. In Agnetendorf ist er mit Blumen geschmückt, was anderswo dem Christkind zukommt. In Schreiberhau führt er ein mit Flittergold geschmücktes Stück eines Rockenständers als Zepter, in Warmbrunn ein hölzernes Schwert und auf dem Haupt eine Krone.

2) Christkind. Weibliche Rolle. Weiß gekleidet und verschleiert wie der Engel. Trägt eine Rute aus Besenreisern.

3) Petrus. Männliche Rolle. Weißes oder rotes langes Gewand. Goldene Krone. Schlüssel (zuweilen vergoldet) in der rechten Hand.

4) Joseph, auch Rupprich genannt. Trägt einen Pelz mit der Fellseite nach außen, den ein Strohseil umgürtet, auch die Stiefel sind mit Stroh umflochten; in der Hand einen derben Knüppel, auf dem Rücken einen Sack mit Scherben. Sein Gesicht wird häufig geschwärzt. In Warmbrunn hat er auf dem Kopf eine hohe spitze Mütze, welche aus einem Reifen und vier Stäben hergestellt wird, die mit Stroh durchflochten werden; im Innern der Spitze hängt eine kleine Klingel.

Der Engel (tritt in die Stube und singt:)

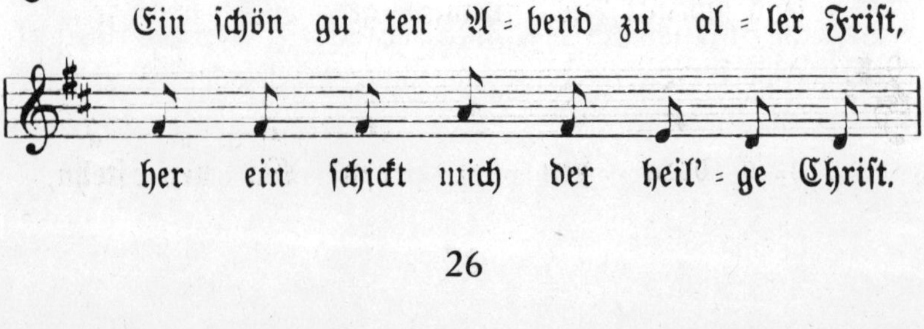

Christkind (tritt ein und singt:)

Ei Petrus, komm herein!

Petrus (tritt herein. Er spricht:)
St. Petrus bin ich genannt,
Die Schlüssel hab ich in meiner rechten Hand,
Die goldne Kron' auf meinem Haupt,
Die hab' ich mir von selbst erlaubt,
Und hätt' ich mir sie nicht von selbst erlaubt,
So trüg' ich sie nicht auf meinem Haupt.
Und wenn ich soll die rechte Wahrheit sagen,
So muß ich über die kleinen Kinder klagen.
Wenn sie zur Schule gehn,
Da bleiben sie auf den Gassen stehn,
Die Bücher tun sie zerreißen,
Die Blätter in allen Winkeln rum schmeißen.
Fluchen, Schelten, Sakramentieren,
Das tun sie stets im Munde führen.
Solche Bosheit treiben sie.

Christkind zu Petrus:
Ei Petrus, hättest du mir das zuvor gesagt,
So hätt' ich mich nicht herein gewagt,
So hätt' ich mir können eine Müh' ersparen
Und wäre wieder nach England gefahren.

Engel zum Christkind:
Ei Christkind, sei doch nicht so hart,
Es sind ja Kinder nach unserer Art.
Schau doch, schau doch bald wieder ein,
Die Kinder werden frömmer sein.

Christkind zum Engel:
Ei, Engel Immanuel, wenn du wieder tust für sie bitten,
So komm ich wieder herein geschritten.

Petrus (zur Tür hinaus:)
Ei, alter Joseph, tritt herein,
Laß deine Stimm' auch hören fein.

Joseph (wird sonst „der Rupprich" genannt, stürzt sich zur Tür herein, indem er den Sack hinwirft, daß die Scherben klirren, und stößt dabei mit dem Stock auf:)

Gut'n Obend! Ich kumm herei geschrieta,
Hätt 'ch a Ruß, su käm 'ch gerieta,
Su hoa 'ch aber ke Ruß,
Do muß ich giehn olle Wage zu Fuß.
Ich bi vum Himmel gefolla,
Ich hoa mer's Purzloan zerschloan,
Ich muß de Scheire eim Sacke heemtroan.
Ich wünsch' euch au a langes Laba,
Hundertfufzig Äla lang,
Hîcher wie de Wulka schwaba,
Länger wie a Glokastrang.
Ich wünsch euch a Saak vull Dukoata.
Un an Saak vull Kleegeld
Un an ticht'ja Schweinebroata –
Un wenn nu noch woas zu trinka wär.

Sie singen zusammen:

I.

Vom Himmel hoch da komm ich her,
Ich bring' euch gute neue Mär',
Der guten Mär' bring ich soviel,
Davon ich singen und sagen will.

II.

die Lich ter lein ste = hen, die Ster = ne=
lein glän zen, die En ge lein tän = zen,
Ei nun so hop saſ ſa zum Kind im Stall!

IIIa.

Ach ihr Brüder steht doch auf, geht ſogleich mit
mir hin = auf, dort wo je = ne Hir = ten ſtehn,
in den Stall nach Beth = la = hem. Be =
thla=hem, in den Stall nach Beth = la = hem.

IIIb.

Ste = phan nimm die Gei = ge mit dir,
ich will neh = men die Lei = er mit mir,

IV.

Christkind spricht: Ach Joseph mein!
Joseph: Was soll denn sein?
Christkind: Was soll denn des Kindes sein Hemde sein?
Joseph: Draußen im Stall hat's ein altes Lümpelein,
Das soll des Kindes sein Hemde sein.

Alle singen:

Christkind: O Joseph mein!
Joseph: Was soll denn nun schon wieder sein?
Christkind: Was soll des Kindes seine Wiege sein?
Joseph: Draußen im Stall hat's ein altes Krippelein,
Das soll des Kindes seine Wiege sein.

Alle singen wie oben:
Soll's ja so sein,
Soll unsers Kindes seine Wiege sein.
Christkind: Ach Joseph mein!

Joseph: Was soll denn nun schon wieder sein?
Christkind: Wer soll denn des Kindes sein Diener sein?
Joseph: Draußen im Stall hat's ein'n Ochs und ein Eselein,
Das sollen des Kindes seine Diener sein.

Alle singen:
Soll's ja so sein,
Die sollen unsers Kinder seine Diener sein.
Christkind: O Joseph mein!
Joseph: Was soll denn nun schon wieder sein?
Christkind: Wiege mir das kleine Kindelein!
Joseph: Wie koan ich denn doas kleene Kindel wiega,
Ich koan men ala krumma Puckel salber ne biega!
Christkind (schlägt den Joseph mit der Rute über den Rücken und spricht:)
Ich werd' dir'n binden.
Joseph: Nun muß ich mich wieder nein finden.

Alle singen:

V.

VI.

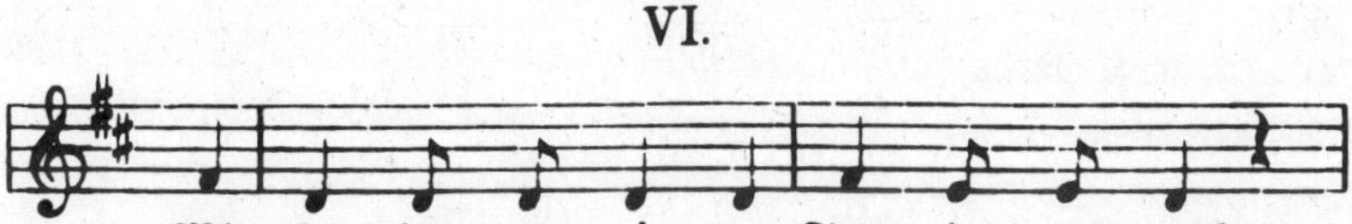

VII.

VIII.

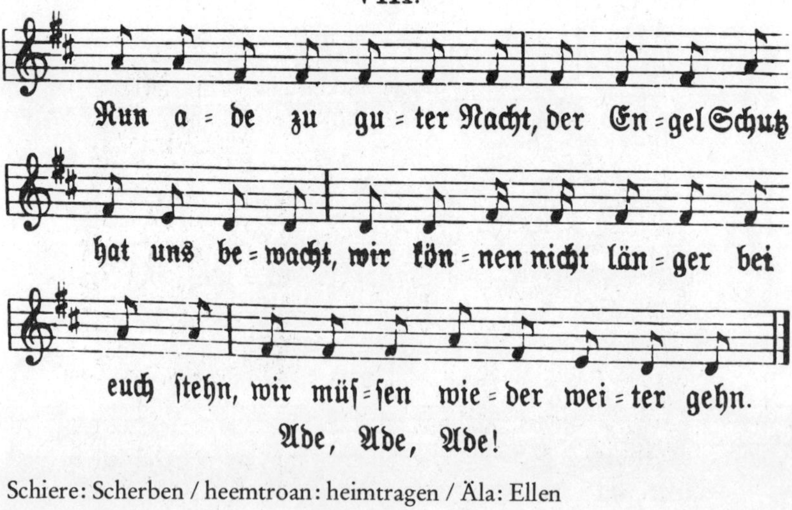

Schiere: Scherben / heemtroan: heimtragen / Äla: Ellen

Friedrich Wilhelm Brücker

Der Klosklomp

„Sinter Klaas es ene heellige Mann,
De os brav wat brenge kann.“

Das eigentliche Fest der Kinderbescherung ist St. Nikolaus (6. Dezember). Aus einer Möhre, oft auch aus Holz, wird ein Schuh zurechtgeschnitzelt und die innere Höhlung weidlich mit Hafer versehen, damit das Pferd des heiligen Nikolaus etwas zu fressen findet. Dieser „Klosklomp“ wird besonders den Paten ins Haus gebracht. Am andern Morgen, nach einer meist schlaflos verbrachten Nacht, begibt man sich zu den Paten, um zu sehen, „wat Klos gereihe hät“. Die strahlenden Kinderaugen wiegen die kleinen Auslagen reichlich auf. Oft erscheint auch der heilige Nikolaus in phantastischem Aufputz mit langem

Flachsbart in der Wohnstube, um sich nach dem Verhalten der Kinder zu erkundigen und seine mit Nüssen und Äpfeln bespickten Taschen zu entleeren.

„Sinter Klos, hellige Maan,
Breng die kleene Kender watt,
Loat die groote loope,
Die könne sech selvs watt kope."

St. Niklas

Aus „Des Knaben Wunderhorn"

Vater:

Es wird aus den Zeitungen vernommen,
Daß der heilige Sankt Niklaus werde kommen
Aus Moskau, wo er gehalten wert
Und als ein Heil'ger wird geehrt;
Er ist bereits schon auf der Fahrt,
Zu besuchen die Schuljugend zart,
Zu sehn, was die kleinen Mägdlein und Knaben
In diesem Jahre gelernet haben
In Beten, Schreiben, Singen und Lesen,
Auch ob sie hübsch fromm gewesen.
Er hat auch in seinen Sack verschlossen
Schöne Puppen aus Zucker gegossen,
Den Kindern, welche hübsch fromm wären,
Will er solche schöne Sachen verehren.

Kind:

Ich bitte dich, Sankt Niklaus, sehr,
In meinem Hause auch einkehr,

Bring Bücher, Kleider und auch Schuh,
Und noch viel schöne, gute Sachen dazu,
So will ich lernen wohl,
Und fromm sein, wie ich soll. Amen.

Sankt Niklas:
Gott grüß euch, liebe Kinderlein,
Ihr sollt Vater und Mutter gehorsam sein,
So soll euch was Schönes bescheret sein.
Wenn ihr aber dasselbige nicht tut,
So bring ich euch den Stecken und die Rut. Amen.

Sebastian Brunner

Krippenvorstellungen in Wien

Ebenso regten mich Krippenvorstellungen an, mit ihren kleinen Felsen aus Baumrinden, die auch mit Spießglanz bestreut werden und zwischen denen natürliches Moos gelegt wird; besonders erquickten mich jene, wo lebendiges Wasser in kleinen Bassins sein Spiel trieb oder als kleine Wasserfälle über Felsen plätscherte, dann in niedlichen Bächlein hinfloß und kleine Mühlen (in Kaffeeschalengröße) lustig herumtrieb. In der Mechitharistenkirche (Pfarre St. Ulrich) gab es ein solches „Krippel" mit vielen großen schuhhohen Figuren und vielem lebendigen Wasser; da starrten hunderte von Schuljungen am heiligen Abend und in den folgenden Abenden der Christwoche in das künstliche Bethlehem, welches sich bei magischer Beleuchtung wunderlieb ausnahm. Was für eine Aufmerksamkeit wurde da den Heiligen Drei Königen geschenkt, die in einer gewissen steifen Zurückhaltung des

Oberleibes mit ihren pathetischen Bedienten, Mohren und Kamelen über den Berg herabkamen, mit glitzernden Turbanen und sonstiger orientalischer Pracht – und die vielen Hirten mit ihren Geschenken, im Hintergrund Joseph und Maria und das strahlenumglänzte Jesuskind. Seit der heilige Franziskus Assisi die erste Krippe baute, wie vielen Millionen reiner Kinderseelen wurden da seit 600 Jahren durch die plastische Vorstellung der Begebenheit zu Bethlehem – unaussprechlicher Jubel ins Herz gegossen. Der Protestantismus hat auch hierin sehr übel getan, daß er der Kinderwelt so viele Freuden stahl, die ihr als ein Quell der Begeisterung dienten – und oft im ganzen Leben noch nachklangen.

Auch im väterlichen Hause gab es eine schöne Krippenvorstellung mit ein paar hundert Figuren – sie ist gegenwärtig in der Kirche des Dorfes Fladnitz, wohin meine Mutter dieselbe schenkte. Der Pfarrer schrieb einen ganzen Brief über die Freude der Dorfjugend und Schulkinder an dieser Krippe, sie wollten gar nicht davon weggehen, als sie zum ersten Mal aufgestellt wurde, und stießen in ihrem Betrachtungseifer die Fenstertafeln ein, die zum Schutz von Land und Leuten angebracht waren.

Der Christbaum hat auch seine schönen Seiten – aber es sind doch bei demselben mehr die materiellen sinnlichen Interessen vorherrschend. Es wird der Leckerei, dem Naschsinn und der Gefräßigkeit, wie durch Gewand und Spielerei, die darauf gehangen sind, auch der Eitelkeit und Zerstreuung Rechnung getragen. Es ist beim Christbaum mit einem Wort nur der Naturgedanke des Habens, Besitzens, Genießens angeregt, während die Krippenvorstellung reinere, höhere, d. h. geistige Freuden im Kinderherzen erweckt – und die geschichtliche Tat der Welterlösung in ihnen bilderreich lebendig macht. Daß die Krippenvorstellung spezifisch christlich, ja kirchlich ist in ihrem ganzen Wesen, der Christbaum aber mehr die allgemeine Naturseite anregt, zeigt schon der Umstand, daß in neuerer Zeit auch moderne Juden ihren Kindern Christbäume machen, während sie sich wohl hüten, sie mit einer Krippenvorstellung zu überraschen.

Eine Krippenvorstellung, die meiner kindlichen Phantasie sehr viel zu schaffen machte, befand sich bei einem Meßner der Pfarre Maria-Treu in der Josephstadt zu Wien. Der Verfertiger derselben war ein mechanisches Genie. Durch ein Räderwerk wurden an 100 hölzerne Figuren in Bewegung gesetzt; und verschiedene Miniaturspringbrunnen und kleine Wasserfälle mit wirklichem Wasser wurden von der Kinderwelt besonders bewundert.

Der Jäger geistlich

(Adventlied)

Es wollt gut Jäger jagen,
Wollt jagen in Himmelsthron.
Was begegnet ihm auf der Heiden?
Maria die Jungfrau schon.

Der Jäger, den ich meine,
Der ist uns wohl bekannt:
Er jagt mit einem Engel,
Gabriel ist er genannt.

Der Jäger blies ein Hörnlein,
Das laut sich also wohl:
„Gegrüßt seist du, Maria,
Du bist aller Gnaden voll!

Gegrüßt seist du Maria,
Du edle Jungfrau fein!
Dein Leib der soll gebären
Ein kleines Kindelein.

Dein Leib der soll gebären
Ein Kindlein ohn' alle Mann,
Der Himmel und auch Erden
Einstmals bezwingen kann."

Maria, die viel Reine
Fiel nieder auf ihr Knie,
Dann sie bat Gott im Himmel:
„Sein Will gescheh an mir!

Dein Will der soll geschehen
Ohn sonder Pein und Schmerz."
Da empfing sie Jesum Christum
In ihr jungfräulich Herz.

Hermann Heiberg

Ein Fest sondergleichen

Lange hatte er sinnend dagesessen vor seinem großen, hellpolierten Schreibtisch. Nun erhob er sich mit einem tiefen Seufzer, bewegte sich mit der Miene eines Menschen, der einen schweren innern Kampf zu bestehen hat, und verharrte dann für Augenblicke unbeweglich. Er überschaute das, was er sein Eigentum nannte, und es erschien, weil die Erinnerungen gekommen waren an ganz andere, vergangene, glückliche Zeiten, ein tiefschmerz-

licher Ausdruck in seinen Zügen. Eben warf die Sonne einen breiten, glänzenden Strahl in das Gemach, verschönte die Gegenstände auf dem Schreibtisch und verlieh selbst den bisher unsichtbar in der Luft schwebenden Staubpünktchen einen goldschimmernden Kern. Aber sie umfing auch mit ihrem funkelnden Licht das große, hellgelbe Bücherregal mit den vielen farbenreichen Büchereinbänden, den in der Mitte stehenden, mit Schriften und Papieren bedeckten Tisch und hob die anmutigen Farben eines kleinen, grünen Sofateppichs und die von den Fenstern herabfallenden, dunkelroten Kattungardinen. Aber obschon jegliches wohlerhalten war und eine durch sorgsames Behüten geförderte, blanke Altersglätte besaß, sah man doch dem Ganzen eine gewisse Kargheit an. Die Vorstellung drängte sich dem Auge auf, daß die Schubladenmöbel keine Schätze verbargen, daß vielmehr die Sorge hier ein häufiger Gast sei.

Und so war es auch.

Nebenan saßen zwei blasse Frauen in tief herabgebückter Haltung und stickten für Geld. Auch drinnen hatte alles ein sauberes, aber schwermütiges Gesicht. In manchen Wohnungen gewinnt man den Eindruck, als ob sich den toten Dingen mit der Zeit ein Stück des Seins und Wesens der Bewohner mitgeteilt habe. Als zwar des Handelns und der Betätigung unfähige, aber doch bewußt schauende und empfindende Gegenstände wollen sie dem Blick erscheinen.

Der ernste Mann mit dem durchgeistigten Gesicht, dem grauhaarigen Kopf und dem ebenso ergrauten Bart war einst ein vielgelesener Schriftsteller gewesen. Keine Zeitschrift gab's, die nicht sein Bild gebracht und von seinem Lebensgang erzählt hätte; keine Woche, oft kein Tag war auch vergangen, an dem nicht die Post Briefe gebracht, in denen ihm Bewundrer seines Schaffens ihre Huldigung ausgedrückt hätten. Seit einer Reihe von Jahren war das nur noch eine Erinnerung. Neuer Geschmack überliefert sogar das der Lächerlichkeit, wozu sich einst die ganze Welt bekannt, auf dessen Wert und Berechtigung sie geschworen.

Der Doktor Emanuel Wulpius bediente sich eines zu feinen Handwerkszeuges, um noch zu gefallen.

Es war die Zeit, in der man sich lieber beweisen ließ, daß jeder Mensch im Grunde ein Schuft sei, als daß man sich dem Zauber einer Stifterschen Naturschilderung hingab.

Mit dem fliehenden Ruhm hatte die Tagesnot ihren Einzug bei ihm gehalten, und sie war geblieben. Sie und die Sorge hatten sich in den kleinen Gemächern bei Wulpius so breit gemacht, daß die Bewohner schier darunter erstickten.

Hilfe mußte der Mann, der die ganze Daseinsverantwortung für die Familie trug, schaffen. So wollte er denn, da er in vorderster Linie fürs tägliche Brot zu sorgen hatte, zum ersten Male in seinem Leben, das stets ein musterhaftes gewesen durch Ordnung, weise Beschränkung und

Sparsamkeit, zu einem reichen Bekannten gehen und ihn um ein Darlehn bitten.

Entsetzlich war ihm dieser Gang! Hätte er ihn abkaufen können durch körperliche Schmerzen oder ein Quantum Seelenqual, er würde willig dazu bereit gewesen sein.

Geld erbitten, das fast ohne Ausnahme jeder liebt wie seinen zärtlichsten Schatz, auf dasjenige einen Anspruch erheben wollen, von dem sich keiner ohne Überwindung trennen mag, es sei denn, daß die Hergabe der Befriedigung des Genusses oder der Eitelkeit dient, war für Wulpius gleichbedeutend mit tiefster Beschämung. Und mit dem Nehmen war's ja nicht abgetan! Er wußte, ihn würde täglich die Pein foltern, wie er es zurückzugeben vermöge.

So gering das Ehrgefühl ausgeprägt ist bei den Durchschnittsmenschen, so stark ist es bei vornehmen Naturen.

Der Mann, zu dem sich Wulpius begeben wollte, war ein reicher Industrieller. Wulpius hatte seit langen Jahren sein gastliches Haus besucht; jene Freundschaft verband die Familien, auf die selbst völlig verschiedene Lebensverhältnisse keinen störenden Einfluß auszuüben vermögen. Aber freilich, Wulpius war einer der wenigen, die den Freund und hilfsbereiten Mann niemals in Anspruch genommen. Er hatte es sogar ängstlich vermieden, je von Geld und Sorgen zu reden. Er wußte, sein Freund hatte deren auch, oder es bliesen ihm die Menschen, die ihn brauchten, täglich davon in die Ohren!

Als Wulpius über den etwas dunklen Flur der Wohnung schritt, um sich hinabzubegeben, kam ihm seine Frau, eine Dame mit einem stillen, sanften Gesichtsausdruck, in dem die Spuren einstiger Schönheit noch nicht durch die Falten des Grams verwischt waren, nachgegangen, schmiegte sich zärtlich an ihn und flüsterte zaghaft:

„Gehst du jetzt zu Encke wegen des Geldes?“

Er nickte kurz.

„Möge es dir gelingen, mein guter Mann! Es ist die höchste Zeit. Ich will dir nur sagen, daß ich schon seit den letzten Tagen kein –“

Aber er konnte es nicht hören, was sie noch hinzufügen wollte. Er entwand sich ihr, den Kopf in tiefer Bedrükkung bewegend, und stieg die Treppe hinab.

Draußen schwamm die Welt in flammendem Gold. Einer jener Tage war's, an denen sich die Sonne mit ihren strahlendsten Gürteln geschmückt hatte. Das grüne Laub der Bäume und Gebüsche des Parkes, den Wulpius zu durchschreiten hatte, um in die innere Stadt zu der Wohnung des Geheimrats Encke zu gelangen, war durchglänzt von funkelndem Licht, und zwischen dem hochgewölbten blauen Himmel und der sonnenumfluteten Erde flimmerte eine sanft abgeklärte, reine, kühl durchhauchte Luft, durch die die Brust sich freier hob, die den Menschen ein Gefühl froher Daseinswonne verlieh. Not und Sorge schienen plötzlich verweht. Der einfachste Arbeiter zeigte ein fröhliches Gesicht; wohin das Auge blickte, sah man vergnügte Menschen.

Aber es gibt doch solche, die im Sonnenschein frieren. Und frierenden Herzens, fast unempfänglich für das rings umher, was seine Feder häufig so unnachahmlich beschrieben, durchwanderte der Mann den Park und wand sich durch das lärmend-hastige Straßengewühl. Nun stand er, nachdem er einem vorüberfliegenden Gefährt kaum ohne Gefahr ausgewichen, vor dem großen, villenartigen Steinbau seines Freundes.

Wie immer schob sich das Gesicht des Portiers mit streng forschender Miene hervor. Als er aber den Herrn Doktor erblickte, verneigte er sich mit ehrerbietig zuvorkommender Miene. Im Nu sprang die Tür zurück, und der Fuß des Bittstellers betrat die über den schneeigen Marmorstufen ausgebreiteten roten Läufer.

„Du würdest mir nicht so devot begegnet sein, wenn du wüßtest, was ich heute hier will", flüsterte Wulpius, während er emporstieg, des Portiers gedenkend, vor sich hin. Und als er nun eine Treppe hoch die Klingel zog, krallte sich etwas um sein Herz, das ihm schier den Atem nahm. Der Diener erschien, und der mit den Hausverhältnissen genau Vertraute erklärte, daß die Herrschaften gerade ausgehen wollten, aber für den Herrn Doktor sicher noch zu sprechen sein würden. Er bitte, geneigtest näher treten zu wollen.

Wulpius sah bereits das beschäftigte Gesicht des Geheimrats vor sich. Er war, wie immer, voll herzlicher Artigkeit, aber der Ausdruck verriet, daß er Eile habe. Zum behaglichen Plaudern, das er sonst sehr liebte, fehlte die Zeit. So war denn – da für das Gelingen von Bittvorstellungen als erste Bedingung gilt, daß man den Geber in rechter Stunde und Stimmung zu treffen weiß – das Dahrlehnsgesuch zur Hälfte schon dem Mißerfolg preisgegeben, und da Wulpius sich das klar machte, trat er nun in nur noch größerer Befangenheit seinem Freunde gegenüber.

Es vollzog sich auch fast alles so, wie er es vorausgesetzt hatte. Er sah beim Durchschreiten des Flurs links im Korridor die Geheimrätin in Hut und Mantel, und sie entwich, als sie Geräusch an der Tür vernahm. Der Geheimrat aber hatte, als Wulpius das Wohnzimmer betrat, den glänzenden Zylinderhut und die Handschuhe bereits in der Hand, und ein „Verzeihen Sie freundlichst, daß meine Gattin nicht erscheint. Sie ist verhindert. Wir müssen nämlich einen unaufschiebbaren Besuch machen – –" drängte sich, während er dem Freunde die Rechte entgegenreichte, sogleich über seine Lippen.

So war es denn sicher nichts mit dem Reden. Ungelegener konnte eine Unterhaltung solcher Art für beide Teile nicht sein. Aber der Gedanke, unverrichteter Sache zurückzukehren, auf die Frage seiner Frau erwidern zu müssen, daß er kein Geld bringe und auch keins in Aussicht habe, ferner noch die nämliche Qual der Ungewißheit durchkosten zu sollen, die jetzt seit Tagen ihn gemartert hatte, ließ Wulpius alles zurückdrängen und nach knapper Einleitung sagen:

„Es ist mir sehr leid, in diesem Augenblick Sie gerade zu stören, Sie mit einer Angelegenheit zu belästigen, die Ihnen vorzutragen, ich seit acht Tagen in Ängsten und Unruhe geschwankt habe. Aber es geht eben nicht mehr, keinen Tag so mehr. Ich muß auf die Gefahr hin reden, Ihren Unwillen zu erregen, hochverehrter Herr Geheimrat. Und um kurz zu sein – –" Wulpius stockte, er stockte, weil er sah, daß sich in den Ausdruck teilnahmsvoller Spannung, der die Mienen seines Freundes verändert hatte, plötzlich etwas von unbequemer Überraschung mischte. Und dann fuhr er, mit aller Gewalt sich aufraffend, fort: „Also, ich wollte Sie herzlich bitten, mir auf monatlichen Abtrag 800 Mark leihen zu wollen. Einbußen, die ich durch unverkäuflich gebliebene literarische Arbeiten in der letzten Zeit erlitten, haben mich gänzlich zurück und sogar in eine schwere Notlage gebracht. Es ist das erste Mal in meinem Leben, daß ich jemand um Geld anspreche, es wird mir namenlos schwer, aber ich weiß mir nicht mehr –“

Und dann stockte er wieder, und dann sagte der Geheimrat, dessen Angesicht den Wulpius entmutigenden Ausdruck zwar abgestreift hatte, in dessen Wesen aber eine gewisse gezwungene Zuvorkommenheit zum Ausdruck gelangte:

„Die Summe ist sehr hoch, lieber Herr Doktor. Sie ahnen nicht, welche Ansprüche an mich herantreten, wie ich selbst oft Mühe habe, bei den starken Kreditansprüchen zu disponieren. Ich kann Ihnen deshalb nicht gleich Antwort erteilen; ich muß mir mit Ihrer Erlaubnis erst überlegen, ob und inwieweit ich Ihnen dienen kann. Ich betone aufrichtig das Wort können, denn ich habe ungezählte Tausende, ja, ein ganzes Vermögen repräsentierende Summen von unberichtigten Darlehen in meinen Büchern, und zudem liegt das Geschäft momentan so darnieder, daß ich gar nicht sehe, wo das herausgeht. Sie sollen aber noch heute schriftliche Mitteilung haben, und seien Sie überzeugt, daß ich tun werde, was ich vermag.“ Und dann kurz abbrechend: „Nun aber, mein lieber Doktor, verzeihen Sie gütigst, wenn ich Sie wegen unsrer Visite – –“

„O, ich –“

„Bitte, bitte, nichts zu entschuldigen, grüßen Sie herzlich Ihre Damen, ich hoffe, wir sehen uns bald einmal!“

Wenige Minuten später stand Wulpius auf der Straße.

Obschon er das wirkliche Leben so oft wahrheitsüberzeugend dargestellt, auch solche Szenen in der Nachempfindung bei andern geschildert hatte, glich er selbst jetzt in seiner Fassungslosigkeit einem hilflosen Kinde.

Ihm war zumute, als habe er ein Verbrechen begangen, und als ob die Verurteilung deswegen auf dem Fuße folgen müsse. Er erwartete auch nichts, Verzweiflung saß in seinem Herzen. Aber er grollte dem Freunde nicht. Seine edle Seele erging sich sogar in Sorgen um den, der ihm seine eigenen schweren Nöte nicht vorenthalten hatte – –

Am Spätabend desselben Tages, nach Stunden schwerer Spannung ward ein Brief gebracht. Er trug die bekannte Handschrift des Geheimrats und lautete:

„Lieber Herr Doktor!

Wenn Ihnen mit vierhundert Mark gedient ist, bitte ich, dieselben morgen vormittag an meiner Kasse im Hinterhause gefälligst abholen zu wollen.

Mit der Rückzahlung hat es durchaus keine Eile.

Ihr treu ergebener Encke."

Das erste Gefühl, das Wulpius ergriff, war das der Befreiung von einer ungeheuren Last. Die entsetzliche Ungewißheit war ihm genommen, und zudem hatte er den Freund, den man in der Regel durch dergleichen Geldansprüche verliert, nicht verloren. Die Fassung, zwar nach Art der Geschäftsleute kurz und bündig, bewies es. Seine vornehme Gesinnung, von der Wulpius sonst so oft Proben gehabt, hatte sich bewährt! Er forderte keinen Darlehnsschein und sprach nicht von Zahlungsterminen. Aber gerade dadurch verschärfte sich in Wulpius das Verpflichtungsgefühl, gerade dieses Entgegenkommen, diese Form erhöhte den Drang, nicht einer der vielen zu sein, die wohl nehmen, aber an Rückerstattung nicht denken, vielmehr ihm, dem hochherzigen Geber, das Darlehn so bald wie irgend möglich zurückzugeben. Und in seinem überquellenden Gefühle gab er solchen Empfindungen auch Ausdruck und schrieb dem Freunde noch am selbigen Tage.

Nach diesen Geschehnissen waren fast drei Jahre verstrichen, und zu den tausendfältigen Veränderungen, die die Zeit mit sich geführt, gehörte auch die, daß der Verkehr zwischen Encke und Wulpius völlig aufgehört hatte. Von der Seite des Gebers war gleich im Beginn des Herbstes die gewohnte Einladung an die Familie erfolgt, aber Wulpius, der noch nichts hatte zurückgeben können, hielt die Scham zurück, sich seinem Freunde zu nähern.

Als er sich später rüsten wollte, Encke einen Besuch zu machen, seine Verzeihung wegen der Verzögerung einzuholen, warf ihn eine lange, schwere Krankheit darnieder, und was sie im Gefolge hatte, verschlang alle Gedanken an die Vergangenheit.

Zunächst galt es nach Wiederkehr von Gesundheit und Arbeitskraft die täglich drängenden, bis dahin Kredit gewährenden Lieferanten zu befriedigen. Geld für sonstige Zwecke herbeizuschaffen, lag außer dem Bereich der Möglichkeit. Und nun ergriff Wulpius abermals ein solches quälendes Gefühl, ein Säumiger, gar Wortbrüchiger gewesen zu sein, daß er sogar, um der Seelenpein zu entgehen, die Gedanken an den Freund von sich abwies, zu einem Besuch aber erst recht sich nicht aufraffte.

Wiederum leitete Encke sein Zartgefühl, in dem Freunde nicht durch abermalige Einladung den Eindruck einer damit beabsichtigten Mahnung hervorzurufen. Und so schlief der Verkehr gänzlich ein, und sie sahen sich in Jahr und Tag nicht mehr. Und als es dennoch einmal im Park, vor der Stadt, geschah, da wichen sie sich beide aus, jeder von seinen Gründen geleitet. Drei Wochen später verlor

Wulpius seine Tochter an einem Nervenfieber; Überarbeitung hatte sie niedergeworfen. Die Sorge wich gleich fressendem Schwamm nicht von der Schwelle der Geprüften, und mit dem Ende des dritten Jahres pochte die Armut mit so grausam harten Schlägen an die Türen der Wulpiusschen Wohnung, daß der Mann verzweifelt auf die Knie sank und den Himmel um Rettung anflehte.

Die Kenntnis von dieser furchtbaren Not gelangte an das Ohr des Geheimrats, und da er eben in seinem Kontor überrechnete, welche Summen er für das Weihnachtsfest an Arme und Bedürftige austeilen wollte, notierte er auch Wulpius' Namen. Er schloß 200 Mark in ein Kuvert ein und überschrieb es mit verstellter Handschrift an den alten Freund. Die Zuschrift aber lautete:

„Bei nachträglicher Honorarkalkulation ergibt sich, daß Ihnen noch 200 Mark auf eine mir von Ihnen vor Jahren gelieferte literarische Arbeit zukommen; sie folgen unter größter Entschuldigung für das Versäumnis anbei.

N. N."

Und am Morgen des Weihnachtsfeierabends lief unter den vielen Briefen, die Encke erreichten, ein eingeschriebenes Schreiben ein, das folgendermaßen lautete:

„Hochverehrter Herr Geheimrat!

Wenn Sie in mein Herz blicken könnten, so würden Sie erkennen, daß neben der Sorge, die mich in den letzten Jahren wahrhaft erbarmungslos verfolgt hat, zwei Empfindungen darin Raum haben: das Gefühl schrankenlosen Dankes für Ihre Freundschaft und die Scham, Ihnen Ihr Vertrauen so schlecht belohnt zu haben.

Ich habe weder Ihnen etwas zurückgezahlt, noch jemals mich wieder bei Ihnen sehen lassen. Ich bitte, glauben Sie es, daß tiefe Bedrückung mich so handeln ließ, nicht Mangel an Dankbarkeit, die nie aus meinem Innern zu weichen vermag. Heute kann ich – zu meiner unbeschreiblichen Freude unverhofft in den Besitz eines rückständigen Honorars gelangt – Ihnen wenigstens die Hälfte des Kapitals zurückgeben und feire, ich sag' es hochbeglückt, ein Fest sondergleichen!

In herzlicher Verehrung und in der Hoffnung, daß Sie mir nicht allzusehr zürnen – ich bitte Sie darum – verbleibe ich Ihr alter Freund

Wulpius."

Encke verharrte nach der Lektüre dieser Zeilen eine Zeitlang in starker innerer Bewegung. Selten, fast nie, wo er gegeben, hatte er Dank geerntet. Er hatte auch seine Hand nicht um Dank aufgetan, er handelte, weil ihn ein tiefes Mitleid für das Leid seiner Mitmenschen erfüllte, weil er – ein selten guter Mann – so handeln mußte.

Wenn aber einmal etwas in ihm aufsprang, wie an diesem Tage, wenn er wieder glauben lernte an Rechtschaffenheit und wahrhaft vornehme Gesinnung, dann regte sich das Menschentum in seinem Innern zwiefach.

Ein Mensch, der, er wußte es, fast hungerte, obschon er täglich bis in die Nacht arbeitete und jeglichem Überflüssigen entsagte, einer, der für sein Schaffenkönnen und seine Schaffensfreudigkeit schon deshalb heitere Bilder und frohe Eindrücke gebrauchte, weil sie die Nahrung für seinen Geist bilden sollten, bei der Entbehrung alles dessen also geistig und körperlich darbte, hatte nichts Eiligeres zu tun, als das, was für ihn im Augenblick mit Luft, Licht und Speise gleichbedeutend war, zurückzugeben!

Ja, diejenigen, die selbst unsaubere Seelen haben, wie können sie glauben, daß es solche mit reinen Herzen gibt? Sie schreien auf die Gassen, jeder Mensch sei eine Art Bestie, nur die Grade seien verschieden – –

Der heilige Abend war erschienen. In dem Wohnzimmer von Wulpius brannte die kleine Lampe trübe wie immer. Die Frau saß – zeitweilig durch Tränen, die von ihren blassen Wangen herabrieselten, am klaren Sehen gehindert – und nähte Weißwäsche, die sie für ein Geschäft einzurichten hatte. Drinnen arbeitete Wulpius, der noch an einer Neujahrsgeschichte für eine Zeitschrift zu schreiben hatte. Er schilderte das Glück von Menschen, die lange danach ausgeschaut. Des Jahres Ende hatte es gebracht! Die Leser wollten einmal einen guten Abschluß. Sie mochten nicht gern an des Lebens Elend erinnert werden.

Aber mitten in der Arbeit ließ er sich plötzlich zurückfallen, weil ihm jählings so viele Tränen die Augen verdunkelten.

Die sorgenvollen Gedanken stellten sich ein und nahmen ganz von ihm Besitz. Wenn er das Honorar für die Arbeit nicht unmittelbar nach den Feiertagen erhielt, war's aus mit allem.

Er fühlte es auch: es saß abermals etwas in ihm, etwas Krankes, Schweres, das ihn niederwerfen würde. Und wenn er sich wiederum hinlegte, wie in dem vergangenen und vorhergehenden Jahre? Was sollte dann werden?

Nun öffnete sich die Tür, Frau Wulpius erschien. Ein Bote sei da!

Der Mann nickte, stand mit müder Bewegung auf und trat ins Wohnzimmer.

„Bloß abzugeben an Sie selbst!" dann verschwand der Fremde wieder.

Wulpius ließ sich neben seiner Frau auf einen Stuhl nieder und öffnete den Brief mit zerstreuter Miene. Er war bei seiner Geschichte; was dieses Kuvert enthielt, war ihm schon bekannt. Es kam zweifellos von demselben Zeitschriftenverleger, für den er noch eine zweite kleine Arbeit anfertigen sollte.

Aber etwas andres enthüllte sich! Eine Quittung über 800 Mark. Auch lagen 400 Mark in Kassenscheinen dabei, und auf einer Karte stand:

„Ich kann Ihnen, mein lieber Wulpius, heute den Rest der damals gewünschten Darlehnssumme übermachen, nämlich 400 Mark. Was Sie aber hoffentlich noch mehr erfreuen wird, ist die Mitteilung, daß es mir gelungen ist, Ihnen eine feste und einträgliche Stellung bei der Montagszeitung zu verschaffen. Ich hörte zufällig von einer Vakanz und besuchte den mir befreundeten Verleger sogleich. Er erwartet Sie zu einer Rücksprache!

Und nun wieder den Kopf oben – bitte! – Dann feiert ein doppelt fröhliches Weihnachtsfest Ihr alter, treuer Freund

Paul Encke.

N. S. Allernächstens werden wir Ihnen auch unsern Besuch machen. Verzeihen Sie, daß es nicht schon lange geschah!"

devot: unterwürfig / Visite: Besuch / N. N. Nomen Nescio: den Namen weiß ich nicht / Vakanz: freie Stelle / N. S.: Nachschrift

Täublein weiß

(Adventslied)

Corner 1631. Beuttner 1602 (1660).

Es flog ein Täublein weiße
Vom Himmel herab
Im engelischen Kleide
Zu einer Jungfrau zart:
„Gegrüßet seist du, wunderschöne Magd!
Dein Seel' ist hoch gezieret,
Gesegnet ist dein Leib."
Kyrie eleison.

„Gegrüßet seist ein Königin,
Der Herr der ist mit dir!
Du wirst ein Kindlein g'bären:
Das sollst du glauben mir."
Sie antwort ihm, dem himmlischen Bot:
„Ich hab mein Keusch versprochen
Dem allmächtigen Gott."
Kyrie eleison.

„Hast du dein Keusch versprochen
Dem allmächtigen Gott,
So wird er zu dir kommen
Wohl durch das göttlich Wort.
Er kommt zu dir gar ohne arge List,
Ein Jungfrau wirst du bleiben
Immer und ewiglich."
Kyrie eleison.

„Gscheh mir nach deinem Willen
Und nach dem Willen Gotts,
So gib ich meinen Willen,
Weil ich gebären soll."
Sie schloß wohl auf ihrs Herzens Fensterlein:
Wohl zu derselben Stunde
Der heilig Geist ging ein.

Da wohntens beieinander,
Maria und Jesus Christ,
Bis an den Weihnachtsmorgen,
Da er geboren ist:
Der wahre Gottes Sohn
Die Menschheit an sich nahm:
Des sagn wir arme Sünder
Ihm ewig Lob und Dank.

Da ward er uns geboren,
Der wahre Gottes Sohn,
Der uns zu Trost ist worden,
Den Sündern allesamt.
Ach Gott, warum tät er aber das?
Er wollt herwieder bringen,
Was Adam und Eva verlorn.

Die Eva hat zerbrochen
Und Adam das Gebot:
Maria hat Gnad gefunden,
Hat uns Heil wieder bracht.
Wohl durch Frucht des Leibs, Herrn Jesum Christ,
Das Heil ist uns entsprungen,
Der Himmel aufgeschlossen ist.

Der Himmel ward aufgeschlossen
Durch Gottes Schlüssel klar,
Maria ist der Garten,
Da der Schlüssel gewachsen war;
Der heilig Geist den Garten besäet hat:
Gar schön ist er gezieret
Mit göttlicher Majestat.

Also hat es der Ruf ein End'
Wohl hie zu dieser Stund,
So wolln wir Gott nur bitten
Aus unsers Herzen Grund,
Daß er uns allen woll gnädig sein
Und woll uns auch behüten
Vor der heißen Höllen Pein.
Kyrie eleison.

Friedrich Güll

Der Schnitzelmann von Nürnberg

Der Schnitzelmann von Nürnberg
Hat feil in seiner Buden.
Ei seht, da stehen Ries' und Zwerg,
Und Mohren, Türken, Juden!

Und dorten, auf dem stolzen Roß,
Sitzt kühn ein blanker Ritter;
Hoch ragt empor sein Felsenschloß
Mit Kettenbrück' und Gitter.

Und neben dran, da steht ja ein
Gewaltiger Nußknacker;
Der stemmt die Arm' und spreizt die Bein',
Und bleckt die scharfen Hacker.

Macht ein Gesicht als wie ein Russ',
Als wollt' er wen zerreißen:
„Die Haselnuß, die welsche Nuß,
Nur her, ich will sie beißen!"

Hier eine ganze Eskadron
Husaren und Ulanen,
Und Grenadier' ein Bataillon
Mit Adlern auf den Fahnen.

Trompeten, Trommeln und Gewehr'
Und Säbel und Pistolen
Und Geig' und Pfeif' und andres mehr
Kann einer hier sich holen.

Hier Wiegengaul und Steckenpferd
Zum Reiten für die Buben;
Und für die Mädchen Küch' und Herd
Und prächt'ge Dockenstuben.

Und Gliederpuppen nett und schlank,
Und Kanapee und Sessel;
Geschirre, blitzend hell und blank,
Und Butten, Schaff und Kessel.

Und eine ganze Schäferei
Mit Hirten, Hund und Karren;
Und der Hanswurstel auch dabei,
Der mit dem Fuß kann scharren.

Wie der so schelmisch lachen kann,
Als wollt' er schier zerplatzen,
Weil er sieht seinen Schnitzelmann
So hinter'n Ohren kratzen.

Wohl kommen aus der ganzen Stadt
Die Kinder hergelaufen;
Weil aber kein's 'nen Kreuzer hat,
Kann keines sich was kaufen.

O Schnitzelmann von Nürenberg!
Hätt' ich die schönen Sachen,
Da stünd' ich nicht so überzwerch
Und tät Gesichter machen.

O Schnitzelmann von Nürenberg!
Hätt' ich die schönen Dinger:
Ich wollte jubeln wie die Lerch'
Und schnalzen mit dem Finger!

Eskadron: Schwadron, Reitertrupp / Docke: Puppe / überzwerch: verquer; unfreundlich

Berend Goos

Erinnerungen aus meiner Jugend

Schon drei Wochen vor dem Fest begann die Freudenzeit für uns Kinder; da fingen zu Hause die Vorbereitungen zum Kuchenbacken an, und dies spielte in damaliger Zeit eine gar wichtige Rolle, namentlich bei meiner Mutter, und das muß wahr sein, ihre braunen Kuchen, feine sowohl als grobe, waren delikat. Den Anfang machte das

Abhülsen und das Zerschneiden der Mandeln, der Sukkade und der Zitronenschalen, wobei nicht allein wir Kinder, sondern auch alle dem Hause nahestehenden Personen, Näherin, Scheuerfrau usw. helfen mußten, und am Abend vor dem Backen begaben wir uns allesamt nach der Küche, um das Anrühren des Teiges mit anzusehen, wohl auch mitzuhelfen. Einer hielt die am Herde aufgestellte Mulde, in welche dann die Ingredienzen, als da sind: Mehl, Sirup, Mandeln, Rosen- und Kaneelwasser nebst Hirschhornsalz und die übrigen gewürzigen Zutaten geschüttet wurden, und ein anderer rührte mit einem ruderförmigen Holz aus Leibeskräften die Masse zum gleichförmigen Teig, und es war in der Tat keine leichte Arbeit, diese zähe Substanz zu bewältigen.

Am andern Morgen früh mußte dann unsere alte Köchin Kathrin mit dem während der Nacht unter seinem warmen Federkissen schön gegangenen Teig zum Bäcker, und des Nachmittags kam sie mit zwei Bleicherkörben voll brauner Kuchen zurück; die feinen mit einem Sukkadeblättchen, die groben mit einer Mandel bezeichnet. Ei, und wie dufteten sie, und nachher, wie schmeckten sie erst – schade nur, daß so viele von diesen süßen Weihnachtsboten in die Fremde wandern mußten; denn das stand einmal fest, jedes mit uns befreundete Haus bekam ein oder zwei Dutzend zum Geschenk, und außerdem mußten noch Scheuerfrau, Näherin, Zeugausklopfer, Dienstmädchen und Gott weiß wer sonst davon ihren Anteil haben. Die Vorfreuden des Weihnachtsfestes außerhalb des Hauses waren nun freilich von viel bescheidener, dagegen aber auch viel gemütlicherer Natur als gegenwärtig. Dicke Damen, Riesinnen und Zwerge, Südseeinsulaner, Polar- oder Seemenschen gab es damals nicht zu schauen, auch keine Gaukler, Zaubertheater und Weih-

nachtskomödien; höchstens lief ein Mensch mit Rosinenkerlen oder schlanken Füchsen durch die Straßen, und auf dem Gänsemarkt war der Weihnachtsmarkt – Dom – aufgeschlagen, der aber nur Verkaufsbuden enthielt. Den Hauptkommers bildete der alte Steinweg, wo von vierzehn Tagen vor Weihnacht an alltäglich an jeder Trottoirseite eine dichte Reihe von Verkaufskarren aufgestellt war, deren Inhaber, die Juden, im mörderischen Ausschreien und Anpreisen ihrer Waren einander überboten.

Es zeichneten sich als Weihnachtsausstellungen in meiner Jugend vorzüglich die Konditoreien aus, mit ihren oft wunderhübsch ausstaffierten Schlittschuhbahnen, Winterlandschaften oder eingeschneiten Schlössern und dergleichen, und vorzüglich brillierte in dieser Hinsicht der Konditor Hellberger am alten Jungfernstieg, dessen Laden zu besuchen uns gewöhnlich, wenn wir sonntags bei meinem Großvater waren, erlaubt wurde, was für uns zu den schönsten Genüssen gehörte. Dann waren aber auch die sogenannten Weihnachtshäuser, Etablissements, wie sie noch heutzutage bei Schultz am Gänsemarkt oder Alois Busch am Alten Wall anzutreffen sind, von besonderem Reiz für die Jugend. Der Name Werlich, das bedeutendste Institut dieser Art, rief das freudigste Entzücken hervor. Es lag in der großen Johannisstraße, und vom Breiten Giebel – vor dem Feuer 1842 eine sehr frequente Straße – sah man schon dessen erleuchtete Fensterreihen, nur verdunkelt durch höchst anziehende Schattenrisse von Tschakos, Fahnen, Puppenköpfen und dergleichen, und der Besuch derselben war der Glanzpunkt bei unserer damaligen Domwanderung, die mit dem Durchziehen der im Dreieck aufgestellten Budenreihen des Gänsemarktes anfing. Aber was wir in solcher Domwanderung in Begleitung von Mutter, Verwandten oder sonst zu unserer Beaufsichtigung Angestellten als Geschenk erbeuteten, z. B. eine Teufelsklaue, ein Geduldspiel oder eine alte Dame, die mit Leidenschaft, vermöge einer untergestellten Räucherkerze, aus der Pfeife raucht, war das wenigste; der Hauptreiz bestand in der Ahnung von dem, was unsern Blicken ängstlich entzogen ward; aber aus den heimlichen Gesprächen unserer Eltern mit den Verkäufern merkten wir's bald genug, wenn es der Abschließung eines Handels zugunsten unserer Weihnachtsbescherung galt. Die während der Schulzeit später ins Haus geschickten Pakete aber wußte meine Mutter unsern Blicken schon zu entziehen, auch wurden die Haupteinkäufe von ihr an Vormittagen allein besorgt. Viel Interesse erweckte auch noch in dieser Zeit das Packen einer Weihnachtskiste für die Verwandten in Friedrichstadt. Die verschiedenen Geschenke wurden sorgfältig emballiert, die übriggebliebenen Zwischenräume mit Zitronen vollgestopft und endlich das noch Fehlende mit Häcksel vollgeschüttet.

Der Tag vor Weihnachten, an dem unsere Schule schon geschlossen war, konnte als der spannendste vom ganzen Feste angesehen werden. Die Wohnstube war alsdann für alle, Mutter ausgenommen, unzugänglich, und wir anderen wurden in der Hinterstube zusammengepfercht, auch durften wir ohne vorherige Erlaubnis die Diele nicht betreten, um nicht etwa dem Transport der Geschenke von oben herunter zu begegnen. Um mich desto sicherer und ruhiger zu halten, waren mir von meinen Schwestern schon am Vormittag ihre Geschenke ausgehändigt, welche etwa in einer Schachtel Bleisoldaten, einer Messingkanone, Bilderbogen usw. bestanden, auch kamen um diese Zeit die Geschenksendungen von den Geschwistern meiner Mutter, bei denen mitunter auch für mich sich eine Beilage befand. Wenn also ein höchst sauber gekleidetes Dienstmädchen mit ihrem verdeckten Korb in die Haustür trat, so kann man sich die Spannung und Freude denken, mit der sie eingelassen ward. So weiß ich mich noch sehr gut zu erinnern, welch große Freude mir einige vortreffliche Pferdelithographien von Karl Vernet, die mein Onkel Paulus für mich zum Nachzeichnen bestimmt hatte, verursachten; die Blätter besitze ich noch jetzt.

So wie nun der Tag fortschritt, nahm auch die Spannung zu, und alles Denken, Sprechen und Vornehmen drehte sich nur um die am Abend zu erwartende Bescherung und die damit verbundenen Vorbereitungen. Meine Mutter, als die Seele des Ganzen, bekam man, wenn sie mit dem Einwickeln unzähliger Braunkuchen-Pakete fertig war, nur wenig zu Gesicht. Bald oben, bald unten, bald dort befragt, bald hier gerufen, war sie mit ihrem Schlüsselkorb fortwährend auf den Beinen, und ihr Adjutant, das Kleinmädchen Lena, war ohnedies noch den halben Tag mit Ausbringen verschiedener Geschenke und Kuchen beschäftigt. Ich lebte natürlich nur in der Erwartung des Abends, höchstens zogen die Erinnerungen früher verlebter Weihnachtsabende als Nebelbilder vorüber, oder alte bekannte Weihnachtsschnurren wurden durch diesen oder jenen ins Gedächtnis zurückgerufen. So weiß ich einen dieser herrlichen Verse, die vielleicht von Margreth Oderich oder von unserer Köchin herstammen:

„Hüt Abend is Winachten-Abend,
Da gaht wi na baben,
Da klingen de Klocken,
Da danzen de Poppen,
Da piepen de Müs
In Grodvaders Hüs“ usw.

Dergleichen sangen wir, gingen aber nicht „na baben“, wie's in der Schnurre heißt, sondern nach unten, von meinem Vater geführt, unter dessen Obhut wir uns seit Dunkelwerden befunden hatten. Tannenbäume waren damals noch nicht so allgemein im Schwange wie jetzt, dafür hatten wir in der Regel eine sogenannte Pyramide aus vier oben zusammenlaufenden, mit Buchsbaum oder Tannenlaub dicht umwundenen Stäben bestehend, oben mit einer Fahne aus Flittergold verziert. Der untere viereckige Raum enthielt die schönsten Gartenanlagen, mit Grotten, Teichen, Brücken, sowie den dazu passenden Figuren versehen, alles aus Moos, Strohblumen, Pappe und Spiegelglas angefertigt. Die belaubten Seitenrippen der Pyramide dienten zugleich als Halter der das Ganze hellbestrahlenden bunten Wachskerzen, und im Innern hing noch von der Spitze herab ein schwebender Wachsengel, recht niedlich anzuschauen. Man kaufte diese Pyramiden fertig auf der Weihnachtsausstellung des Gänsemarktes.

Meine Schwestern und ich hielten uns, solange die Vorbereitungen und das Anzünden der Lichter dauerten, wie schon erwähnt, mit meinem Vater in der Schlafstube auf. Um die Sache recht spannend und abenteuerlich zu machen, saßen wir da im Dunkeln um den gemütlich sausenden Ofen gruppiert und ließen uns von dem einzigen Licht, welches dem Zugloch des Ofens entströmte, beleuchten, sorgfältig aufhorchend, ob schon Tritte auf der

Treppe hörbar wurden, bis dann endlich Lena erschien: „Na, nu is ’t sowiet.“ – Nun, die erwartungsvolle Spannung, wenn wir von Papa hinuntergeführt wurden, das Aufsperren der Stubentür, das Anstarren der Lichter von seiten der Kinder, das Beobachten der Gesichter derselben von seiten der Eltern brauche ich nicht weiter auszumalen; es ist ja das alles bekannt und war damals gerade so wie heute. Eins aber war damals anders als jetzt; eine solche Übertreibung beim Beschenken, wie sie leider Sitte geworden ist, kannte man in meiner Jugend nicht; eine sehr weise Ökonomie sorgte dafür, daß bei den Eltern das Besorgen der Geschenke keine Last, bei den Kindern das Empfangen keine Übersättigung hervorbrachte, und wenn ein und dasselbe Geschenk, nur unter anderer Farbe und Gestalt, zwei bis drei Weihnachtsbescherungen hindurch seine Rolle spielte, so war das gar nichts Ungewöhnliches. Ich erhielt in meinem dritten oder vierten Lebensjahre ein sehr hübsches hölzernes Pferd, einen Schimmel auf Rollen. Im nächsten Jahre vor der Weihnachtszeit verschwand plötzlich der Schimmel, und am Weihnachtsabend erschien dafür ein schöner Goldfuchs, dessen Gestalt der des früheren Schimmels zum Verwechseln ähnlich sah; aber auch der Fuchs verlor allmählich seine Schönheit, weißes Haar stellte sich fleckenweise ein, und er verschwand endlich ganz und gar. Doch zum Feste kam wieder ein prächtiger Brauner, nur durch einen langen Schwanz verschieden und vor einen Wagen gespannt, während die Vorgänger sich nie vor dem Wagen hatten gebrauchen lassen.

Die größte Freude machte mir einmal an einem Weihnachtsabend eine messingne Kanone von etwa 9 Zoll Länge, mit derber hölzerner Lafette, mit der ich lange Zeit nachher noch viel gespielt habe.

Unser aller Freund und gern gesehener Gast, Herr Nolte, pflegte auch jedem von uns ein oft wertvolles Weihnachtsgeschenk zu machen, auch wohl selbst sich abends einzufinden, wie auch mein Onkel Paulus und andere. Einmal bekam ich von meinen Eltern, oder richtiger gesagt von meiner Mutter, denn mein Vater bekümmerte sich nicht um die Besorgung der Geschenke, nichts weiter an Spielsachen als eine Anzahl Schachteln mit Bleisoldaten. Offen gestanden kam mir dieses Geschenk gegen früher erhaltene etwas dürftig vor, und schon fing ein gewisser Unmut an, sich meines Gefühls zu bemächtigen, als das Geschenk meines Freundes Nolte, bestehend aus einem kleinen hölzernen Schlitten, dessen Kern die Gestalt eines Schwans zeigte, noch dazu im Silberglanz, mit zwei herrlichen Schimmeln bespannt, plötzlich hereingetragen wurde und die frohe Weihnachtslaune wieder herstellte, und später kamen die bleiernen Soldaten zur vollen Würdigung, denn es ließ sich mit der Masse vortrefflich manövrieren, und kaum war der Tisch groß genug, um der Entwicklung der verschiedenen Truppen Raum zu bieten.

Der folgende Tag, der erste des Weihnachtsfestes, versammelte nun die sämtlichen Familienmitglieder in der Kirche, und da meine Eltern so vernünftig waren, mich vor meinem elften oder zwölften Jahre nicht mit zur Kirche zu nehmen, so konnte ich in behaglicher Muße die herrlichen Geschenke vom gestrigen Abend noch mal Revue passieren lassen und neue Reize bei ihnen entdecken. – Zur Kirche wurde stets gefahren, schon meines Vaters wegen, dessen Amtstracht, vor allem der damals noch bei uns gebräuchliche große dreieckige Hut, für den langen Kirchenweg nach Altona zu auffallend gewesen wäre. Nach Beendigung des Gottesdienstes wurde ich an diesem wichtigen Tage, wie meistens auch an jedem gewöhnlichen Sonntage, nachdem mein Vater ausgestiegen war, nun mit zum Großpapa genommen, wo heute allgemeine Familienbescherung war.

Um 3 oder halb 4 Uhr wurde gespeist, und, um die Zeit bis zur Beschenkung würdig auszufüllen, spielten wir, die Söhne meines Onkels Hermann und ich, mit dem Bedienten Heinrich Ohnesorgen Teufel, d. h. wir trieben mit selbigem auf der geräumigen Hausdiele einen Skandal, daß wohl ein Uneingeweihter denken konnte, „der Teufel sei los".

Und dieses höchst amüsante Getobe hatte einen solchen Reiz für uns, daß kaum der Ruf zum Empfangen der Weihnachtsgaben uns für das Abbrechen desselben eine Entschädigung bot. – Wir wurden nun zum großen Saal hinaufgeführt. Dort erhielt jedes Mitglied der Familie von meinem Großvater ein Spezialgeschenk, aber für uns Kinder hatte den größten Wert in der Regel ein für uns gemeinschaftlich bestimmtes, welches bei Großpapa verblieb und zu unserer Sonntagsbelustigung diente. Dieses Allgemeingeschenk bestand in einer großartigen Komposition seitens unseres Onkels Paulus, welcher ein wahres Genie im Erfinden und Anfertigen aller Arten Papparbeiten war. Bald war es eine Festung mit Zugbrücken und militärischer Besatzung, bald eine Brücke als Hauptgegenstand, die auf- und abgeschlagen werden konnte, bald waren es ländlich idyllische Darstellungen mit einer Anzahl von Bäumen, bei denen Moos und Besenreiser eine wichtige Rolle spielten und Seen und Teiche aus Spiegelglas sehr täuschend dargestellt wurden. Dabei mochte meines Onkels Amüsement während der Anfertigung nicht geringer als unsere Freude beim Empfang des Geschenkes gewesen sein, denn die Einzelheiten der Bäume, der Geschirre usw. waren mit einer Nettigkeit und Sorgfalt ausgeführt, daß es fast schade darum war, sie als bloßes zerbrechliches Spielzeug zu benutzen.

Doch von all diesen Herrlichkeiten mußten wir scheiden, sobald der Bediente meines Onkels, mit Namen Blank, erschien, der uns in einer großen Kutsche abholte. Dann wurde freilich manche Träne vergossen, doch den Kutscher ließ man damals nicht warten, und wenn wir erst mit dem alten ehrenfesten Blank, der früher bei den dänischen Husaren gestanden hatte und uns oft durch Erzählung seiner friedlichen Kriegsabenteuer unterhielt, in der Kutsche saßen, so wurden wir durch den Vortrag seiner Lieder entschädigt, unter welchen das beliebteste „Rinaldo Rinaldini, der Räuber Kühnster" war. Unterwegs, vor unserm Hause in der Poolstraße, wurde ich ab- und dann das unterbrochene Räuberlied wahrscheinlich mit erneuter Kraft fortgesetzt.

Auf solche oder ähnliche Weise ging das schöne Weihnachtsfest vorüber.

Sukkade: kandierte Fruchtschale / Ingredienz: Zutat / Kaneel: Zimt / frequent: häufig besucht / emballiert: verpackt, umhüllt / Ökonomie: hier: Sparsamkeit / Lafette: Untergestell eines Geschützes

Bärentatzen

3 Eiweiß, 250 g Zucker, 250 g geriebene Mandeln, 70 g geriebene Schokolade, 1 Eßlöffel Vanillezucker, Zucker zum Wenden und für die Förmchen.

Eiweiß zu steifem Schnee schlagen, unter ständigem Weiterschlagen nach und nach den Zucker einrieseln lassen. Mandeln, Schokolade und Vanillezucker unter die Masse rühren. Aus dem Teig Kugeln formen, in Zucker wenden und in mit Zucker ausgestreute Bärentatzenförmchen (Muschelförmchen) drücken. Die Bärentatzen aus der Form stoßen und auf ein mit Back- oder Pergamentpapier belegtes Blech legen. Etwa 1 bis 2 Stunden trocknen lassen. Danach bei circa 170 Grad 15 Minuten backen, das Blech dabei auf die obere Mittelschiene des Backofens stellen.

Gottfried Keller

Weihnachtsmarkt in Berlin

Welch lustiger Wald um das hohe Schloß
Hat sich zusammengefunden,
Ein grünes bewegliches Nadelgehölz,
Von keiner Wurzel gebunden!

Anstatt der warmen Sonne scheint
Das Rauschgold durch die Wipfel;
Hier backt man Kuchen, dort brät man Wurst,
Das Räuchlein zieht um die Gipfel.

Es ist ein fröhliches Leben im Wald,
Das Volk erfüllet die Räume;
Die nie mit Tränen ein Reis gepflanzt,
Die füllen am frohsten die Räume.

Der eine kauft ein bescheidnes Gewächs
Zu überreichen Geschenken,
Der andere einen gewaltigen Strauch,
Drei Nüsse daran zu henken.

Dort feilscht um ein winziges Kieferlein
Ein Weib mit scharfen Waffen;
Der dumme Silberling soll zugleich
Den Baum und die Früchte verschaffen.

Mit rosiger Nase schleppt der Lakai
Die schwere Tanne von hinnen;
Das Zöfchen trägt ein Leiterchen nach,
Zu ersteigen die grünen Zinnen.

Und kommt die Nacht, so singt der Wald
Und wiegt sich im Gaslichtscheine;
Bang führt die ärmste Mutter ihr Kind
Vorüber dem Zauberhaine.

Bogumil Goltz

Eine Weihnachtsreise nach Altpreußen

Da es in meiner Erinnerung Winter ist, so kommen mir Bilder von einer Winterreise, die ich vielleicht in meinem sechsten oder siebenten Jahre mit meinen Eltern zu den Großeltern mütterlicherseits nach Altpreußen gemacht. Es waren wohlstehende, aber schlichte Bürgersleute, die ihre alten Tage mit einer unverheiratet gebliebenen Tochter in einem Landstädtchen verlebten. Man muß so ein

ostpreußisches Städtchen im Winter gesehen haben und an einem trüben Abende, nach weiter Reise durch eingeschneite Felder, Wälder und über gefrorene Seen; man muß da in eine Herberge hineingefahren und über Nacht geblieben sein, um in der Seele zu begreifen, was es mit dem nordischen Kleinbürgerleben und mit der winterlichen Symbolik bereits in Ostpreußen so gut wie in Grönland zu bedeuten hat.

Von den Zurüstungen der Reise hab' ich nichts weiter behalten, als daß ich in ein altes Umschlagetuch der Mutter vom Kopf bis zu den Beinen und bis zum Ersticken festgewickelt worden bin.

Um mich her in der Stube stehen Kisten und Kasten; da nimmt mich eine polnische Magd in die Arme, um mich in den Schlitten zu tragen. Jählings abgerufen, wirft sie mich aber mitsamt meiner Emballage wieder zu dem übrigen Gepäck, so daß ich umfalle und mir bei der Arbeit des Aufrichtens das über den Kopf gezogene dicke Tuch auch über das Gesicht herabschlägt. Da mir nun beide Arme wie einem Wickelkinde beschnürt sind, so daß ich mir schlechterdings nicht helfen und nicht 'mal ein heiles Geschrei ausstoßen kann, so ist es mir fast Matthäi am letzten, als meine liebe Mama erscheint und mich befreit.

Unterwegs finde ich mich im Rücken der Eltern, unter einem fabelhaften Verdeck und zwar mehr liegend als sitzend verpackt. Die liebe Mutter sagt dann von Zeit zu Zeit zum Vater: „Wenn der arme Junge nur gut Luft holen kann"; und dann fragt sie mich laut und ängstlich: „Jungchen, lebst du auch noch, mein Kind?" „Ja, liebe Mutter." „Friert dich auch nicht?" „I nein, nur ein bißchen." „Na, wickle dich nur recht fest ein und rühr' dich nicht viel, mein Kind."

Dann sagt wieder der Vater: „Na, na, ängstige dich nur nicht, liebe Frau, der ist ein knorriger Bengel und ein Unkraut obendrein; so eins verdirbt sobald nicht; wenn dir das Maul zugefroren ist, Junge, dann meld es der Mama."

Dann wieder fahren wir bei einbrechendem Abende über einen großen gefrorenen See. Der Kutscher und der Vater gehen neben dem Schlitten her, und mich hat die Mama von hinten fort und auf den Schoß hervorgeholt, um mich, falls der Schlitten einbrechen möchte, gleich weit aufs feste Eis zu werfen; so denk' ich es mir jetzt, und so hab' ich's wohl damals gefühlt.

Es geht alles ganz glücklich bis zum Ufer; da ist das Eis mürber, die Pferde brechen ein, der Schlitten sinkt einen Augenblick ins Wasser, aber wir kommen doch mit viel Geschrei und Antreiben aufs Land und gleich darauf in einen „Krug“ (Herberge). Die Mama und ich selbst, wir

sind trocken; der Kutscher aber und der arme alte Papa sind pfützennaß und die liebe Mama so erschrocken, daß sie dem Vater mit Tränen um den Hals fällt, der sie lachend beruhigt und mit lauter Stimme eine ganze Kasserolle voll Warmbier kommandiert.

Dann muß der Wirt dem Vater die nassen Stiefel abziehen, und da dies nicht auf die gewöhnliche Weise gehen will, so hat der Mann sich mit dem Gesicht vom Vater abgekehrt und dieser ihm einen Fuß gegen den Rücken festgestemmt, der Wirt aber den einen Stiefel fest in den Händen gehalten, bis er ihn richtig mit Gelächter herunterkriegt.

Am andern Tag fahren wir bei ganz gelindem Wetter und indem der Schnee wie in ganzen Lämmervliesen herunterflockt, durch einen unermeßlichen Föhrenwald, der in Ostpreußen eine Heide genannt ist. Ich sitze, da weiter keine Gefahr mit Erfrieren vorhanden, ganz wohlgemut und munter zwischen den lieben Eltern.

Zwischen den Schneemassen blickt überall das herzerfrischende Weihnachtsgrün der Kiefern und Fichten hervor, die wie große heilige Christbäume zuhauf stehen.

Ich empfinde und denke nichts weiter als die gleichmäßige stille und schnelle Bewegung des Schlittens; mir ist so reinlich, so säuberlich und dann wieder so mystisch, so verwandlungsvoll, so feierlich und weihnachtlich bis in die innerste Seele hinein, daß ich lauter Weihnachtsstimmung, also gar nicht bei ordinärem Menschenverstande bin. Mir ist vielmehr so märchenhaft, wie wenn die ganze Welt zu lauter Schnee und Weihnachten werden will; als wenn ich selbst ein warmes und leibhaftiges Schneewetter und Weihnachtswunder bin, in dessen heilige Stille das Schlittengeläute feierlich und wundersam hineintönt wie die Glocken des heiligen Christes, der die großen Menschenkinder im eingeschneiten Walddome zur Weihnachtsbescherung ruft. Damit sie nun nichts anderes hören, sehen und empfinden, so wird mit der jungfräulichen Unschuld der Mutter Maria und des Christkindes die schwarze, harte Menschensünde so zugedeckt, verwandelt, gereinigt und verträumt, wie der schwarze, hartgefrorene, von jedem Tritt widerhallende Erdboden weich und weiß mit Schnee überdeckt wird.

Und in solcher dicken Weihnachtsstimmung kommen wir zu dem Städtchen der Großeltern und durch das betürmte, in Ritterzeiten gebaute Tor.

Aber wenn das auch nicht gewesen wäre, so mußten wir doch alle von mancherlei Gefühlen bestürmt sein. Meiner Mutter Heimat und ihre Geburtsstätte umfingen uns hier. Der Vater hatte hier um seine Lebensgefährtin gefreit; er hatte in diesem Städtchen viele Jahre in Garnison gestanden und hier seine Jugendzeit verlebt; ich selbst aber fuhr zum erstenmal mit vollem Bewußtsein in die Stadt.

Wir schwiegen also alle mitsammen stille, aber die Eltern hielten sich bei den Händen, die Mutter brachte das Taschentuch an die Augen, und ich hatte nicht Augen und Sinne genug, um das zu bewältigen, was jeden Augenblick an Wundern zum Vorschein kommen oder vielmehr auf uns losstürmen mußte. So stand's mit uns.

Mein Vater suchte wohl seine Rührung hinter den Versen eines alten Soldatenliedes zu verbergen, von denen ich nur zwei Strophen behalten habe, die er allemal rezitiert hat, wenn ihm so recht behaglich oder wundersam zumute war. Mit tremolierender Stimme und halblaut sang der alte Herr vor sich hin:

„O wunderbares Glück,
kehr noch einmal zurück!"

Aber ich habe die Ankunft und den Empfang im großelterlichen Hause vergessen. Ich war wohl zu schläfrig oder von der Ofenwärme wie von den großelterlichen Liebkosungen zu benommen, um heute noch was Rechtes davon zu wissen. (. . .)

Weihnachten hatte damals für alle Christenmenschen, gläubige wie ungläubige, in der Seele denselben Klang und

Sang, denselben Schimmer und heiligen Schein. Kinderweihnachten zu beschreiben ist so unmöglich und so überflüssig, wie wenn einer seine Seele und sein Christentum oder seine Eingeweide wie einen Handschuh herauswenden wollte. Ich mag also nur sagen, was eben die altpreußische Weihnacht Absonderliches mit sich geführt hat, und das war hauptsächlich ein Tannenbaum mitten aus der Heide, in eine große Bütte mit nassem Sand gepflanzt, so daß der goldene Apfel auf der Spitze beinahe die Zimmerdecke anstieß. Dann ein neuer Zinnteller, so gleißend wie eitel Silber, auf dem die Thorner Pfefferkuchen, die Marzipanstücke, die Nüsse, die Rosinen und Mandeln und die roten Stettiner Äpfel lagen, und endlich eine Schachtel mit gedrechselten „Heiligenbeiler Spielsachen" von Wacholder, welches ein Geäder wie Zedernholz hat und dessen starker und ganz eigentümlicher Geruch mich heute noch, wo ich auf ihn treffe, ganz tiefsinnig und schwermütig macht.

Während nun Eltern und Großeltern zu ihrem Herrn und Heiland in der Kirche beteten und Buße taten, habe ich traum- und glückselig mit meiner Christbescherung gespielt. Und so geschah und geschieht es von Schrift wegen; denn der Heiland ist der älteste und echteste Kinderfreund, und da die Kinder nach seinem Ausspruche vom Christentum lebendig beseelt sind, so soll ihnen der Ernst und die Arbeit des Christentums noch ein Spiel und eine Glückseligkeit, ein Weihnachtshimmel auf dieser Erde sein.

Emballage: Verpackung / Vlies: Fell / tremolieren: beben, zittern

✡ ✡ ✡

Thorner Katharinchen

500 g Honig, 500 g Zucker, 4 Eier, 1 Eßlöffel Zimt, 1 Teelöffel Nelkenpulver, abgeriebene Schale einer unbehandelten Apfelsine, 10 bittere, gehackte Mandeln (oder etwas Mandelessenz), 750 g Weizenmehl, 2 Teelöffel Hirschhornsalz, 2 Teelöffel Pottasche (in etwas warmem Wasser aufgelöst), Zuckerguß.

Honig und Zucker läßt man zusammen aufkochen und dann abkühlen. Eier mit den Gewürzen schaumig schlagen, die Mandeln bzw. die Mandelessenz dazu geben. Den Honig vorsichtig unter die Masse rühren. Mehl und Hirschhornsalz zusammen sieben und dazu geben. Den Teig gut durchkneten, zum Schluß die Pottasche zufügen. Den Teig eine Woche an einem warmen Ort stehen lassen. Dann wird er etwa einen Zentimeter dick ausgerollt und mit Katharinchenformen ausgestochen. Auf einem gebutterten Blech bei mittlerer Hitze 15 bis 20 Minuten backen. Mit Zuckerguß verzieren.

Felix Dahn

Weihnachtsbräuche in Niederbayern

In Niederbayern sind die Bräuche und abergläubischen Sitten des bäuerlichen Hauses und Lebens im ganzen und großen die gleichen wie in Oberbayern: die Rauchnächte werden mit feierlicher Durchräucherung des ganzen Hauses und einem festlichen Abendschmaus geehrt, an arme Leute, Kinder, Hirten und Sternsinger werden Küchel verteilt, am St. Niklastag erscheint der Klaubauf, den Kindern Lohn, Schreck und Strafe zu bringen: Man

kennt und fürchtet auch die Frau Percht, die böse Kinder und faules Gesinde bestraft, in manchen Gegenden hat die leuchtende heidnische Göttin selbst ihren Namen abgelegt und erscheint am 13. Dezember, am Tag der heiligen Lucia, als Frau Luz, im übrigen aber noch im alten Sinn und Wesen: Hier hat eben wieder einmal die Kirche ein Stück Heidentum, das sie nicht wohl vertilgen konnte, in ihre eigenen Grenzen und Formen aufgenommen und umgeschmolzen, ein Verfahren, das nur der Unverstand tadeln kann.

Hoffmann von Fallersleben

Der Traum

Ich lag und schlief; da träumte mir
Ein wunderschöner Traum:
Es stand auf unserm Tisch vor mir
Ein hoher Weihnachtsbaum.

Und bunte Lichter ohne Zahl,
Die brannten ringsumher;
Die Zweige waren allzumal
Von goldnen Äpfeln schwer.

Und Zuckerpuppen hingen dran;
Das war mal eine Pracht!
Da gab's, was ich nur wünschen kann
Und was mir Freude macht.

Und als ich nach dem Baume sah
Und ganz verwundert stand,
Nach einem Apfel griff ich da,
Und alles, alles schwand.

Da wacht' ich auf aus meinem Traum,
Und dunkel war's um mich.
Du lieber, schöner Weihnachtsbaum,
Sag' an, wo find ich dich?

Da war es just, als rief' er mir:
„Du darfst nur artig sein;
Dann steh' ich wiederum vor dir;
Jetzt aber schlaf nur ein!

Und wenn du folgst und artig bist,
Dann ist erfüllt dein Traum,
Dann bringet dir der heil'ge Christ
Den schönsten Weihnachtsbaum."

Susani, susani

Vom Himmel hoch, o Engel kommt!
Eia, eia, susani, susani, susani!
Kommt singt und klingt, kommt pfeift und trombt.
Halleluja! Halleluja!
Von Jesus singt und Maria!

Kommt ohne Instrumenten nit,
Bringt Lauten, Harfen, Geigen mit!

Laßt hören euer Stimmen viel
Mit Orgel und mit Saitenspiel!

Hier muß die Musik himmlisch sein,
Weil dies ein himmlisch Kindelein.

Die Stimmen müssen lieblich gehn
Und Tag und Nacht nicht stille stehn.

Sehr süß muß sein der Orgel Klang,
Süß über allen Vogelsang.

Das Lautenspiel muß lauten süß,
Davon das Kindlein schlafen müß.

Singt Fried den Menschen weit und breit,
Gott Preis und Ehr in Ewigkeit.

Elard Hugo Meyer

Das Nikolausfest in Baden

Das größte Kinderfest ist noch immer wohl der Mehrzahl der badischen Jugend das St. Nikolausfest, an dem die Paten so freundlichen Anteil nehmen. Der Heilige stellt sich in Rottweil, Grunern und Krozingen, wenn auch nicht in jedem Hause, als Bischof dar. In Wolfach schnitzen sich die Kinder schon zwei bis drei Wochen vorher ein vierkantiges Stäbchen, das „Klausenhölzle“, worauf sie täglich die Zahl der gebeteten Vaterunser getreulich einschneiden. Am Vorabend des Klaustages wird das Hölzle vor die Haustür gelegt. Nikolaus riecht dann daran und erfährt dadurch, ob die Kinder auch wirklich so viele Vaterunser gebetet haben, wie Einschnitte ge-

macht sind. Dann tritt er oft selbst mit seiner Bischofsmütze und Rute oder seinem Stabe ein, prüft in Religion, legt je nach dem Ausfall der Prüfung Geschenke ein und scheidet mit der Mahnung zum Gehorsam. Auch in Klein-Laufenburg erscheint er in weißem Gewande und mit weißem Barte, eine Krone auf dem Haupt. Ihn begleitet manchmal der schwarze „Rubelz“ (Rugpelz) mit einer

langen eisernen Kette, an die er die bösen Buben anketten soll. In Unterlenzkirch, wo er gleichfalls weißbärtig mit einer Glocke, einem Sack voll Äpfel usw. und einer Rute ins Haus kommt, teilt er nach der Prüfung Geschenke oder Schläge aus. Das Klausenholz wird vor dem Zubettgehen neben eine Schüssel, in die er nachts seine Gaben trägt, auf den Tisch gelegt. Hat das Kind mehr Schnitte gemacht als Vaterunser gebetet, so macht der Heilige das Holz in der Nacht schwarz. Ähnlich bei Überlingen. Überhaupt kehrt das Klausen- oder Betholz (in Grunern und Menzingen), das Sametklaushölzli (in Unteralpfen) durch das ganze Land wieder. Weil St. Niklaus oft mit einem Esel, der die Gaben trägt, kommt, wie in Holland auf einem Pferde, so wird in Buchholz (Waldkirch) Hafer und Roßmist vors Haus gebracht, damit der abhanden gekommene Hafer und der zurückgebliebene Mist beweisen, daß der Esel wirklich vor der Tür war. In Achdorf (Bonndorf) setzen sie sogar zum Heu Branntwein vors Fenster, in Berau zu einem Becken ein Gläschen Honig und ein Gläschen Schnaps. Nach dem Glauben in Unter-

alpfen hat er einen Glaspalast im Bodensee und spricht mit den Eltern auf dem Markt in Waldshut, wo die Marktleute in seine „Wanne“ Geld werfen. In Hugstetten (Freiburg) wohnt St. Nikolaus auf dem Kirchturm und reitet, durch den Hausvater dargestellt, in Aschentuch eingehüllt auf dem Knecht herein, der auf allen Vieren kriechend den Esel macht. Der Pickesel in Mietersheim (Lahr) aber ist ein schwarzer, vermummter Mann, der zum Nikolaustage mit dem gekrönten oder bekränzten Christkind umgeht. Dann sagen die Kinder „Ehre sei Gott in der Höhe!“

Rummelpottlied

(Aus Schleswig-Holstein)

Fruken, maak de Döör up,
Un laat de Rummelpott in!
Un wenn dat Schipp van Holland kummt,
So hät dat moje Winn.

Schipper wist du wiiken?
Boosmann, wist du striiken?
Sott de Seegel up de Topp,
Un giv mi wat in de Rummelpott!
Hallo! hallo! hallo!

Un aß de arme Seemann
To Huse kamm, to Huse kamm,
Siin Fru leeg up dat Berde.
Se schicken wol hin, se schicken wol bar,
Se schickten na Jacob Hansen;
De kunn op de Lute speelen,
Un da konnen se na danzen.
Hallo! hallo! hallo!

(Die Knaben erhalten dann ein kleines Geschenk, worauf sie folgende Scherzweise singen:)

Hau de Katt de Swanz af!
Hau em nich to lank af!
Laat een lütjen Stummel stahn,
Dat de Katt kann wieder gahn!
Hallo! hallo! hallo!

Rummelpottlied: das Lied wird von den Jungen bei einem Umzug von Haus zu Haus in der Vorweihnachtszeit gesungen. Ein Rummelpott ist ein mit einer Ochsenblase überzogener Topf / moje Winn: guten Gewinn / striiken: streichen, d. i. Geige spielen / Berde: Bette / lütjen: kleinen / wieder: weiter

Christkindellied aus Schlaupitz/Schlesien

Gabriel, Petrus, das Christkind, der alte Joseph
und zwei Schäfer.
(In die Mitte der Stube wird ein Stuhl gestellt, darauf die Wiege des heiligen Kindes.)

Gabriel mit dem Szepter:
„Ein'n schön guten Abend will ich Euch geben
Und fürwahr ein langes Leben!
Der heilige Gabriel werd' ich genannt,
Das Szepter trag' ich in meiner Hand
Und hätt' es mir Gott nicht selbst zuerkannt,
Könnt' ich es nicht tragen in meiner Hand.
So will ich die junge Frau bitten und fragen,
Ob sie will den heiligen Petrus auch rein haben?
Komm rein, komm rein, lieber Petrus mein,
Laß hören deine Stimme fein."

Petrus mit dem Schlüssel:
„Ein'n schön'n guten Abend in aller Frist,
Nach mir kommet der heil'ge Christ.
Der heil'ge Petrus werd' ich genannt,
Die Schlüssel trag' ich in meiner Hand;
Und hätt' sie mir Gott nicht selbst zuerkannt,
Könnt' ich sie nicht tragen in meiner Hand.
So will ich die junge Frau bitten und fragen
Ob sie den heil'gen Christ auch will rein haben?
Komm rein, komm rein, lieber heil'ger Christ,
Der Stuhl dir schon bereitet ist,
Die Türe will ich dir machen auf,
Die kleinen Kinder warten mit Freude drauf."

Christkind:

„Ein'n schön'n guten Abend geb' euch Gott,
Ich komm' herein ohn allen Spott,
Ich komm' hereingetreten,
Will seh'n, ob die Kinder fleißig beten,
Will seh'n, ob die Kinder beten und singen,
So will ich ihnen eine schöne Gabe bringen;
Wenn sie aber nicht fleißig beten und singen,
Werd' ich ihnen eine Rute bringen.
Der heil'ge Christ werd' ich genannt,
Vom Himmel hoch herab gesandt,
Die Krone trag' ich auf meinem Haupt,
Die hat mir Gott, der Sohn, erlaubt,
Und hätt' sie mir nicht Gott, der Sohn, erlaubt,
Könnt' ich sie nicht tragen auf meinem Haupt.
So will ich die junge Frau bitten und fragen
Ob sie den alten Joseph auch will rein haben?
Komm rein, komm rein, lieber Joseph mein,
Laß hören deine Stimme fein."

Joseph:

„Holla, holla,
Wär ich bald zur Türe rein gefolla!
Gots pludrament, gots Schwefel und Pech,
Gots velkablô! Das woar 'ne kalde Nacht!
Wenn ich nich wär derwacht,
Wärn mir die Läuse im Pelz derfrorn."

Maria:

„Ach Joseph, lieber Joseph mein,
Wiege mir das kleine Kindelein."

Joseph:

„Kindla wiega, Kindla wiega!
Ich koan nich menne Finger biega!
Hunni sausi,
Der Kitsche tut der Bauch wih!"

Alle singen:

„Laßt uns das Kindlein wiegen,
Das in dem Kripplein tut liegen.
O Jesulein süß, o Jesulein süß.
Laßt uns das Kindlein speisen,
Ihm großen Dank erweisen.
O Jesulein süß, o Jesulein süß.
Gloria in excelsis Deo."

Der erste Schäfer:
(Die Schäfer liegen wie schlafend auf dem Boden.)

„Hurch Bruder, hurch Bruder,
Die Engel singa!"

Zweiter Schäfer:

„Ach schlôf, du tummer Kerle!
Es sein die Schôfschelln, die klinga."

Es wird weiter gesungen:

„Ein Kindlein ist uns gebor'n,
Von einer Jungfrau auserkor'n,
Von einer Jungfrau hübsch und fein,
Soll euer Gott und Wahrung sein."

Erster Schäfer:

„Hurch Bruder, hurch Bruder,
Die hoan ins a Kind geboren."

Zweiter Schäfer:

„Ach schlôf, du tummer Kerle, schlôf,
Die hoan an Latscha verlorn."

Es wird weiter gesungen:

„Ihr lieben Hirtlein, fürcht't euch nicht!
Mit großer Freud' ich euch bericht':
Ein Kindlein ist gebor'n
Von einer Jungfrau auserkor'n,
Von einer Jungfrau zart und fein,
Soll euer Gott und Wahrung sein."

(Die Schäfer rutschen auf den Knien, den Schäferstab in der Hand, bis zu der Wiege.)

Es wird gesungen:

„Kommt ihr Hirtlein, kommt alle zugleich,
Nehmet Schalmeien und Pfeifen mit euch,
Kommt allzumal mit fröhlichem Schall
Nach Bethlehem zum Kindlein in Stall.
Ach ihr Hirtlein, steht doch auf,
Geht mit mir sogleich hinaus!
Ach ihr Hirtlein, tut hurtig geh'n
In den Stall nach Bethlehem."

Der erste Schäfer:
(zu dem Kinde.)

„Wann de werscht sein derwachsa grûß,
Dô kumm ze mir ôn Underlôß,
Dô will ich der gân gesalza Brût,
Dô will ich der gân gesalza Brût
Geschmalza Brût und Kimmel und Quarg,
Dô werschte stark."

(zum andern Schäfer:)

„Bruder, wôs werscht dû'm denn gân?"

Der zweite Schäfer:

„Wâr'm dô ne Quargschnîte gan! Dô werd a ô ni fîr stark wârn."

Christkind:

„Ach heil'ger Petrus, sag mir an,
Was die Kinder haben getan."

Petrus:

„Ach heil'ger Christ, wenn ich dir's soll sagen,
So muß ich über die Kinder klagen.
Wenn ich's eben sagen soll,
Die Welt ist böser Kinder voll,
Sie tun nichts als schwören und lügen,
Die Eltern bis in den Tod betrüben.
Und wenn sie in die Schule gehn,
Bleiben sie auf allen Gassen stehn,
Die Bücher tun sie zerreißen
Und in die finstern Winkel schmeißen."

Joseph:

„Solche Bosheit treiben sie!"

Christkind:

„Ei so will ich meine Gab' erspar'n
Und will trotzig zum Himmel fahr'n."

Petrus:

„Ach heil'ger Christ, sei nicht so hart, sondern mild,
Nimm die kleinen Kinder zum Ebenbild!
Gib ihnen eine schöne Gab', ein groß' Geschenk,
Damit sie immer an uns gedenk'n."

Christkind:
„Nun, so will ich mich wieder bedenken
Und den Kindern eine Gabe schenken."

(Es wird ausgeteilt, und nach Belieben können hierauf Lieder gesungen werden.)

Das Abschiedlied ist:
„Wir treten auf ein Lilienblatt,
Wir wünschen euch all'n ein gute Nacht,
Wir müssen ja hinte noch weiter marschier'n,
Ein' schön' gute Nacht, wir ziehen dahin."

velkablô: veilchenblau / Brût: Brot / Quarg: Quark / gân: geben / wârn: werden

Spekulatius

120 g Butter, 120 g feinen Zucker, 1 Ei, 1 Teelöffel Kakao, abgeriebene Schale einer Zitrone, 250 g Mehl, 1 Teelöffel Backpulver, 60 g geriebene Mandeln, 1 Teelöffel Zimt, 1 Teelöffel Kardamom, 1 Prise Nelkenpulver oder Spekulatiusgewürz, eventuell 1 Eßlöffel Honig.

Weiche Butter schaumig rühren, Zucker, Ei, Kakao,

Zitronenschale und falls gewünscht Honig zufügen. Noch 10 Minuten rühren. Backpulver und Mehl sieben, mit den Gewürzen unter die Masse kneten. Den Teig 1 bis 2 Stunden kalt stellen (oder über Nacht). Dann auf wenig Mehl etwa 2 mm dick ausrollen, mit Spekulatiusförmchen ausstechen. Bei Mittelhitze backen, bis die Spekulatius hellgelb und knusprig sind (ca. 15 bis 20 Minuten).

Achim von Arnim

Die Weihnachtsausstellung

Die Schritte beschleunigten sich in der Nähe des Konditorladens, als ginge es mit einem schweren Fuhrwerke bergab. Wir zwangen uns vorbeizugehen, und um uns für diese Selbstüberwindung zu lohnen, standen wir still und liefen, als wäre es verabredet, schnurstracks zurück und gerade hinein in den Konditorladen. Hierher zieht uns das Gesetz der Geistesschwere, hier ist der Mittelpunkt aller lebenden Kunst und Wissenschaft; Architektur umspannt die Säle; Flötenuhren verstecken den ernsten Stundenschlag hinter Melodien; die Skulptur bearbeitet den Zukker wie den carrarischen Marmor; die Malerei vereinigt sich mit ihr zur Fertigung dieser übernatürlichen Tragantblumen; Poesie zeigt in Devisen: daß sie auch im Kleinen groß sein kann; alle übrigen Künste und Wissenschaften liegen in einem Dutzend beschmutzter Journalhefte und Zeitungen auf den Marmortischen umher und duften, als ob es zum Feste wäre, von antiken Salben, von übergeschütteter Schokolade und Eierpunsch.

„Ach! erinnern Sie mich nicht an das nahe Weihnachts-Fest", unterbrach uns der Konditor, Herr Quitte, indem

er eine, mit Rosenöl parfümierte Schnupftabaksdose darreichte: „Ich laufe schon seit vierzehn Tagen mit zwei Leuten – von denen einer einen Baumkuchen, der andere eine Zitronentorte trägt – wie die Heiligen Drei Könige zu allen Malern und Mechanikern, um sie durch diese Gaben zu einer Anstrengung ihres Genies zu vermögen, aber keiner schneidet den Kuchen an, meine Herren Kollegen haben schon alle in Arbeit gesetzt." – „Was Kuckuck, wollen Sie denn mit den Mechanikern?" fragte einer, „sollen die Reistorten künftig auf uns zu laufen, wie wir jetzt auf die Reistorten?" – „O meine Herren", sagte Herr Quitte, „das wissen Sie schon, daß ich die schönste Ausstellung zur Weihnachtszeit haben muß, das lasse ich mir nicht nehmen, so wahr ich Quitte heiße, es kommt mir auch sonst kein Mensch" – „Pfui Teufel, Herr Quitte", rief einer, „wie schmeckt Ihr Punsch!" – „Verzeihen Sie", sagte er, „aber man verliert alle Gedanken bei dem Herumlaufen, ich habe Ihnen Orangeaden-Sirup eingegossen, gebe Ihnen gleich ein anderes Glas." – „Aber Sie rühren ja mit dem kleinen Finger um!" schrie jener noch lauter. – „Dachte ich doch es wäre der Teelöffel", antwortete Quitte, „ich mache Ihnen gleich ein frisches; hör' Franz, hilf mir nur diesmal." – Dieser Franz, ein pausbäckiger Gymnasiast in den beliebten Flegeljahren, ging aber gleichgültig vorüber und besah sich im Spiegel, während ein artiges reinliches Mädchen von ihrer Arbeit aufstand (Anettchen bekleidete eben nackte Kastanien mit Papierhemden), und dem Alten zu Hilfe eilte. „Das ist recht artig von Ihnen", sagte er, „der Herr Sohn sollte sich schämen; wozu gebe ich alles Geld für Bücher aus? Er denkt an nichts, als an sein Halstuch und seine Stiefelwichse." Brummend ging der Sohn zur Mutter und Anette sagte: „Ich möchte Ihnen doch einen Rat geben, wenn Sie es erlauben; der Herr im

Seitenflügel könnte Ihnen aus aller Not helfen, bei dem sind so viel künstliche Stücke zu sehen, daß einem davor graut und er macht das alles selbst." – „Woher wissen Sie das?" fragte der Alte. – Anette wendete sich von ihm ab, aber wir sahen, daß sie rot wurde, indem sie sprach: „Ich verirrte mich neulich auf der Treppe und kam nach dem Flügel und in das Zimmer des jungen Herrn." – „Anette, ein Glas Anisette!" rief einer von uns, um ihr aus der Verlegenheit zu helfen. Der Alte beschloß sogleich den jungen Herrn zu befragen: ob er so etwas zu machen verstehe. „Gehen Sie ihm nur nach", sprach Anette, „Sie sollen Ihr Wunder bei dem jungen Herrn sehen, der kann alles machen." – „Wie heißt er denn?" – „Es ist der Herr Arnold von Lindenberg, der Sohn des Herrn Siegfried von Lindenberg, Sie haben gewiß das schöne Buch gelesen?" – „Den müssen wir kennenlernen!" – Als wir dem Alten nachkamen, öffnete er schon die Türe, und da starrten uns Gottes Wunder entgegen, eine rußige Werkstatt voll Dampf und Rauch, eine Schmiedewerkstatt, ein chemischer Ofen: alles war in den engen Raum gedrängt. „Bin ich denn in meinem Hause?" rief der Alte, „die schöne Malerei, der ausgelegte Fußboden, die prächtige Dekke, alles ist verdorben! Was haben Sie vor? Wollen Sie mir das Haus über den Kopf anstecken?" – „Stören Sie mich nicht", sagte Herr Arnold, der Laborant, „was ich verderbe, werde ich bezahlen." – „Das kommt von dem Ausgang nach der kleinen Straße", rief der Alte, „und von meinem Sohn, der sagte mir immer, wie schön reinlich Sie Ihre Zimmer hielten. Herr, ich müßte mich sehr irren, oder Sie sind ein Zauberer." – Da wir einen Zank fürchteten, so legte sich einer ins Mittel und sagte: „Vielleicht können Sie, Herr von Lindenberg, unserm süßen Freunde eine sehr leichte Ausgleichung für den Schaden an den

Zieraten des Zimmers verschaffen, wenn Sie ihm seine Weihnachtsausstellung mit kunstreichen Erfindungen zieren." – „Haben Sie Einfälle?" fragte der Alte, „mir will diesmal nichts einfallen; können Sie eine Ausstellung erfinden?" – „Ich weiß wohl, daß Ihnen die Einfälle in diesem Jahre fehlen", sagte Arnold, „das kommt aber daher, weil ich im Hause wohne und sie alle zu mir herziehe, und ich ziehe sie zu mir her, weil ich sie ausführen kann." – „Also wäre das hier alles mein", sagte der Alte lächelnd, „all der Kribskrabs, wovon ich kein Wort verstehe? Nun immerhin, benutzen Sie meine Einfälle, aber machen Sie mir eine Ausstellung." – „Dafür ist gesorgt", rief Arnold; „vor drei Wochen schon, als Sie zum erstenmal danach ausliefen, brachte ich dieses Klavier in Ordnung, auf welchem ich, mit Hilfe dreifacher Klaviatur und des Pedals, alle Arten Figuren in allerlei Bewegung setzen kann; sehen Sie hier die Reiter, wie natürlich die Pferde sich bewegen, wenn ich das linke Hinterbein ausnehme, wo der Draht sich übergeschlagen hat." – „Ich meinte schon die Pferde wären lebendig", rief der Alte, „wenn das linke Hinterbein nicht steckengeblieben wäre; aber sagen Sie mir: können Sie auch eine Fontaine und ein Paar magnetische Fische machen?" – „Freilich!" – „Nun so nehmen Sie die Tüte Maraschino-Bonbons, die meine Ladenjungfer Anette eben eingewickelt hat, zum Zeichen, daß Sie mir Ihre Arbeit widmen wollen." – „Gern", sagte Arnold, „aber Anette muß ihre Bonbons während der ganzen Zeit neben dem Aufbau einwickeln, sonst höre ich auf zu spielen und sehe ihr nach." – „Top!" sagte der Alte, „und in diesem Augenblick kriege ich zum erstenmal wieder einen Einfall, wir führen ‚Werners Luther' auf – wie wir ihn vor zehn Jahren gesehen – als eben die Fanchon-Bonbons so gut gingen –, mit seinem Buche vor dem Rathause stehend,

Kaiser, Fürsten und allerlei ziehen zu Pferde vorüber; ich habe eine dumpfe Schlage-Uhr, mein Sohn, der Schlingel, kann sprechen, ich mache das Volksgeschrei." – „Wir gehen gleich ans Werk", rief Arnold begeistert; „Anette muß Kraftmehl und Draht bringen, scheren Sie sich fort, lieber alter Herr, Sie sind mir im Wege." – „Gleich", rief der Alte und wir eilten mit ihm hinunter; Anette mußte nach der Vorratskammer eilen, dann zum jungen Herrn. Mit roten Wangen ging sie hinauf, mit weißen kam sie herunter, noch ehe wir den Punsch ausgetrunken hatten, nicht aus Schrecken, sondern vom Mehl, das Arnold ihr unbesonnen während des Einknetens übers Gesicht gestrichen hatte. Wir machten sie aufmerksam und sie wurde nicht rot, weil sie es vor dem Mehl nicht werden konnte, aber sie behauptete, es selbst getan zu haben: freilich aus Versehen. Der Alte sah auf nichts, er triumphierte bedeutungsvoll zu allen Leuten, und als der Sohn sehr gleichgültig eintrat, setzte er ihm eine Prise in die Nase und einen Nasenstüber darauf und rief: „Nicht einmal niesen kann der Bursche! Gleich geh' zum Herrn von Lindenberg: der ist jetzt deine Schule und dein Lehrmeister, hilf ihm oder ich schlage dich tot!" – Wir mußten, ehe wir fortgingen, ihm schwören: Niemand von dem Geheimnis etwas zu erzählen; Konditoren lieben es, überraschend zu

wirken. Vergebens stellte einer der unsern vor, daß das Wernersche Stück vielen redlichen Leuten ein Greuel sei, nicht etwa darum, weil sie Luther über alle Kunst erhaben glaubten, sondern nur darum, weil er in der Wernerischen Begeisterung sogar dumm und einfältig auftrete und in sehr verdächtiger Gesellschaft. Der Konditor beruhigte sich, indem er uns versicherte: weder den verrufenen Theobald mit seiner Flöte, noch die Therese, die immer nach ihrer Hyazinthe sieht, noch die zudringliche Bohra mit ihrem Urbild auftreten zu lassen, sondern bloß ein Stücklein aus dem Stücke, in welchem die schöne Tracht alle Menschen befriedigen müsse.

Der Raum zu dem kunstreichen Aufbau war schon am nächsten Morgen abgeschlagen. Wir hatten einen Grund mehr, den Laden zu besuchen, denn als Mitwissende durften wir in das Innere des Tempels blicken; auch halfen wir zuweilen. Mit Anetten wollte es uns nicht gelingen, näher bekannt zu werden; sie blieb bei kurzen Sätzen, die nichts sagten; und doch interessierte sie uns, obgleich meines Wissens keiner von uns nur einigermaßen in sie verliebt war. Eines Tages fanden wir Herrn Arnold sehr brummig; das kam aber daher: statt Anetten wirtschaftete ihre Mutter im Laden. Die war viel geschwätziger und erzählte uns, daß die Tochter heute für sie auf dem Markte Lieder und kleine Bücher verkaufe, weil sie selbst sich unwohl befinde und lieber im Laden sitzen möge; aber den nächsten Tag müsse sie schon wieder hinaus, weil Herr Quitte behaupte, daß die Leute ihr nicht so gern wie der Tochter abkauften. Wir versprachen ihr schöne Lieder aus unsrer Fabrik, wenn sie uns ihre Geschichte erzählen wolle, und das war bald getan. Sie war Kammerjungfer bei einem Konsistorialrat gewesen, und Schulmeister Schwalbe hatte sie geheiratet, um eine gute Schulmeisterstelle zu bekommen. Aber der Konsistorialrat war gestorben, ehe er dazu gelangte, und ohne Hoffnung, durch andre befördert zu werden, war er ihr davongelaufen, als sie ihm Anette geboren. Sie hatte sich allmählich, durch Vermittlung eines Buchdruckers, ernähren gelernt und befand sich jetzt sehr geängstigt, weil der entlaufene Mann ihr drohte, bei ihr zu erscheinen, sein Unrecht gutzumachen, und sie aus Sparsamkeit die förmliche Scheidung noch immer unterlassen hatte. Vergebens war es, daß sie ihn gröblich von sich gewiesen, weil er sie in der Not verlassen; er drohte zur Weihnachtszeit anzukommen. Die Frau weinte bitterlich über diesen verheißenen Mann und sagte: „Der Mensch bleibt nicht derselbe hier auf Erden; wie habe ich geweint, als mein Mann davongelaufen war, und nun weine ich, daß er wieder kommt. Damals lief ich ihm viele Meilen nach in der Kälte, mein Kind in der Kiepe auf dem Rücken, und was mir da geschehen, vergesse ich niemals. Es wurde Abend und der Sand immer tiefer; kein Dorf war zu sehen; der Winternebel hatte die Gegend warm zugedeckt; mich fror auch nicht, denn das Tragen wurde mir sauer. So kam ich in einen Wald, der erst nur aus einzelnen Kienbäumen bestand, bald aber dichter wurde; kein Vogel war zu hören, auch der Wind schwieg. Und wie ich so ganz in mich gekehrt gehe und weiß gar nicht mehr, ob ich auf der Welt bin, keucht eine kleine magere Frau neben mir, trägt den Kopf mit einem schwarzen Tuch gebunden, sonst ist sie grau gekleidet, hat einen Krückstock in der einen Hand und in der andern kleine Zweige, an denen die Knospen eben aufbrechen wollen. Ich erschrecke gleich, aber ich fasse mich doch; als sie mir nun die Zweige anbietet, so hatte ich wohl ein Lüsten daran, ich weise sie jedoch von mir und sage ihr, daß ich schon genug zu tragen hätte. Und wie ich so spreche, ist mein Kind, die Anette, aufgewacht und langt aus der Kiepe nach den Zweigen. Weil mir aber vor der Frau graut, schwenk ich das Kind mit der Kiepe nach der andern Seite, als die Alte ihm eben die kleinen Ruten darreichen will. Das Kind schreit, die Alte brummt verdrieß-

lich einige Worte, die ich nicht recht verstehe; es war aber ungefähr so: daß dem nicht zu helfen sei, der sein Glück von sich stoße; und nun geht das Mütterchen, das vorher mit mir geschlichen, auf einmal rasch fort. Um sie nicht gekränkt fortgehen zu lassen, rufe ich ihr nach: ‚Mütterchen, sag' sie mir, ist es noch weit bis zum Ort, wo sie wohnt?' – Da war's mir, als strecke sie die eine Hand bis zum Himmel aus und rühre mit der andern die Erde; und wo sie an den Himmel gestoßen, stand der erste Stern des Abends, und wo sie die Erde berührt, da war ein schwarzer Fleck, als ob Kohlen da gebrannt worden. Nachher meinte ich zwar, es sei mir in dem Nebel eine große Kiene wie die Hand der Frau vorgekommen; aber wo war sie so schnell fortgekommen? Nirgends war ihre Spur auf der Erde zu finden, und so eine Frau hebt doch ihre Beine nicht hoch, sondern schaufelt am Boden einher, wie es gehen will. Dunkel war es freilich schon und auch ein starker Nebel, und meine Augen waren vom vielen Weinen trübe, und es könnte wohl alles nicht wahr gewesen sein; aber im nächsten Dorf, wo ich in den Krug trat,

kannten alle Bauern die Frau und sagten gleich, wie sie aussähe und daß ich sehr töricht gewesen, die Ruten nicht anzunehmen, denn das seien Wünschelruten gewesen, mit denen ich große Schätze hätte entdecken können, so etwas habe sie noch keinem geboten. So war freilich mein armes Kind um sein Glück gebracht; aber das Gute hatte es doch, daß die Geschichte einen Buchdrucker, der an dem Tische schon eingeschlafen war, aufweckte und daß er sich nach mir erkundigte, für mich zu sorgen versprach, mich auf dem Wagen nach der Stadt zurückfuhr und mir den Verkauf seiner Liederbücher und Holzschnitte übertrug, woraus ich und mein Kind viel gelernt und unsern Unterhalt reichlich verdient haben.“ Wie sie ausgesprochen hatte, trat Anette ein, die Wangen von der kalten

Luft lieblich gerötet, und brachte der Mutter einen Brief. „Wahrhaftig“, schrie die Alte, „er kommt in diesen Tagen, ich armes Weib!“ – Anette tröstete sie, so gut es gehen wollte, es sei doch auch hübsch, einen Vater zu haben, und dann sagte sie: „Seht einmal, Mutter, da steht in der Zeitung ein Aufruf an die Erben eines Mannes, der in Ostindien gestorben und der gerade so heißt wie euer väterlicher Name.“ – „Es gibt viele Schulzen in der Welt“, sagte die Mutter und warf das Blatt fort, das Arnold neugierig aufgriff.

Die Ausstellung war zum erstenmal eröffnet und das Marionettenklavier als Bühne behangen; Arnold, der es spielte, saß von einer Gardine gedeckt, welche das Wormser Rathaus sehr glänzend gemalt darstellte, und blickte durch die ausgeschnittenen Giebelfenster nach Anette, die heute Kirschbonbons einwickelte; des Konditors Sohn, der Gymnasiast, sagte die Reden der Fürsten her, wie sie vorüberritten und noch manches andre, was zur Rundung dieser Szenen nötig gefunden war, während seine Hand einer modernen Stutzuhr den feierlichen Glokkenklang obligat durch beständiges Wiederholen des Glockenschlags entzupfte. Es kam hierbei sehr viel auf Genauigkeit an, daß keine Pause eintrat. War der Zug vorüber, so steckte er einen Knallfidibus ins Licht, was einen Kanonenschuß andeutete, bei welchem Zeichen der alte Konditor ein jubelndes Volksgeschrei erhob und Luthern ein Lebehoch! darbrachte. Nach diesem Geschrei fiel der vordere Vorhang, der einen krummen Baumgang darstellte, in welchen sich viele alte Gottheiten aus himmlischer Wolkenschleuse ergossen. Dieses Volksgeschrei unterstützten die Gymnasiumskameraden des Sohnes, die sogenannten Thomas-Schüler, welche er in das väterliche Interesse durch tägliche Spende von Kuchen zu ziehen gewußt, um sie den Schülern der Sebastians-Schule entgegen zu setzen, die sich wider die Darstellung des Luther vereinigt hatten, weil es nach ihrer Ansicht eine Herabwürdigung des Reformators sei, ihn beim Zuckerbäcker auftreten zu lassen. So lange die Sebastians-Schüler sich schwächer an Zahl als die Thomas-Schüler sahen, ließen sie es bei dumpfen Gegenreden bewenden; sie gaben aber zu verstehen, daß die Rochus-Schüler ihnen noch zu Hilfe kommen würden. So standen die Sachen, als wir, die vereinigten Spazierfreunde, uns durch das Gedränge der Fahnenverkäufer und Brummteufler in den Laden hinein gearbeitet hatten. Herr Quitte war so stolz, daß er unserm Gruße kaum dankte, Anette so beschäftigt, daß sie uns nicht ansah, nur Arnold begrüßte uns mit einem Trompetchen durch das Giebelfenster des Rathauses. Kaum hatten wir uns zu einem Schock Baisers gesetzt, so drängte sich durch die angelaufene blinkende Fenstertür, nicht ohne Geschrei der Buben, ein großer alter rüstiger Herr in einer Pelzhülle, mit einer Fuchsmütze, für schwächere Augen einem Raubtiere ähnlicher als einem Menschen, in der Nähe beschaut: mit dem Ausdrucke

höchster Gutmütigkeit begabt. Ihm folgte ein seltsames dickes Wesen, dessen Kopf in einer Perücke steckte, deren Haare aber aus den alten Locken in die Freiheit gekämmt waren; über die Halsbinde hinaus hing ein großer deutscher Kragen, sehr groß, aber etwas löcherig und der deutsche Rock darunter war zusammengesetzt aus einem alten fuchsigen schwarzen Schulmeisterrock, an dem vorne an den Beinen Ergänzungs- und Deckungsstücke aus neuem Tuche angenäht waren.

Der wilde Mann war von den Lichtern so geblendet, daß er der Ausstellung nicht achtete, sondern dem schwarzen Manne nur zurief: „Lektoris, schaff' er mir einen Stuhl, mir ist ganz schwiemelig von den vielen Lichtern. Herr Zuckerbäcker, gebe er mir ein Glas Pomeranzen!" – Nun war gerade Pomeranzeneis an der Tagesordnung, ihm wurde demnach, aus begreiflichem Mißverständnisse, statt eines Pomeranzenschnapses, den er zu seiner Erwärmung wünschte, dergleichen Gefrornes gebracht. – „Das ist", sagte der wilde Mann, „Schmalz, ich will Schnaps haben." – Aber der schwarze Mann sagte: „Gnädiger Herr erlauben, habe mein Brot bei mir und will mir etwas von dem Schmalz aufstreichen." Der wilde Mann nickte; Lektoris nahm Brot und ein altes Knief aus der Tasche und schmierte recht dick auf, um dem Wirt nichts zu lassen. Aber wie erstarrte der Unglückliche, als er mit den Zähnen in das Gefrorne biß; mit aufgesperrtem Rachen blieb er sitzen wie ein Wappenschild. „Was fehlt ihm Lektoris?" fragte der Herr; „kriegt er die Maulsperre wieder, weil er zu viel eingefahren hat?" Bei diesem Worte kostete der Herr selbst das Schmalz und warf das Glas dem Burschen, der es ihm brachte, an den Kopf. „Bei meiner Seligkeit, das ist Schnee", rief der wilde Mann; „Ihr meint, weil wir vom Lande kommen, daß wir den nicht kennen.

Aber er schmeckt süß, der Stadtschnee!" – Wir verständigten ihm, was es sei, und der Mann gab dem Burschen Geld zur Versöhnung und sprach: „Besann mich nur nicht gleich, meine Frau selig hatte mir von dem Gerichte was erzählt, sie hatte einen Onkel, der es einmal essen sehen, aber unser Lektoris freilich, der wußte nichts davon." – „Haben wir etwa die Ehre mit dem Herrn Siegfried von Lindenberg zu sprechen", sprach einer der Unsern, „dessen Lebensgeschichte ihm so viel Freunde überall gemacht hat?" – „Hab's gehört", sagte der Wilde, „daß der braune Mann meine Regierungsaffären beschrieben hat; aber da kennen Sie mich nicht mehr, ich bin durch meine Frau, durch die Franzosen und Russen und durch die Aufklärung ein ganz andrer Mensch geworden, bin assekuriert in der Hagel-Sozietät und beim Viehsterben, bin versepariert und in meiner Schäferei veredelt, brenne meinen Branntwein aus Kartoffeln und koche Runkelrübel-Sirup, und all die Füchse zu meinem Pelz habe ich mir selbst geschossen, auch bin ich im Bade gewesen und was mir noch fehlt; ein guter Stil, das will ich diesen Winter hier lernen und die Thomas-Schule besuchen, wo mein Sohn viel gelernt hat, ehe er nach die Universität abreisen tat." – „Halt", flüsterte mir einer zu, „der weiß nicht, daß der Herr Sohn hier im Zucker kleben geblieben, verstehst Du nicht, das ist ja Arnolds Vater." – Der Älteste und Dickste von uns gab sich hierauf für den Rektor der Thomas-Schule aus, lobte seinen Entschluß, und versicherte ihm: zum Lernen sei man nie zu alt, auch examinierte er ihn, was er könne und ob sein Begleiter etwa der berühmte Schullehrer Schwalbe sei? Der schwarze Mann nickte, zuckte die Achseln und sagte, daß sein Herr ihn in die Stadt führe, um die Turnkunst zu erlernen. – „Ja", sagte der Herr, „unser Lektoris soll mit dem Geiste der Zeit fortschreiten, einen Pestalozzi habe ich ihm schon auf der Auktion kaufen lassen, nun habe ich ihm noch einen Wispel Roggen Streichmaß als Zulage versprochen, wenn er mir mit den Jungens eine Turnfahrt durchs Land machen kann und wie eine Ente mit ihren Jungen durch unsern See schwimmt; da soll einmal der Herr Landrat das Maul aufsperren, der nichts kann als die Wege verderben mit Gerademachen.“ Der schwarze Mann seufzte und blickte zum Himmel, während der Wilde über seine Ansichten und Absichten zu uns und allen sich aussprach; da wir ihm aber fleißig einschenkten und die vielen Stadtwege, die Pelzwärme und das Schicksal über ihn walteten, so ließ er endlich seine untere Kinnlade und die Augenlider fallen und schlief schnarchend ein. Als der Schulmeister das bemerkte, stand er mit uns auf, ging in das Ausstellungs-Zimmer und sprach: „Non sum qualis eram, aber der Herr ist sich gar nicht mehr ähnlich, seit er im Bade war; er hat viel Schulden gemacht, niemand will ihm noch Gold leihen. Mit einem Normalzopfe ist er hingereist und mit ausgekämmten Haaren kam er zurück, die aussehen, als ob ihn der Teufel frisiert hätte; sonst ging er in einem Husaren-Dollmann, der blinkerte von echtem Golde, nun hat er einen schwarzen Rock wie ein Leichenbitter oder wie unsereiner angezogen, und ich salva venia mußte mich auch gleich auskleiden, den Puder aus der Perücke kämmen, ja ich sollte mein eignes Haar tragen und habe doch kein Haar mehr auf dem Kopfe. Ein Glück war's, daß meine böse Sieben gestorben, da nahm ich ihre Kirchenjacke und machte mir daraus Vorderschöße am Rock und nahm ihr Kirchen-Schnupftuch – ach! wie oft hatte die Selige damit ihre weinenden Augen in der Kirche gewischt, denn sie wurde den Schnupfen nie recht los –, jetzt schneiderte ich daraus nach dem Muster des Herrn einen deutschen Festungskragen mit allen Außenwerken. Sic transit gloria mundi.“ – „Lassen Sie es sich nicht leid sein“, sagte ich, „denn dieses deutsche Kleid hat sie gleich mit uns verbrüdert, obgleich sie uns unbekannt waren. Der schöne Traum, wie schon die Tracht alle Deutsche verbinden sollte, ist im Spiele der Jugend wirklich geworden und ich bedaure nur, ein paar Jahrzehnte zu früh geboren zu sein, um mich der guten kommenden Zeit singend, ringend, springend ganz freuen, sie ganz als mein betrachten zu können.“ – „Aber ich bin noch viel älter wie Sie“, rief der Alte betrübt. – „Ei was“, antwortete ich, „Sie sind ein Schneider und ein Schulmeister, Sie bleiben durch die elektrische Tuchreibung, wie durch die magnetische Jugendatmosphäre immerdar jung.“ – „Ich kann freilich noch alles wie der jüngste Mensch“, sagte er, „aber das Turnen, was ich hier lernen soll, ist doch gegen mein ingenium. Zwar habe ich manchen Birnbaum unserm Junker Arnold zu Liebe bis an die Spitze visitiert, aber an so einer glatten Stange hinauf zu klimmen, das kann nicht einmal ein Eichhörnchen, vielweniger ich altes, dickes Rhinozeros. Und wäre ich oben hinauf geturnt, da würde mir türmelig vor den Augen und ich fiele wie ein Faultier herunter, wenn es satt ist. Ich stehe wie Herkules am Scheidewege, und ich glaube, daß ich lieber meinen Abschied nehme, ehe ich mich zu solchen halsbrechenden Kapriolen entschließe.“ Bei diesen Worten griff er sich mit Verzweiflung in die Perücke, daß sie aufs eine Ohr zu sitzen kam.

„Lieber Herr Schulmeister“, sagte einer von uns, „Sie stellen sich die Schwierigkeiten bei der Turnkunst allzugroß vor; wie Sie mich hier sehen, bin ich einer der besten Turner und jeden Augenblick bereit, die Wetterfahne und den Knopf vom babylonischen Turme herunter zu nehmen; über unsern Fluß setze ich mit einer Stange, gerade so leicht, wie ich jetzt mit einem bloßen Aufsetzen der Hände auf ihre Achseln über Sie springe." – Bei dieser Veranlassung sprangen wir alle über den Schulmeister und er verwunderte sich und sprach: „Das können unsre Jungens ohne Turnkunst." – Der Freund, nachdem er beim Überspringen die Perücke des Schulmeisters ganz umgedreht hatte, fuhr dann fort: „Die schwersten Übungen sind immer noch die im Turn-Essen, und darin bin ich sehr zurück; sechs Metzen Kartoffeln auf einmal zu verzehren, ist doch etwas viel verlangt." – „Nein", schrie der Schulmeister, „das geht, wenn man einem nur Zeit läßt, der Mensch ist ein Kartoffelsack ohne Boden." – „Aber die Schwierigkeit ist", fuhr jener fort, „alle Kartoffeln mit dem Munde im Ballspiel aufzufangen; – doch trinken wir ein Glas Bischof, um uns Mut zu machen, denn es gibt noch viele andre Prüfungen körperlicher Kräfte. Wenn Sie die genannten Kartoffeln gegessen haben, wird Ihnen ein Amboß auf den Magen gesetzt und drei tüchtige Schmiedegesellen schmieden Ihnen darauf ein Hufeisen." – „Sollte das gesund sein?" sprach der Schulmeister bedenklich, und jener fuhr fort: „Nachher geht es an die Arbeiten des Herkules, da müssen Sie in einem Speisesaal, der während eines heißen Sommers mit summenden Fliegen sich bevölkert hat, alle einzeln mit der Lanze töten und aus einem großen Garten alle Raupen von den Bäumen mit Pfeilen abschießen." – „Nicht kumpabel", rief der Schulmeister, „habe mich oft an einem Bäumchen drei Tage marteriert und habe mit den zehn Fingern nicht einmal alle Raupen ablesen können, und wozu gäbe es Fliegengift, wenn man die Fliegen erstechen sollte; da denke ich mich in Ehren zurückzuziehen. Ich habe hier in der Stadt noch eine Frau, die sich recht wohl ernährt; da gehe ich lieber zu der und suche hier mein Brot." – „Ei, willkommen", sagten wir, „Sie sind also der Mann von Frau Elisabeth, eine geborne Schulze; nun das haben wir Ihnen gleich angesehen, von der können wir alle Ihnen ein Lied singen." – „Das ist mir nicht lieb", sagte Schwalbe. – „Sie verkauft Lieder, darum ist das sehr leicht möglich", rief ich und schenkte dem alten Knaben ein, sagte ihm aber nicht, daß seine Tochter ihm so nahe liebäugle. Hier zeigte sich aber der Naturtrieb, der Verwandtschaftsinstikt in rechter Glorie, denn kaum durchströmte warmes Bischofsblut sein lahmes Herz, so trat er zu Anette und streichelte ihr die Wange. „Geh er", sagte sie vergebens, er faßte ihr ans Kinn und kneipte auch ihre Backe, wobei er sich zu ihr gebückt hatte. Der junge Quitte deklamierte eben in Herrn Erichs Namen: „Pfäfflein, du gehst einen sauren Gang!" – da drehte sich auf einmal Luther zum Schulmeister und schlug mit der fast ausgerenkten harten Hand auf ihn los, während aus den Fenstern des Wormser Rathauses allerlei Zuckerkugeln die rote Nase des Schulmeisters beschossen. „Ich weiß nicht", sagte der Erschrockene, „aber mich is akkerat, als ob unser Junker mir ins Gesicht schösse; so hat er's mir auch in der Schule gemacht." Zur Antwort erhielt er wieder einige Dragees an die Backe. – „Liebes Junkerchen", sagte er, „wo sind Sie denn? Ich habe Ihnen so viel Neues zu erzählen: der scheckige Bulle, ihr Spielkamerad, führt jetzt die Dorfkühe; des Leinewebers dicker Amor hütet jetzt die Schweine; die Mast war diesmal recht gut, ich hatte ein Schweinchen, das konnte nicht mehr aufstehen und ein Würstchen habe ich für unsern lieben Junker in den Rauch gehängt." – „Stille, stille!" rief der Chor der Thomas-Schüler. „Sprich weiter!" entgegnete der Chor der Sebastians-Schüler, zu denen die Rochus-Schüler sich eben gesellten. Von dem Geschrei erwachte der Herr von Lindenberg und trat fragend ein, ohne zu bemerken, daß ihm das zweite kleine liebe Söhnchen des Herrn Konditor einen aufgerissenen Pfannkuchen dergestalt auf die Nase geklemmt hatte, daß er erst nach einer Weile herabfiel und seine Stelle von Kirschmus geschwärzt zurückließ. Nur kurze Zeit versöhnte der lächerliche Anblick die streitenden Chöre. Herr Siegfried fragte den alten Quitte, was dies Geschrei bedeute. – „Mein Gott, lassen Sie mich los, ich muß Volksgeschrei machen!" – „Was, Volksgeschrei!" rief Siegfried; „ist er der Kornwucherer, von dem sie im Bade gesprochen haben? Ich kann das Volksgeschrei nicht leiden, alle Menschen sollen zufrieden sein." Aber die Thomas-Schüler wollten das Volksgeschrei hören, und so waren nun drei streitige Parteien, von denen jede schrie: „Das Reich muß uns doch bleiben!" – durch welche sich die Mutter Anettes drängte, die mit Heftigkeit zu ihrer Tochter sagte: „Mein verlaufner Mann, der Schwalbe ist hier, und draußen steht ein Wagen mit einem Herrn, der will uns umsonst nach Nürnberg fahren, wo wir unsern Handel recht gut treiben können." Anette wollte ihr folgen, aber Arnold faßte sie beim Arm, wir ergriffen die Hand der Mutter und baten sie, ihrer Tochter diesmal zu erlauben, nach der Wünschelrute zu greifen, die ihr außer dem Gelde auch Glück verheiße; sie möchte daran denken, wie sie schon einmal das arme Kind verhindert habe, reich zu werden. Aber die Mutter ließ nicht nach, und es stürzte die Wand des Rathauses ein; die Sebastians-Schüler triumphierten, der alte Lindenberg sah seinen Sohn und rief: „Was Kuckuck, Arnold, du schriebst mir deinen letzten Brief aus Berlin, es sind noch keine acht Tage." – „Verzeihen Sie, gnädiger Vater", sagte Arnold und umarmte ihn, „ich schrieb ihn in einem Wirtshause, das zur Stadt

Berlin genannt wird.“ – „Nun das wußte ich wohl, daß du immer die Wahrheit sagst!“ sprach der alte Herr mit Behaglichkeit. – „Veni, vidi, vici“, rief der Schulmeister, der sich inzwischen mit unserer Hilfe orientiert hatte; „gnädiger Herr, hier ist meine Frau, und das hübsche Mädchen, in die ich mich eben verliebte, soll, so wahr der Himmel lebt, meine rechte Tochter sein!“ – „Was Kukkuck“, rief Lindenberg, „hat er zwei Frauen gehabt?“ Kleinlaut sagte der Schulmeister: „Leider hatte ich diese vergessen, als ich mir die andre nahm.“ Da fuhr der alte Lindenberg auf: „So muß ich ihn hinrichten lassen, und das täte mich sehr leid.“ – „Da sind Ihr Gnaden zu gut“, rief der Schulmeister. – „Ich bleibe nicht bei dem Manne“, rief die Mutter; „er hat mich mit dem Kinde in der Not verlassen.“ Anette trippelte schwankend zwischen beiden; dem alten Lindenberg standen die Tropfen auf der Stirn, er wußte nicht, was er denken sollte. Der Sohn allein behielt Gegenwart des Geistes, ließ den kleinen Vorhang der Bühne fallen, faßte Anette und den Vater an, führte sie durch die Hintertüre zu seinem Zimmer hinauf, der Schulmeister, die Mutter und wir Hausfreunde folgten ihm. Der Sohn bat uns zu schweigen; er vertraute dem Vater, daß er mit Anette, der Tochter des Schulmeisters, verlobt sei, weil der Vater ihm geschrieben habe, daß er im Bade alle Adelsvorurteile abgewaschen habe. – „Leider hat der Junge recht“, sagte der Alte, „aber jedennoch erlaube ich es nicht.“ – „Aber das Glück aller fordert diese Verbindung, dann bleibt die Frau beim lieben Herrn Schulmeister und Sie brauchen ihn nicht hinzurichten, wegen seiner doppelten Ehe.“ – „Das wäre recht schön“, rief der Schulmeister. – „Wenn es so käme“, sagte die Mutter, „so könnte ich meinem verlaufenen Mann auch verzeihen“ und erzählte, wie sie einst die Wünschelruten des Glücks von sich gestoßen und der Herr möchte es nicht so machen. – „Aber jedennoch erlaube ich es nicht“, rief der alte Junker.

„Sehen Sie, Vater“, sprach der Sohn, der jetzt mit seinen Anstalten fertig war, „auch die lieben Toten wollen unsre Vermählung, die Mutter bringt einen Kranz.“ – Er blies hier das Licht aus, welches ich nachgetragen, und wir sahen das Bild einer Matrone, von einem Glanze umgeben, mit einem Kranze durch das Zimmer schreiten, doch ohne daß sie die Füße bewegte – „Meine selige Frau“, rief der Alte; „ach! sie war immer gut, sie hätte auch diese Mißheirat dem Sohn zuliebe erlaubt, sie tat ihm stets allen Willen, dabei kam nichts Gutes heraus; aber ich erlaube es Euch jedennoch nicht.“ – Bei diesen Worten änderte Arnold die Vorstellung, und es erschien auf der Wand ein deutscher Brief aus Amsterdam, in welchem geschrieben stand, daß der in Batavia gestorbene Küper, Herr Friedrich Schulze, nach Inhalt seines Testamentes nur eine Schwester, Frau Elisabeth Schwalbe, hinterlassen und sie als Erbin seines, aus achtzigtausend Gulden bestehenden Vermögens eingesetzt habe. Mutter und Tochter schrien freudig auf und dankten Arnold für seine Mühwaltung; sie hätten sich nie um das Geld bekümmert, und Herr Siegfried, als er die Sache eingesehen, schwor darauf: nun solle die Heirat allen Ahnen und Vettern zum Trotz geschehen, er wolle das Gut dem Sohn übergeben, der es nun von Schulden frei machen könne. Jetzt machte Herr Schwalbe einige Umstände, dessen Mut mit dem Glück gestiegen; aber die Mutter schrie ihn an: daß sie ihn verklagen wolle wegen seiner doppelten Ehe und so mußte er die Augen zudrücken, wie eine Katze, die einen Schlag bekommen. Als er nun auch eingewilligt hatte, öffnete Arnold das Ventil seiner Gasbeleuchtung und zündete die

Feuerstrahlen an, die das Zimmer von allen Seiten wie ein flammendes Feenschloß erhellten. – „Sohn, Sohn", rief der Alte, „daß mein Fuchspelz nur nicht anbrennt, du bist wie der Doktor Faust im Puppenspiel, hüte dich, wenn es heißt: Präparate!" – Da sprang der alte Quitte herein und sprach: „Helft mir Freunde, die Herren Gymnasiasten zerschlagen mir im Streite miteinander alle Tragant-Hyazinthen und Marzipan-Flöten wie die Bilderstürmer im Doktor Luther; edle Freunde, rettet!" – Arnold ergriff ein Faß mit Kohlenpulver und ein brennendes Licht, ging voran, wir ihm nach; er drang wie ein Rasender unter die tobende Jugendwelt und rief mit entsetzlicher Stimme: „Ihr habt mein Kunstwerk zerstört, seht meine Pulvertonne, ich sprenge mich mit euch allen in die Luft." Bei diesen Worten verschüttete er etwas wirkliches Pulver zur Beglaubigung in ein Licht. Wir taten, als ob wir vergeblich mit ihm rängen und dann entliefen. Da stürzte die Jugend von Thomas, Sebastian und Rochus zum Laden hinaus, der hinter ihnen zugeschlossen wurde. Wir hörten die Chöre im Freien: Sie wollten den blutigen Kampf da erneuen, wir aber, wir mußten uns freuen, daß wir nach allem Schreien einen ruhigen Platz hatten, um die Verlobung der jungen Leute und die Wiedervermählung des alten Herrn Schulmeisters zu feiern. Herr Quitte klagte über sein gestörtes Geschäft, mußte aber nachmals eingestehen, daß wir an dem Abend, auf Herrn von Lindenbergs Kosten, soviel wie ein ganzes Publikum verzehrt hätten, und außerdem versprach ihm dieser gnädige Herr eine solche Wagenreihe mit Gänsen, Schinken, Speck, Pökelfleisch, Ochsenzungen, Kartoffeln, Petersilienwurzeln, Sellerie, Ober- und Unterkohlrabi vom Gute in seinen Hof fahren zu lassen, daß er den Verlust der Einnahme von der verunglückten Ausstellung leicht verschmerzen konnte. Nach der Verlobung zeigte der junge Herr dem Vater die Zauberlaterne, durch welche er den Schatten seiner Frau Mutter dargestellt hatte, um ihn zur Einwilligung zu bewegen und der Alte, statt zu zürnen, sagte ihm gerührten Dank für seine Einsicht und Erfindung und spielte so lange mit der Laterne, daß sich die Verlobten fast müde küßten, wir uns müde tranken und alle sich recht herzlich nach dem Bette sehnten, um die Seligkeit dieses Abends nicht mehr loben zu müssen. Endlich ging der Alte und bestand darauf, uns mit seiner seligen Frau vorzuleuchten, die er bald einer Austrägerin, bald einem schlafenden Nachtwächter zum Schrecken über die weißen Häuserwände voraus tanzen, bald von dem Geldbriefe aus Holland ablösen ließ; wir andern Schatten stolperten hinterher, indem wir abwechselnd Perücke, deutschen Kragen, Stock und wollene Handschuhe aufsuchten, die der Herr Schulmeister, der vorn von Frau, Tochter und Eidam bugsiert wurde, in seligem Unbewußtsein wie eine Saat auf dem weichen zerschmelzenden Schnee und den von Wagen durchfurchten Straßenhumus ausstreute. – Der gute Mann wurde uns aber besonders jetzt zur Last, wo die Thomas-Schüler, von den Sebastians-Schülern gedrängt, an uns vorüber flohen und bei einem zusammengefegten Schneehaufen Front machten, ihre verschossene Schneemunition ersetzten und ihre Schneebälle gegen die anrückenden Sebastians- und Rochus-Schüler aus allen Händen warfen. Die Sebastian-Schüler stutzten, aber sie wichen nicht; sie erwiderten das Bombardement, das nun der gute Schulmeister und die Seinen, welche dazwischen standen, von beiden Seiten empfingen. Vergebens erhob Arnold außer seinem Hut auch des Schulmeisters Perücke zum Schutze Anettes, um die Schneebälle damit auszuparieren; die Sache wurde bedenklicher, als Herr Siegfried

in seiner Begeisterung daran dachte, daß er Thomas-Schüler werden wolle und jetzt ihre Partei nehmen müsse, denn so wurden wir ohne Absicht und Willen in die Parteiung hineingezogen und der Schulmeister unter Schnee begraben. Da riefen einige Schüler außer sich in Verwunderung: „Seht Doktor Luther am Himmel, er winkt mit der Palme!" Und Friede verbreitete sich mit dem Geschrei; die letzten Schneebälle sanken kraftlos zu Boden und wir konnten wieder frei aus den Augen sehen. Welch ein Anblick! Der Rand des Vollmondes leuchtete über die blätterlosen Bäume in der Straße und über demselben zog, von durchsichtigem Marmor, ein Viergespann von Rossen einen Triumphwagen, auf welchem Luther in einem leichten Mantel stand und mit grüner Palme winkte.

Ausstellung: hier: Dekoration, kunstvoller figurenreicher Aufbau in der Art heutiger ausgedehnter Weihnachtskrippen / Anisette: Anislikör / Fontaine: Springbrunnen / Maraschino: Kirschlikör / Werners Luther: „Martin Luther oder die Weihe der Kraft", Theaterstück von Zacharias Werner (1768 bis 1823) / Pomeranze: Bitterorange / Knief: Verballhornung von engl. knife: Messer / Pestalozzi, Johann Heinrich (1746 – 1827), Schweizer Pädagoge und Sozialreformer / Wispel: altes Hohlmaß, regional unterschiedlich zwischen 10,992 und 24,919 hl / Non sum qualis eram: ich bin nicht wie ich war / Sic transit gloria mundi: so vergeht der Ruhm der Welt / ingenium: Begabung / Rhinozeros: Nashorn / Bischof: Rotweinpunsch / akkerat: akkurat: genau / veni, vidi, vici: ich kam, ich sah, ich siegte / Batavia: alter Name von Djakarta / Tragant: gummiartige Absonderung der Pflanzen aus der Gattung Tragant, wird als Zusatz zu Appreturen und Klebern verwendet; in weiterem Sinne auch die Masse, die aus diesem Zusatz sowie Weizenmehl und Zukker von den Konditoren bereitet und zu Figuren, Blumen usw. geformt wurde, die dann erhärteten.

Vanillekipferln

250 g Mehl, 210 g Zucker, 100 g geschälte, gemahlene Mandeln, 70 g Puderzucker, 1 Ei, 1 Päckchen Vanillezukker.

Die Mandeln werden mit Butter, Mehl, Zucker, Ei und Vanillezucker zu einem Teig geknetet. Davon rollt man kleine Würstchen und formt diese zu Hörnchen. Auf gebuttertem Blech 10 bis 15 Minuten bei schwacher Mittelhitze backen. Noch warm mit Puderzucker bestäuben.

Paulus Cassel

Vom Fordern und Sammeln weihnachtlicher Gaben

In dieser Zeit hatten die Bettler ein besonderes Recht. Man ließ sich von ihnen Zudringlichkeiten gefallen. Sie kamen im Namen dessen, der allen gegeben hat. Man freute sich, wenn sie soviel sammelten, um selber gastlich sein zu können. Auch im Norden begleiteten sie ihren Wunsch mit Versen. Ihr Einsammeln und Fordern war gleichsam ein Julklapp. Denn durch Klopfen zeigten sie ihr Verlangen an. Wenn es an Weihnachten im Norden klopfte, ahnte man, daß etwas gebracht wurde. In den Adventswochen, namentlich in den drei letzten oder am letzten Donnerstag klopften die Armen an, um etwas zu holen. Sie kamen nicht wie sonst ängstlich, sie hatten ein Recht. Sie pochten auf das Recht, wenn sie an die Fenster pochten, um zu heben, was man zur Weihnacht gab. Namentlich aus Süddeutschland wird von dem Brauch berichtet, daß Kinder und Arme herumzögen, klopfend und singend, daher man diese Nächte die Klöpfleinsnächte, Knöpfleins, Knöpfelsnächte, die Anklopfet oder Einreichet nennt. Die Armen sind da, bedeutet das Klopfen, denn der kommt, der den Armen gepredigt wird (Advent). Die Armen forderten nicht das Ihre, aber das Seine (Christi). Die Freude und Liebe, die alle Welt genoß, schloß das Recht ein, Liebe zu erwarten. Die Armen sind da, bedeutet das Klopfen, Klöckeln, Klingeln, und diese Stimme des weihnachtlichen Rechts geht durch alle verschiedenen Bräuche und Verse, wie entstellt und unklar überliefert beide sein mögen. Oft ist auch das Anklopfen nur ein Jugendunfug geblieben. Zuweilen wird auch nur gefordert, ohne daß es des Anklopfens bedürfte. Derselbe Brauch findet auch an anderen Orten, namentlich in Thüringen am 28. Dezember, am Tag der „unschuldigen Kindlein", statt. Sie nennen ihn da den Klingeltag. Das Klopfen oder Schlagen geschieht mit Tannenzweigen. In Schwaben, der Pfalz und fränkischen Gebieten heißt er der Pfefferstag und das Schlagen „pfeffern". In manchen Gebieten nennen sie es fizeln (futteln). In anderen Orten vom Tag selbst „kindeln". Überall ist der Zweck, daß der Anklopfende, Schlagende, Neckende dafür eine Gabe, Äpfel, Nüsse, Brot erhält.

Friedrich Rückert

Des fremden Kindes heiliger Christ

Es läuft ein fremdes Kind
Am Abend vor Weihnachten
Durch eine Stadt geschwind,
Die Lichter zu betrachten,
Die angezündet sind.

Es steht vor jedem Haus
Und sieht die hellen Räume,
Die drinnen schaun heraus,
Die lampenvollen Bäume;
Weh wird's ihm überaus.

Das Kindlein weint und spricht:
„Ein jedes Kind hat heute
Ein Bäumchen und ein Licht,
Und hat dran seine Freude,
Nur bloß ich armes nicht!

An der Geschwister Hand,
Als ich daheim gesessen,
Hat es mir auch gebrannt;
Doch hier bin ich vergessen
In diesem fremden Land.

Läßt mich denn niemand ein
Und gönnt mir auch ein Fleckchen?
In all' den Häuserreih'n,
Ist denn für mich kein Eckchen,
Und wär' es noch so klein?

Läßt mich denn niemand ein?
Ich will ja selbst nichts haben,
Ich will ja nur am Schein
Der fremden Weihnachtsgaben
Mich laben ganz allein!"

Es klopft an Tür und Tor,
An Fenster und an Laden,
Doch niemand tritt hervor,
Das Kindlein einzuladen;
Sie haben drin' kein Ohr.

Ein jeder Vater lenkt
Den Sinn auf seine Kinder;
Die Mutter sie beschenkt,
Denkt sonst nichts mehr noch minder.
Ans Kindlein niemand denkt.

„O lieber, heil'ger Christ!
Nicht Mutter und nicht Vater
Hab' ich, wenn du's nicht bist.
O sei du mein Berater,
Weil man mich hier vergißt!"

Da kommt mit einem Licht
Durchs Gäßlein hergewallet,
Im weißen Kleide schlicht,
Ein ander Kind; – wie schallet
Es lieblich, da es spricht:

„Ich bin der heil'ge Christ,
War auch ein Kind vordessen,
Wie du ein Kindlein bist.
Ich will dich nicht vergessen,
Wenn alles dich vergißt;

Ich bin mit meinem Wort
Bei allen gleichermaßen;
Ich biete meinen Hort
So gut hier auf den Straßen,
Wie in den Zimmern dort.

Ich will dir deinen Baum,
Fremd' Kind, hier lassen schim-
Auf diesem offnen Rau [mern
So schön, daß die in Zimmern
So schön sein sollen kaum."

Das Kindlein reibt die Hand,
Sie ist von Frost erstarret;
Es kriecht in sein Gewand
Und in dem Gäßlein harret,
Den Blick hinaus gewandt.

Da deutet mit der Hand
Christkindlein auf zum Himmel,
Und droben leuchtend stand
Ein Baum voll Sterngewimmel
Vielästig ausgespannt.

So fern und doch so nah,
Wie funkelten die Kerzen!
Wie ward dem Kindlein da,
Dem fremden, still zu Herzen,
Das seinen Christbaum sah!

Es ward ihm wie ein Traum;
Da langten hergebogen
Englein herab vom Baum
Zum Kindlein, das sie zogen
Hinauf zum lichten Raum.

Das fremde Kindlein ist
Zur Heimat nun gekehret,
Bei seinem heil'gen Christ;
Und was hier wird bescheret,
Es dorten leicht vergißt.

Lobgesang auf Weihnacht

(Erstmals veröffentlicht 1524)

Gelobet seist du, Jesu Christ,
Daß du Mensch geboren bist
Von einer Jungfrau, das ist wahr:
Des freuet sich der Engel Schar.
Kyrieleis!

Des ew'gen Vaters einig Kind
Jetzt man in der Krippen findt;
In unser armes Fleisch und Blut
Verkleidet sich das ew'ge Gut.
Kyrieleis!

Den aller Weltkreis nie beschloß,
Der liegt in Marien Schoß;
Er ist ein Kindlein worden klein,
Der alle Ding' erhält allein.
Kyrieleis!

Gertrud Storm

Weihnachten bei Theodor Storm

Unser Vater war ein echter, rechter Weihnachtsmann, er wußte jedes Fest erst recht zu einem Feste zu gestalten. Den ganzen Zauber der Weihnacht seiner Kindheit wußte er in unsere Weihnacht zu übertragen. Und so feiern auch wir, seine Kinder, unsere Weihnachtsfeste ganz im Sinne unseres Vaters. Der Weihnachtsbaum wird genau so geschmückt, wie er einst ihm geschmückt wurde, die Kuchen nach den althergebrachten Familienrezepten gebakken, wie sie schon sein Kinderherz entzückten.

Wenn das alte, liebe Weihnachtsfest wieder naht und ich mich in eine rechte Weihnachtsstimmung versetzen will, setze ich mich in der Dämmerung in einen tiefen Lehnstuhl. Von draußen wirft die Laterne traulich ein mattes Licht durch die Fenster. Ich schließe die Augen und bald bin ich daheim in unserem großen, alten Hause in Husum in der Wasserreihe. Meine Geschwister und ich, wir sind wieder Kinder.

Es wird wieder einmal Weihnachten und wir Kinder leben in goldenen Träumen, bis das im Leben so seltene Wunder eintritt, daß diese Träume in dem brennenden Weihnachtsbaum verkörpert vor uns stehen. Draußen auf den stillen Wegen des Gartens, den Sträuchern und allen Bäumen liegt glitzernder Schnee. Im ganzen Hause duftet es nach Tannen und braunen Weihnachtskuchen. Feststimmung guckt schon aus allen Ecken.

Es weihnachtet sehr – die Heimlichkeiten wachsen mit jedem Tage. Vater schließt sich immer häufiger in seiner Studierstube ein, und wir Kinder, die wir um die Zeit der heiligen Weihnacht gerne an den Türen lauschen, hören ihn die Tür des Nußbaumschrankes öffnen und leise wieder schließen. Dieser Nußbaumschrank birgt in seinem Innern alle Geheimnisse und Wunder fürs Weihnachtsfest. In einem unbewachten Augenblick treten wir doch ins Zimmer. Vater schließt schnell den Schrank, dann nimmt er uns in seine Arme, macht ein geheimnisvolles Gesicht, sieht uns innig an und sagt mit leiser Stimme nur das eine Wort „Weihnachten“.

In der Eßstube ist großes Kuchenbacken. Unsere Mutter und die Mädchen stehen mit aufgekrempelten Ärmeln. Sie rollen weißen und braunen Kuchenteig aus, der in großen Steintöpfen um den Ofen herum steht. Große schwarze Platten stehen bereit, die verschieden geformten Kuchen aufzunehmen, die dann von den Mädchen zum Bäkker getragen werden.

Auch wir Kinder haben unseren Teil bekommen. Wir stehen an unserem kleinen Kindertisch, ein weißes Nachthemd über unseren Kleidern, ein gezipfeltes Taschentuch auf dem Kopfe. Jedes von uns hat ein Klümpchen weißen und braunen Kuchenteig vor sich, der bald unter unseren geschäftigen kleinen Händen in die wunderbarsten Dinge gewandelt wird. Die Tür öffnet sich und unser Vater tritt mit dem freundlichsten Leuchten seiner blauen Poetenaugen ins Zimmer.

„Ihr seid ja alle gewaltig in der Fahrt", neckt er und bewundert unsere herrlichen Schöpfungen, von denen man meistens nicht zu erkennen vermag, was sie vorstellen sollen. Es beginnt nun ein heimliches Geflüster zwischen Vater und uns, und es gelingt uns, Vater einige kleine Weihnachtsüberraschungen verraten zu lassen, was unsere Freude am Weihnachtsabend keineswegs verringert.

„Morgen wollen wir vergolden und Netze schneiden", spricht Vater verheißungsvoll.

Wenn wir in ein bestimmtes Alter gekommen waren, durften wir vergolden helfen und Netze schneiden. Die langen schmalen Streifen Rauschgold wurden freilich nur von unserem Vater geschnitten, mit seiner großen alten Papierschere, die ich so deutlich vor mir sehe. –

Morgen ist heute geworden und Vater nimmt uns mit in seine Studierstube. Die dunkle Holztäfelung der Decke, die tiefrote behagliche Färbung der Wände, an denen rings herum die Bücherregale laufen, und über dem Tische die helle leuchtende Lampe schauen uns behaglich und gar verheißungsvoll an. Auf dem Tisch ausgebreitet liegen Nüsse, Tannenzapfen, Eier und Schaumgold. Wir setzen uns alle um den Tisch und beginnen nach Vaters Anordnung Watte in Eiweiß zu tauchen, mit der wir vorsichtig die Nüsse und Tannenzapfen betupfen. Dann wird ein Stück Schaumgold auf die befeuchtete Stelle gelegt und vorsichtig mit Watte angetupft. Nun werden zwölf Netze vom feinsten weißen Konzeptpapier geschnitten. Uns Kindern klopft das Herz dabei: „Wenn wir nun die Spitzen abschneiden!" In die Netze kommen große, viereckige Bonbons, die wir alter Tradition gemäß in farbige Papiere wickeln, die durchaus die Farben Grün, Gold und Hausrot haben müssen.

Auf diese Netze, in denen schon seine Kinderträume hingen, legte unser Vater besonderen Wert. Wer von uns zum ersten Mal in seinem kleinen Leben ein solches wunderbares Netz tadellos ausgeführt hatte, kam sich vor, als sei er nun erst ein fertiger kleiner Mensch geworden.

Die weißen Netze sind geschnitten und tadellos zu unseres Vaters innigster Befriedigung ausgefallen. Goldene Nüsse, Eier und Tannenzapfen heben sich leuchtend von der dunklen Tischplatte ab. Wir Kinder stehen ermüdet auf und wollen zu Bett gehen. Vater tritt ans Fenster, öffnet weit beide Flügel. – Der Mond scheint und wir Kinder sehen deutlich zwischen Vaters ausgebreiteten Armen in den beschneiten Garten. Da spricht Vater mit leiser, wie von Musik getragener Stimme:

„Mondbeglänzte Zaubernacht,
Die den Sinn gefangen hält,
Wunderbare Märchenwelt,
Steig' auf in der alten Pracht."

Wir gehen still und nehmen den Zauber dieser Stimmung mit in unsere Träume, aus denen wir mit dem seligen Bewußtsein erwachen: „Heute ist er, der Heilige Abend." Nun beginnt ein buntes Treiben im Hause. Vater trägt alle seine Schätze selbst ins Weihnachtszimmer, in dem die zwölf Fuß hohe Tanne schon ihres Schmuckes wartet. Wir Kinder schmücken in unserer Kinderstube ein kleines, bescheidenes Bäumchen für arme Kinder. Wir haben ihn von unserem eigenen Gelde erstanden. Vater und Mama schließen sich unten ins große Weihnachtszimmer ein, gleich wenn man in den Flur tritt links, und der Märchenbaum fängt an, sich zu entfalten. Die Brüder Hans und Ernst kommen heim und Karl, unser stiller Musikant. Heute muß Vater alle seine Kinder um sich versammelt haben, um ein rechtes Weihnachtsgefühl zu empfinden. Die Fenster der Weihnachtsstube sind dicht verhangen, die vielen Türen, die ins Reich der Weihnachtswunder führen, verschlossen. Wir schleichen an die Fenster und knien vor den Türen. Meine jüngste Schwester Dodo hat ein besonderes Talent, mit unserer Mutter, verborgen in den Falten ihres Kleides, in die Weihnachtsstube zu schlüpfen.

Vom frühen Morgen an kommen Scharen von Kindern, die von Haus zu Haus ziehen und im Flur ihre hellen Kinderstimmen ertönen lassen: „Vom Himmel hoch da komm' ich her". Ein großer Korb mit Wasserkringeln steht schon bereit, mit denen die kleinen Sänger belohnt werden. Mittags wird nach althergebrachter Sitte Kaffee getrunken und Butterbrot gegessen. Der Kaffekanne entströmt an diesem Tage ein wundersamer Duft, so duftet er nur einmal im Jahr, und die Butterbrote schmecken uns wie der schönste Kuchen.

Am Nachmittag wandern wir Kinder, jedes ein Körbchen am Arm, ins Kloster St. Jürgen. Wir wollen zwei alten Großtanten dort bescheren, „Tante Anna und Tante Christine". Tante Anna wird von uns bevorzugt. In ihrem kleinen, behaglichen Altjungfernstübchen liegen wir schließlich auf der Erde vorm offenen Ofen und schauen in die rote Glut der verglimmenden Kohlen. Die liebe, alte Tante sitzt im alten Lehnstuhl neben uns, ihr feines altes Gesicht von einer weißen Spitzenhaube umrahmt. Sie erzählt uns altmodische Kindergeschichten, an die sich immer eine Moral knüpft. Wir hören interessiert zu, knacken dabei Nüsse und werfen die Schalen in die rote Glut – das knistert so schön. – So vergeht die Zeit – vom Kirchturm drüben schlägt es halb fünf. Tante Anna hüllt uns sorgsam in unsere warmen Mäntel und Kapuzen und fort geht es.

Auf den Straßen liegt tiefe Dämmerung, der Schnee knirscht unter unseren Füßen. Schwärme von Kindern begegnen uns, hier und dort dringt aus einer geöffneten Haustür Gesang zu uns heraus. Wir fassen uns an den Händen und laufen und kommen atemlos heim. Im Flur bleiben wir stehen und singen, als gehörten wir zu den Sängern. Die Köchin kommt aus der Küche gelaufen mit den üblichen Wasserkringeln. Sie jagt uns lachend und scheltend in die Kinderstube. Wir werden nun festlich geschmückt und gehen dann in die Studierstube unseres Vaters, wo wir schon unsere Großmutter mit ihrer getreuen Lebensgefährtin, von uns „Tante Tine" genannt, und zwei alte Freunde des Hauses in behaglichem Geplauder vorfinden.

Seit dem Tode unseres Großvaters schaut Großmutter unserer Bescherung zu. Großvater war zwar niemals bei der Bescherung zugegen, aber wir wußten doch, er saß währenddessen behaglich in seinem Kontor und freute sich über die kleinen Sendungen an Geld und Viktualien – meistens ein großes Stück Rauchfleisch –, die er von dort aus an Kinder und Schwiegerkinder gespendet hatte.

Nun auch er in das Land der Vergangenheit gegangen ist, läßt die bunte Kinderfreude diesen Abend der Erinnerung sanft für unsere alte Großmutter vorüber gehen.

Endlich ertönt der Klang der silbernen Glocke. Wir stürzen die Treppe herunter, die Flügeltüren fliegen auf, wir treten ein, jung und alt. Ein starker Duft von Tannen, brennenden Lichtern und braunen Weihnachtskuchen

schlägt uns entgegen – und da steht er, der brennende Baum, im vollen Lichterglanz. Ich will ihn mit meines Vaters eigenen Worten schildern:

„Mit seinen Flittergoldfähnchen, seinen weißen Netzen und goldenen Eiern, die wie Kinderträume in den dunklen Zweigen hängen." – Oder wie er in einem Brief an Freund Keller geschildert wird: „Der goldene Märchenzweig, dito die Traubenbüschel des Erlensamens und große Fichtenzapfen, an denen lebensgroße Kreuzschnäbel von Papiermaché sich anklammern. Rotkehlchen sitzen und fliegen in dem Tannengrün und eines sitzt und singt bei seinem Nest mit Eiern. Feine weiße Netze, deren Inhalt sorgsam in Gold- und andere in Lichtfarben gewählte Papiere gewickelt ist."

Der Märchenzweig ist eine Erfindung meines Bruders Ernst. Ein großer Lärchenzweig wird ganz vergoldet und so in der Mitte des Baumes befestigt, daß er seine schlanken feinen Zweige nach allen Seiten ausbreitet. Ein Freund unseres Hauses, Regierungsrat Petersen, der derzeit in Schleswig lebte, taufte den so vergoldeten Zweig „Märchenzweig". Freund Petersen und Vater tauschten alle Jahre kleine Weihnachtsüberraschungen aus. In einem Jahre brachte er Vater kurz vor Weihnachten das erste Paket „Lametta". Vater schreibt darüber:

„Unser Tannenbaum hat in diesem Jahr besonderes Aufsehen erregt. Freund Petersen brachte am Sonntag vor Weihnachten eine Tüte märchenhafter Silberfäden. Mit diesen feinen Silberfäden wurde der Baum umsponnen, daß er aussah wie fliegender Sommer." –

Unser Karl setzt sich ans Klavier und stimmt leise an: „Stille Nacht, heilige Nacht". Wir alle stimmen ein. Das Weihnachtslied ist verklungen, wir umstehen den Baum und lassen die Wunder der Weihnacht still auf uns wirken.

Vater nickt uns bewegt zu, legt den Arm um unsere Mutter und führt wie immer sie zuerst zu ihren Gaben, die geheimnisvoll umhüllt sind. Mitten auf dem Tisch steht zu Mamas grenzenloser Verwunderung Vaters Pelzmütze. Mama erfaßt sie zögernd, ihr Blick hängt fragend an dem unseres Vaters – und hervor rollt eine große Papierkugel. Ein Papier nach dem andern wird abgewickelt, bis sich schließlich in einem kleinen Kästchen verborgen ein feiner, goldener Ring dem erstaunten Blick zeigt. Eine Schlange, die sich in den Schwanz beißt, ein solcher Ring war ein langgehegter Wunsch meiner Mutter. Vater erwartet leuchtenden Auges die Wirkung seiner Überraschung. Meine Schwester Ebbe sagte einmal bei solcher Gelegenheit: „Vater hat ein Weihnachtslicht in den Augen." Nun führt Vater jedes seiner Kinder zu ihren Gaben, uns kleine zuerst. Puppen – wohin wir sehen, kleine und große – und Bücher, die durften niemals auf unserm Weihnachtstisch fehlen.

Wir haben uns müde gespielt – wir nehmen unsere Weihnachtsbücher und setzen uns im trauten Schein des Lichterbaumes und lesen. Gar verführerisch ist es, heimlich ein Stückchen Zuckerwerk abzuzupfen und es ebenso heimlich zu verzehren. Vater tritt leise zu uns unter den Tannenbaum, streicht uns sanft mit seiner schönen, schlanken Hand übers Haar und fragt: „Hab' ich's getroffen?"

Nachdem sich das erste Entzücken gelegt hat, bringt die Köchin das messingene Kohlenkomfort, auf dem gar bald der blitzblank geputzte Teekessel ein melodisches Lied anstimmt, und der Duft feinsten Tees vermischt sich mit dem der Tanne und der braunen Weihnachtskuchen. Die beiden Mädchen in den gleichen maiengrünen Festgewändern, mit Häubchen und blendend weißen Schürzen angetan, präsentieren den Tee, wir Kinder den knusperigen Weihnachtskuchen. So sitzen wir recht traut beisammen.

Da erklingt von draußen, vom Vorplatz der Gesang einer tiefen melodischen Altstimme zu uns herein:

„O du fröhliche,
O du selige,
Gnadenbringende Weihnachtszeit."

Ein helles Leuchten verklärt das liebe Angesicht unseres Vaters, er steht leise auf, öffnet die Tür und zieht ein gar liebliches kleines Bettelmädchen herein.

Das Kind, mit von der Kälte geröteten Wangen, strahlenden Kinderaugen, das Gesichtchen von blonden Locken umrahmt, bleibt stumm und wie verzaubert im Türrahmen stehen.

Wir alle umstehen sie, sie muß noch einmal ihre glockenreine Stimme hören lassen. Dann erfaßt Vater eines ihrer schmutzigen kleinen Händchen und fragt sie liebreich: „Was willst du nun haben, etwas zu essen oder Kuchen?"

„Danke, ich habe schon gegessen", spricht das Kind zu unserer grenzenlosen Freude. Da heißt mein Vater sie ihr Schürzchen auftun, Mama nimmt vom Tisch einen vollen Teller Weihnachtskuchen und schüttet sie in die ausgebreitete Schürze.

Voll leuchtenden Dankes schaut das Kind zu Mama auf, wirft noch einen scheuen Blick auf all den Lichterglanz und die strahlenden Gesichter und fort ist sie, die kleine Lichtgestalt, denn so erscheint sie uns trotz ihrer Lumpen.

Die Lichter sind erloschen, die glitzernde Pracht des Baumes leuchtet nur noch im matten Dämmerlicht der

Lampen. Unsere Mutter ruft zum Festessen. – Wir Kinder trennen uns schweren Herzens vom Tannenbaum, unseren Puppen und Büchern. Sauerbraten und ein großer Apfelkuchen – Tante Moritz genannt – bilden das Festessen, Punsch, nach Vater kurzweg „Landvogt" genannt, ist das Festgetränk.

Wir alle sitzen an unseren Plätzen, der Punsch ist in die Gläser geschenkt. Vater erhebt sein Glas, er nickt uns allen voll innigster Befriedigung zu und sendet dann in einem kleinen Trinkspruch „einen vollen Gruß seiner Liebe" allen denen, die seinem reichen, liebevollen Herzen nah', an diesem Abend aber ferne von ihm sind. Der Apfelkuchen wird aufgetragen, nach dem unsere begehrlichen Kinderaugen schon lange ausschauen.

Einer der alten lieben Weihnachtsgäste wirft an jedem Weihnachtsabend zu unserer heimlichen Freude die Frage auf: „Ist das nicht Tante Moritz?" Und jedesmal folgt die prompte Antwort: „Ja, das ist Tante Moritz."

Von Tante Moritz ist nach einer Weile keine Spur mehr, und nun geht es noch einmal zurück ins Weihnachtszimmer. Jeder von uns folgt seinen besonderen Neigungen. Meine Brüder ergreifen mit einem wahren Festtagsausdruck ihrer blauen Augen die neuen Bücher und ziehen sich mit ihnen in irgendeinen Schmunzelwinkel zurück. Wir Kinder nehmen unsere Puppen auf den Schoß und lauschen, denn Karl, unser Musikus, singt uns ein neu einstudiertes Lied von Robert Franz:

„Einen schlimmen Weg ging gestern ich,
Einen Weg, den ich nicht wieder geh,
Zwei süße Augen trafen mich,
Zwei süße Augen, lieb und blau."

Karl hat einen wunderbaren Bariton und singt einfach, mit tief zu Herzen gehendem Vortrag. Zum Schluß spielen Karl und meine Schwester Lisbeth „Nußknacker und Mausekönig" von Karl Reinike. Vater liest den Text dazu. So ist es immer bei uns.

Lautlos lauschen wir alle, eine träumerisch-selige Stimmung umfängt uns. Der letzte Ton, das letzte Wort ist verklungen. Unsere Mutter mahnt leise zum Schlafengehen. Draußen vor den Fenstern stäubt der Schnee, aber während wir Kinder bald in einen tiefen Schlaf fallen, machen die Eltern und großen Geschwister noch einen Besuch im brüderlichen Hause in der Süderstraße.

Viktualien: Lebensmittel / Papiermaché: formbare Masse aus Papier und Kleister

Theodor Storm

Weihnachtslied

Vom Himmel in die tiefsten Klüfte
Ein milder Stern herniederlacht;
Vom Tannenwalde steigen Düfte
Und hauchen durch die Winterlüfte
Und kerzenhelle wird die Nacht.

Mir ist das Herz so froh erschrocken,
Das ist die liebe Weihnachtszeit!
Ich höre fernher Kirchenglocken
Mich lieblich heimatlich verlocken
In märchenstille Herrlichkeit.

Ein frommer Zauber hält mich wieder,
Anbetend, staunend muß ich stehn;
Es sinkt auf meine Augenlider
Ein goldner Kindertraum hernieder,
Ich fühl's: ein Wunder ist gescheh'n.

Heidesand mit Mandeln

275 g Süßrahmbutter, 250 g Zucker, 1 Tüte Vanillezukker, 2 Eßlöffel Milch, 375 g Mehl, 1 gestrichener Teelöffel Backpulver; abgezogene Mandeln zum Garnieren.

Butter schmelzen, leicht bräunen und abkühlen lassen. Dann mit Zucker, Vanillezucker und Milch schaumig rühren. Das Mehl mit dem Backpulver mischen, dazugeben und schnell untermischen. Aus dem Teig eine dicke Rolle formen (etwa 5 Zentimeter Durchmesser) und kühl ruhen lassen, damit der Teig fest wird. Dann in Scheiben schneiden, und diese auf ein ungefettetes Backblech legen (genügend Abstand zwischen den einzelnen Scheiben lassen). Jeden Keks mit einer Mandel belegen. Im vorgeheizten Backofen bei Mittelhitze 10 bis 15 Minuten backen.

Paul Heyse

Die Geschichte von Herrn Willibald und dem Frosinchen

Es war schönes Weihnachtswetter in München. Der starre Frost der letzten Tage hatte sich gebrochen, der Schnee knirschte nicht mehr unter den Tritten der hastigen Menge, die sich durch die Straßen bewegte, und der halb erloschene Mond, der aus dem bleifarbenen Dunst nur trübe vorblickte, kündete Tauwind für die Feiertage an. Die glänzend beleuchteten Schaufenster warfen ihren Schein weit über das Pflaster hinaus, und da der Feierabend eben angebrochen war, brannten auch schon in vielen Häusern die Kerzen an den Weihnachtsbäumen, so daß es an manchen Stellen taghell war und, wer Zeit dazu hatte, das Menschengewühl, das sich in lautloser Geschäftigkeit hin und her trieb, so deutlich wie in einem festlich erleuchteten Ballsaal mustern konnte.

Dazu schien aber niemand aufgelegt von den Hunder-

ten, die, mit Paketen und Körben beladen, eilig ihres Weges gingen. Sonst hätte eine wunderliche Figur, die langsam mitten auf dem Fahrweg dahinschritt, wohl einiges Aufsehen erregt, wenn nicht gar ein Trüpplein mutwilliger Jugend nach sich gezogen.

Es war ein kleiner Mann in einem dunklen, bis auf die Knöchel herabreichenden Radmantel, dessen rechten Zipfel er über die linke Schulter geworfen hatte. Auf dem Kopf trug er einen hohen Zylinderhut, schief aufs linke Ohr gerückt, nicht um sich einen verwegenen Anstrich zu geben, sondern weil er die Hände nicht frei hatte, ihn gerade zu setzen. Auch sonst war an ihm nicht alles in der Reihe. Sein Rücken wölbte sich in einer beträchtlichen Krümmung, und die rechte Schulter trat merklich höher hervor als die linke. Von vorn war die Ungestalt nicht allzu auffällig. Man sah nur, daß der Kopf etwas ängstlich zwischen den Schultern steckte, das wohlgebildete Gesicht aber mit den lebhaft glänzenden dunklen Augen und dem schwachen bräunlichen Bart, unter dem, da der kleine Mann häufig lächelte, die blanken Zähne angenehm vorblitzten, machte einen gewinnenden Eindruck. So hätte man ihm auch am hellen Tage keine sonderliche Beachtung geschenkt. Was ihn aber an diesem Heiligen Abend auffallend machen mußte, wenn nicht jeder mit sich selbst zu tun gehabt hätte, war die sonderbare Art, mit der er ein großes Schaukelpferd transportierte. Den Kopf mit dem hohen Hut hatte er unter dem Bauch des ungefügen Spielzeugs durchgesteckt, daß ihm der eine Steigbügel über die Achsel herabhing, der Leib des Tieres mit dem Sattelzeug ruhte auf seinem gewölbten Rücken, während er die geschwungenen Wiegenfüße vorn vor der Brust mit den Händen umspannt hatte und so das Gleichgewicht seiner Last auf das bequemste herstellte.

So hatte er, ohne sich zu übereilen, die Straßen durchschritten, in denen sich die Menge um die Kaufläden drängte, und gelangte jetzt auf den freien Platz vor der dunklen Feldherrnhalle, von dem aus die breite Straße mit ihren schnurgeraden Laternenreihen zum Siegestor hinunterläuft. Hier umgab ihn plötzlich, da in dieser Siegesallee keine Läden zu finden sind, eine so tiefe Stille und Öde, daß ihm fast feierlich zumute wurde. Ohne die Last von den Schultern zu heben, stand er ein paar Augenblicke still, zog mit einiger Mühe ein Tüchlein aus der tiefversteckten Manteltasche und trocknete sich Stirn und Gesicht, auf denen trotz der Dezembernachtluft große Tropfen standen. Der Hut fiel ihm dabei in den Nacken, zum Glück durch den kleinen Sattel aufgehalten. Immerhin kostete es Künste, ihn wieder zu fassen und an seinen Ort zu setzen, worüber es dem kleinen Manne von neuem schwül wurde. Es störte ihn aber auch dieser Zwischenfall durchaus nicht in seiner guten Laune. „Hoppla!" machte er, wie ein Reitknecht, der in der Rennbahn sein Pferd antreibt, rückte sich's wieder ins Gleichgewicht und schickte sich an, seinen Weg fortzusetzen, der ihn die lange Straße hinab noch eine gute Strecke über das Siegestor hinausführen sollte.

Da hörte er dicht hinter sich ein helles Lachen und gleich darauf ein „Guten Abend, Herr Willibald!" von einer feinen Stimme, die ihm wohlbekannt war. Sofort blieb er wieder stehen und machte eine halbe Wendung, so hurtig es ihm seine Last erlaubte, um sich nach dem Gesicht umzusehen, das neben ihm auftauchte.

Ein blasses junges Mädchengesicht mit großen schwärmerischen Augen, soviel sich bei dem unsicheren Laternenschein und unter dem Schleierchen, das bis auf die Spitze der stumpfen kleinen Nase herabreichte, erkennen ließ. Er aber kannte jeden Zug darin. War es ihm doch anderthalb Jahre lang jeden Morgen und Abend begegnet, da es seiner Hausgenossin gehörte. Und doch kam es ihm jetzt fremd vor. Denn der nicht gerade kleine, aber schön geschweifte Mund, der sich lachend öffnete und die hübschen Zähne sehen ließ, war für gewöhnlich streng geschlossen oder wurde nur durch ein Lächeln belebt, bei dem die kleine Falte, die sich am linken Mundwinkel eingegraben, kaum verschwand.

Darum sagte Herr Willibald mit unverhohlenem Erstaunen: „Sie sind es, Fräulein Frosinchen? Sie sind ja ungewöhnlich lustig. Was ist Ihnen denn so Amüsantes begegnet?"

„Oh, Herr Willibald", antwortete das Mädchen, das auf einmal wieder ernsthaft geworden war, „verzeihen Sie mir's, es war unartig von mir, so grad hinauszulachen, aber mit dem Pferd am Rücken – wenn Sie sich selber sehen könnten – und der Hut, der Ihnen so schief sitzt – Sie müssen mir's nicht übelnehmen . . ."

„Ja so!" unterbrach er sie und lachte nun ebenfalls, da auch sie trotz des besten Willens von neuem anfing. „Ich nehm's Ihnen gar nicht übel. Es muß wohl ein Anblick für Götter sein, aber wahrhaftig, das Lachen ist mir bisher vergangen. Der Gaul hat mich gehörig in Schweiß gebracht, da er mich reitet, statt selbst geritten zu werden. Sehen Sie, in dem Laden, wo ich ihn kaufte, wollten sie ihn mir nachschicken, aber zu uns hinaus ist's weit, und ein Packträger, dem ich den Weg hätte zeigen können – mein Gott, am Heiligen Abend ist's schwer, einen aufzutreiben. Da lud ich ihn mir selbst auf den Rücken, damit ich sicher wäre, daß er heute noch richtig ankommt. Die Peitsche, die dazu gehört, steckt in meiner Rocktasche neben einem Bilderbuch. Der Hansel muß doch auch wissen, daß Weihnachten ist und daß Onkel Willibald mit dem Christkindchen seinetwegen gesprochen hat."

„Oh", sagte das Mädchen eifrig, „Tante Frosinchen will sich auch nicht drum anschauen lassen. Da schauen Sie, wie ich bepackt bin. In dieser Stranitze sind Lebkuchen, in dieser Äpfel und Nüsse und ein Kletzenbrot, und das Hauptstück, der warme Kittel, den ich ihm geschneidert hab', liegt zu Hause parat. Aber jetzt will ich Ihnen helfen, das Pferd zu tragen. Ich nehm' meine Pakete in den linken Arm, dann hab' ich die rechte Hand frei, und wenn wir beide anfassen –"

„Wo denken Sie hin, Frosinchen!" erwiderte er kopfschüttelnd, wobei ihm der Hut vom linken auf das rechte Ohr rutschte. „Wer sich freiwillig eine Last aufgeladen hat, muß keinem anderen damit beschwerlich fallen. Und Mutter Natur hat mich auch so gütig ausgestattet, daß der Gaul so bequem und sicher auf meinem erhabenen Rükken ruht, wie ein Ballen oder ein Wasserschlauch auf dem Schiff der Wüste. Sie wissen doch, Fräulein Frosinchen, daß man das Kamel so poetisch benannt hat?"

Sie wurde ein wenig rot.

„Nein, ich hab' das nicht gewußt, Herr Willibald. Ich weiß ja überhaupt so wenig, dahinter müssen Sie längst gekommen sein. Ich habe keine so gute Erziehung gehabt sie Sie, der Sie ja ein halber Gelehrter sind. Aber wenn Sie durchaus nicht wollen, so lassen Sie uns wenigstens machen, daß wir nach Hause kommen. Man hat mich im Geschäft noch festhalten wollen, nachdem ich heute schon vier Hüte aufgesteckt hab'; es gibt halt so viel zu tun auf Weihnachten. Aber ich hab' gesagt, ich müsse eben heim zur Bescherung, wenn mir die Extrastunden auch noch so gut bezahlt würden. Sie glaubten, es würde mir beschert werden und ich könnt's nicht erwarten. 's war mir aber nur drum, daß der Hansel nicht schläfrig werden möcht'. – Wo kommen Sie denn her, Herr Willibald?" fragte sie nach einem kurzen Stillschweigen. „Sie wollten ja zu dem Herrn Hofkapellmeister."

„Bei dem war ich auch. Ich würde ja sonst kein Geld für den Roßtäuscher gehabt haben, der mir diese Schaukelrosinante aufgeschwatzt hat, teuer genug. Sie ist aber auch von edler Rasse, sehen Sie nur, mit natürlichem Pferdehaar und einem Sattelzeug erster Qualität. Auch reut mich das Geld nicht. Ich habe ja nur darum in der letzten Zeit täglich acht Stunden am Schreibtisch gesessen, um die Arbeit heute noch abliefern zu können. Es war kein Kinderspiel, sechsundfünfzig Bogen, und die Partitur, aus der ich die Stimmen abschrieb, so voll Korrekturen und Krakelfüßen. Der Herr Hofkapellmeister machte auch große Augen. ‚Schon fertig, Herr Willibald?' rief er. ‚Sie sind ja ein Hexenmeister, und dabei Ihre unfehlbare Akkuratesse, und jede Note wie gestochen.' Ein lieber Mann, der Herr Hofkapellmeister. Schade nur, daß er ganz in die neueste Musik verrannt ist, für die ich mich so wenig begeistern kann. Er saß an seinem Flügel und sah gerade wieder eine neue Oper durch. ‚Da ist wieder Arbeit für Sie', sagte er, ‚natürlich nach den Feiertagen.' – ‚Oh', sagte ich, ‚Herr Hofkapellmeister, unsereins estimiert die Feiertage nicht so besonders. Notenschreiben ist ja meine Leidenschaft. Da ich selbst nichts komponieren kann, macht es mir wenigstens Vergnügen, zu sehen, was andere zustande bringen, obwohl' – da unterbrach er mich und lachte: ‚Ich weiß schon, Herr Willibald, Sie sind ein Reaktionär, ein eingefleischter Bach-Anbeter. Nun, über den Geschmack ist nicht zu streiten, und Ihrer ist nicht der schlechteste. Aber sagen Sie einmal, wie sind Sie überhaupt zu Ihren schönen musikalischen Kenntnissen gekommen? Sie sagten mir einmal, daß Sie auf dem Dorf aufgewachsen seien. Aber Sie verstehen sich ja auf die Harmonie, daß mancher Konservatoriumsschüler Sie beneiden könnte. Mehr als einmal hab' ich Sie dabei ertappt, daß Sie einen Schreibfehler in einer Partitur stillschweigend verbessert haben.'

Das schmeichelte mir natürlich von so einem Herrn. Und da mußt' ich ihm, wobei er mich zum Sitzen einlud, meine ganze Lebensgeschichte erzählen, wie ich als ein frischer rotbackiger Bub' bei meinem Vater, dem Schullehrer und Organisten im Ansbachischen, in die musikalische Lehre ging und kein größeres Vergnügen kannte, als auch einmal verstohlen auf der Klaviatur unserer Orgel herumzufingern, wenn ich einen Schulkameraden fand, der für ein paar Äpfel, die ich ihm schenkte, mir ein Stündchen die Bälge trat; und wie ich dann von dem Apfelbaum im Pfarrgarten herunterfiel und als ein armseliges Klümpchen Unglück aufgehoben wurde mit dem verstauchten Rückgrat, und der Dorfbader an mir herumdokterte, bis richtig aus dem ‚kleinen Verdruß' ein großer geworden war. Und damit war's auch mit dem Schulmeisterwerden, wovon ich geträumt hatte, vorbei, denn meine Stimme blieb verhunzt, ich hätte eine Stube voll wilder Dorfbuben nicht regieren können. Warum ich mich nicht vollends zum Musiker ausgebildet hätte, fragte der Herr Hofkapellmeister. ‚Ja, das war sehr einfach', sagt' ich; ‚wir waren unser sieben, da mußt' ich froh sein, ein bißchen Remuneration zu kriegen für meinen Kantordienst, als mein Vater starb und der neue Lehrer nicht imstande war, den Organisten zu machen. Als aber meine Geschwister fast alle aus der Welt gegangen waren und ich das Bauerngütchen von einem Mutterbruder erbte, der wegen meines Unglücks und meiner Musik einen Narren an mir gefressen hatte – ich habe es Ihnen ja schon öfters geklagt, daß es da zu spät war, um noch ein regelrechtes Studium anzufangen. Ich wäre doch zeitlebens ein Pfuscher geblieben.' – Und dann erzählte ich ihm, wie ich mein Gütchen zu Gelde gemacht habe und in die Stadt übergesiedelt bin, um hier endlich viele und gute Musik wenigstens zu hören, und vier bis fünf Jahre lebte ich ja herrlich und in Freuden, bis mein kleines Vermögen draufgegangen war. Na, und Sie wissen ja, wie ich dann in unser Häuschen zog, zu dem Milchmann, dessen Frau damals noch lebte, und mich aufs Notenabschreiben verlegte, womit ich mich wenigstens ehrlich durchbrachte. Und jetzt, da ich die Beschäftigung beim Theater habe, die er mir so anständig honoriere, sagte ich, fehle mir auch nichts, um mit meinem Lose zufrieden zu sein, und ich hätte nur den Wunsch, daß man auch mit mir zufrieden bleiben möchte.

‚Herr Willibald', sagte da der gute Herr, der beständig, während ich ihm vorschwatzte, in meinem Abschriften geblättert hatte, ‚Sie fischen nach Komplimenten, wie man zu sagen pflegt. Wer sollte mit solchen Arbeiten nicht zufrieden sein. Um Ihnen aber einen Beweis zu geben, wie hoch auch der Herr Generalintendant Ihren Fleiß und Ihre Kenntnisse schätzt, kann ich Ihnen eröffnen, daß Ihnen ein fixes Gehalt von zweihundert Mark ausgesetzt ist; natürlich werden Ihnen Ihre Abschriften außerdem nach wie vor besonders honoriert. Dies Fixum soll uns nur Ihre ausschließliche Tätigkeit für die Oper und die Musikschule sichern, denn Sie müssen sich verpflichten, keine anderen Aufträge als die unseren anzunehmen. Können Sie sich dazu verstehen, so wird Ihnen die amtliche Ausfertigung Ihres Jahresgehaltes allernächstens zugehen, und die Anstellung tritt am ersten Januar in Kraft.'"

„Das ist aber einmal schön!" rief das Mädchen und blieb aufgeregt stehen. „Da sind Sie ja aus aller Sorge, Herr Willibald. Ein festes Gehalt! Darauf können Sie ja heiraten."

Herr Willibald blieb stehen. Sein heiteres Gesicht wurde plötzlich sehr ernst, fast traurig.

„Warum spotten Sie, Fräulein Eufrosine?" sagte er. (Er pflegte sie immer mit ihrem vollen Namen zu nennen, wenn er einmal unzufrieden mit ihr war.) „Sie wissen doch – Sie haben doch Augen im Kopf . . ."

„Ich verstehe nicht . . .“, stammelte das Mädchen und errötete, während sie die Augen niederschlug und den Rand ihres Schleierchens über die Nasenspitze herabzuzupfen suchte. „Warum sollten Sie nicht heiraten, jetzt, da Sie Ihr sicheres Auskommen haben?“

„Warum ich nicht heirate, Kind? Sehen Sie mich gefälligst an. Die Antwort steht mir doch deutlich genug auf den Rücken geschrieben.“

„Aber, Herr Willibald – das . . .!“

„Ja das, Fräulein Frosinchen! Springt es Ihnen jetzt genugsam in die Augen? Man pflegt wohl zu sagen: Jeder hat sein Päckchen zu tragen. Wenn keiner heiraten wollte, als wer kein Päckchen zu tragen hat, würde die Welt aussterben. Meines aber ist ein bißchen groß geraten, und der Pack sitzt an einer so sichtbaren Stelle, daß jeder sich daran stoßen muß, besonders die Frauenzimmer, bei denen die Toilette, die einer gemacht hat, eine so große Rolle spielt. Ich habe mich längst drein ergeben, daß ich auf meinem Lebensweg den Rucksack immer mit mir schleppen und sogar damit zu Bett gehen muß. Ich weiß ja, daß ich damit nur die Erbsünde zu büßen habe.“

„Die Erbsünde?“

„Ganz wörtlich genommen. Denn wäre ich nicht auf den Apfelbaum geklettert, der leider nicht in meines Vaters Garten, sondern in einem fremden stand, so wäre ich nicht heruntergefallen. So bin ich aus meinem Paradiese vertrieben worden, wie Vater Adam, durch das Gelüst nach einer verbotenen Frucht. Es war eine Goldreinette, die am höchsten Zweig hing; ich sehe sie noch immer vor mir.“

„Aber Vater Adam war verheiratet“, wagte das Mädchen halb schalkhaft, halb schüchtern einzuwerfen.

Nun lächelte der kleine Mann schon wieder.

„Vater Adam hatte seine Eva schon vorher gefunden, und dann – der ‚kleine Verdruß', den ihm der verhängnisvolle Apfel eingetragen, saß ihm inwendig. An so was nehmen die guten Frauen keinen Anstoß. Ich aber – glauben Sie, Fräulein Frosinchen, daß ich nicht auch meinen Stolz habe? Ich wäre nicht damit zufrieden, daß sich ein Mädchen in mein Gehalt verliebte und bloß der Versorgung wegen, die nicht einmal die fetteste wäre, die krumme Fünf gerade sein ließe. Und wenn eine geschmacklos genug wäre, mich so wie ich bin reizend zu finden – an deren gesundem Verstand und richtigen fünf Sinnen müßte ich zweifeln. Nein, liebe Nachbarin, ich muß schon so verbraucht werden und froh sein, wenn hin und wieder ein guter Mensch, wie Sie zum Beispiel, mir ein bißchen Freundschaft erweist. Den Gedanken, unsere Familie fortzupflanzen, habe ich ein für allemal aufgegeben."

Sie standen jetzt schweigend nebeneinander und sahen beide auf den Kopf des Schaukelpferdes, zwischen dessen gespitzten braunen Ohren ein artiger schwarzer Mähnenschopf in die Luft starrte. Die wenigen Vorübergehenden verwunderten sich über die sonderbare Gruppe. Ein paar kleine Buben schlichen sich heran und wagten endlich, den Hals des Pferdes zu streicheln.

Da lachte Herr Willibald.

„Lassen Sie uns weitergehen", sagte er, indem er sich seine Last wieder auf den Rücken lud. „Wir erwecken sonst die Erbsünde des Neides in diesen jungen Gemütern. Ja, wenn die Summe meines Gehalts eine Null mehr hätte! Ich habe mir's immer wunderschön gedacht, so am Weihnachtsabend, alle Taschen voll Geld, durch die Stadt zu schlendern, und wo ich ein paar Kinderaugen in einen hellen Spielzeugladen starren sähe, die kleinen Leute bei der Hand zu fassen und hineinzuführen: Herz, was begehrst du? Mich wundert, daß die Rothschilds sich dies Vergnügen nicht regelmäßig gönnen. Unsereins kann sich's höchstens bei einer Obstbude oder einer Kuchenfrau erlauben, und auch das ist schon der Mühe wert. So ein Kindergesicht zu sehen, das plötzlich dunkelrot wird vor Überraschung, wenn die schönen Zwetschgen oder Schaumrollen, nach denen ihm das Wasser im Munde zusammenlief, auf einmal ihm in die schmutzigen kleinen Hände gelegt werden – es geht mir nichts drüber. Man kommt sich dabei ordentlich vor, als wäre man noch in der Märchenzeit, wo Zauberer und Feen armen Kindern ihre heimlichsten Wünsche erfüllten."

„Sie sind sehr kinderlieb", sagte das Mädchen nach einer kleinen Pause.

„Das bin ich, Fräulein Frosinchen. Denn ich erinnere mich sehr gut, was ich selbst als Kind für unerfüllte Wünsche hatte, und wieviel Schmerzen ich litt, von denen niemand wußte. Es ist nicht wahr, daß die Jugend die glücklichste Zeit im Leben ist. Wenn ihre Ängste und Kümmernisse auch verhältnismäßig klein und oft recht kindisch sind – auch der Verstand, mit dem man sich drüber weghilft, ist ja nur klein, und man hat noch nicht die Erfahrung gemacht, daß alles vergeht, man hält alles für ewig. Ein großer Mensch wird auch mit seinen großen Leiden viel besser fertig, und wenn er Courage hat, faßt er selbst den leibhaftigen Teufel bei den Hörnern und ringt mit ihm, bis er ihn unterkriegt. Aber so ein dummes, scheues Ding von sechs oder sieben Jahren, das oft nicht genug zu essen bekommt – das sieht überall Gespenster, und wenn Mutter Natur das kleine Volk nicht auch wieder leichtsinnig gemacht und ihm eine gute Heilhaut gegeben hätte – die wenigsten kämen lebendig aus den Kinderschuhen heraus."

„Nein", sagte das Mädchen, „ich hab's anders gehabt. Ich war immer lustig, solang ich noch klein und bei der Mutter war. Erst wie ich größer geworden bin und für mich allein leben mußte –"

Sie verstummte und schien fast erschrocken, daß ihr dieses Bekenntnis entschlüpft war. Er aber hatte kein Arg dabei.

„Mag sein", fuhr er gleichmütig fort, „daß die Mädel noch gedankenloser aufwachsen als die Buben und sich daher ihre jungen Schmerzen und Sorgen nicht so zu Herzen nehmen. Im allgemeinen aber bleibe ich bei meiner Meinung: Kinder haben einen Tröster und Erlöser nötiger als erwachsene Menschen, und darum schon allein ist die christliche Lehre die beste, weil Christus der einzige von allen Religionsstiftern gewesen ist, der sich mit den Kindern eingelassen und zu Weihnachten ein großes Kinderfest eingeführt hat."

Er hatte sich außer Atem gesprochen und stand einen Augenblick still, die Last ein wenig lüftend, doch ohne sie abzusetzen. „Nehmen Sie doch mein Tuch", sagte er, „und trocknen mir ein wenig den Schweiß ab; ich bin so unbehilflich mit meiner Bescherung."

Sie tat es eifrig und geschickt und stopfte ihm dann das Tuch zwischen seinen Nacken und die Last, die darauf drückte, und wie er nun weiterging, nickte er ihr zum Dank freundlich zu. „Sie wären eine hübsche Veronika gewesen, wenn Sie unserm Herrn Jesus auf seinem Kreuzwege begegnet wären. Sagen Sie, ist es Ihnen nie aufgefallen, daß in keiner der anderen Religionen von der Kindheit ihrer Stifter die Rede ist?"

Wieder wurde sie rot. „Ich weiß ja so wenig von den anderen Religionen, Herr Willibald. Sie müssen mir's erklären."

„Nun, von den Arabern und Türken haben Sie doch in der Schule gehört", sagte er. „Der Mohammed kommt gleich als ein erwachsener junger Mann zum Vorschein und hat auch bald eine Frau. Und gar die griechischen Götter – man erfährt wohl von manchen, wo sie geboren worden sind, aber sie sind dann gleich fertige junge Götter, liegen in keiner Krippe, müssen nicht nach Ägypten flüchten und sich hernach in einer Synagoge von alten Schulmeistern examinieren lassen. Von dem, was junge Menschenkinder Lustiges und Leidiges erleben, wissen sie nichts, daher fällt es nachher auch keinem ein, die Kindlein zu sich kommen zu lassen. Wie's in Indien damit steht, weiß ich nicht, ich habe eben nicht Theologie studiert."

„Und doch mein' ich, Sie könnten, wenn Sie nur wollten, besser predigen als die meisten Pfarrer. Mich wundert nur, daß Sie trotzdem nicht in die Kirche gehen."

„Ja, liebes Kind", erwiderte er mit einem Seufzer, „das kommt eben daher, weil ich das Beste verloren habe, was einem in der Kindheit beschert ist, den Kinderglauben. In meinem kleinen Geburtsort hätte mich am Sonntag nichts zu Hause gehalten, ich mußte auf dem Orgelchor sitzen, und jedes Wort unseres guten Pastors sog ich so begierig ein wie ein Wickelkind die Milch der Mutterbrust. Wie ich dann zu reiferen Jahren und zu Verstande kam, habe ich den Katechismus mit anderen Augen studiert und mir die Welt betrachtet, die so viele Rätsel aufgibt, auf die er keine Antwort hat; nun, weil auch die Herren auf der Kanzel einem das Wort des Rätsels schuldig bleiben, bin ich es müde geworden, da unten zu sitzen, während sie oben so sicher alle sieben Himmel durchfliegen. Auch spielt man mir gewöhnlich die Orgel zu schlecht. Der liebe Gott, der mir meine musikalischen Ohren gegeben hat, wird mir's nicht als Sünde anrechnen, wenn ich sonntags mich in mein Kämmerlein einschließe und ein paar Bachsche Fugen auf meinem Klavier zusammenstümpere.

Nein, Fräulein Frosinchen", fuhr er fort, da sie plötzlich stehen blieb und ihn mit ihren schwermütigen Augen betroffen ansah, „Sie müssen darum nicht glauben, daß ich ein gottloser Mensch sei. Gerade weil ich finde, daß alles, was wir Gott und göttliches Wesen nennen, über unsere enge Vernunft geht, weil es die Welt umfaßt und ewig ist, wir aber so schwache und kurzatmige Geister sind, wie die Funken, die in einem Herdfeuer aufspringen, gerade aus Respekt vor dem Allerhöchsten und Überirdischen geht mir's gegen den Mann, wenn ich die guten Leute das Heilige sich zum Kindermärchen machen sehe und höre, wie sie mit ihrem Lallen die großen Geheimnisse auszudeuten meinen. Wer aber brav ist, wie Sie, und ganz andächtig Gott einen guten Mann sein läßt, mit dem kann ich mich sehr wohl verständigen. Übrigens, wie sind wir nur darauf gekommen? Ich mag sonst so ungern über Religion sprechen wie über die Musik. Unser innerer Sinn ist so verschieden gestimmt wie unsere Ohren. Jeder hat den Gott, den er braucht und versteht, und jeder hängt an den Meistern, die ihm die Seele bewegen.

Aber da sind wir ja ans Ziel gelangt. Ich gestehe, es ist mir eine Wohltat, daß ich endlich das Dach unseres Häuschens sehe, so gern ich mit Ihnen geplaudert habe. Der Gaul hat meinen Nacken nachgerade schändlich durchgeritten."

Das kleine einstöckige Haus lag draußen vor dem Tor. Sie hatten aber erst noch ein gutes Stück an den schönen neugebauten Villen vorbeiwandern müssen, ehe sie in die dunkle Seitenstraße einbiegen konnten, wo alles noch an die dörfliche Vorzeit dieser jetzt zur Stadt aufstrebenden

Gegend erinnerte. Hier war's lustig zu wohnen im Sommer, wenn die Gärten im Flor standen und Schatten gaben. Zur Winterszeit lag der Schnee hier dicker und fester auf den Straßen und Dächern, und die wenigen Laternen waren trügerische Wegweiser für solche, die nicht ganz ortskundig hier draußen zu tun hatten.

Unserem Paare aber erschien dies einsame Gebiet heimisch und traulich genug, und sie erkannten schon von weitem das Haus hinter dem schmalen Vorgärtchen, dessen Büsche und Beete unter einer hohen glatten Schneedecke verschwunden waren. Gleich bei seiner Übersiedlung hatte Herr Willibald sich dort eingemietet. Denn die Nachbarschaft eines Handelsgärtners und die noch unbebaute Wiese ihm gegenüber bürgten ihm dafür, daß sein empfindliches Ohr nicht durch Klavierübungen und singende Backfische beunruhigt werden würde. Auch die Hausbesitzer sagten ihm zu. Das kleine Grundstück hatte seit vielen Jahren einer Milchfrau gehört, die von hier aus mit ihrem Wägelchen ihre Kunden in der Stadt versorgte. Nach dem Tode ihres ersten Mannes, dem sie eine einzige Tochter geboren, hatte sie ihr Herz an einen nicht gerade reputierlichen Menschen gehängt, einen völlig armen und übel beleumdeten ehemaligen Wilderer, der eine geraume Zeit, da er sich an einem Förster vergriffen, im Zuchthaus seine Jugendsünden abgebüßt hatte und als Knecht zur Besorgung des Hauses und Stalles von der barmherzigen Witwe in Dienst genommen worden war. Er selbst war schon in den Vierzigern, aber ein rüstiger und stattlicher Geselle, der sich auch als Ehemann und Hausbesitzer nichts Ärgeres mehr zuschulden kommen ließ, als daß er hin und wieder einen Hasen schoß, der sich vom Felde herein allzu nah an sein Krautgärtchen heranwagte. Als dann die Frau starb, führte ihm die Stieftochter das Hauswesen, während er das einträgliche Geschäft seiner Seligen fortsetzte, allerdings mit einer verdrossen herablassenden Miene, wie um anzudeuten, daß er dies verdienstliche, aber unmännliche Gewerbe unter seiner Würde hielt. Ein kurzes Jahr hindurch hauste er dann ganz allein in seinem Häuschen. Die Tochter hatte sich mit einem Handwerker verheiratet. Als aber dieser in seinem Geschäft durch einen Zufall verunglückte, zog die Frühverwitwete mit ihrem Knäbchen, jenem schon mehrmals erwähnten Hansel, wieder zu ihrem einsamen Stiefvater und lebte still und traurig neben ihm hin, bis auch sie, als ihr kleiner Sohn eben drei Jahre alt geworden war, einer damals umgehenden Volkskrankheit zum Opfer fiel.

Diesen letzten Abschnitt in dem Leben des Hausherrn

hatte Herr Willibald miterlebt und an den drei Personen, die unter einem Dach mit ihm wohnten, seiner menschenfreundlichen Natur nach einen warmen und hilfreichen Anteil genommen. Sein Mitgefühl für die junge Frau übertrug er dann auf das verwaiste Knäbchen, und wer ihn nach dem Begräbnis der Mutter unten in dem Zimmer traf, wo das Bett des Kleinen stand, und der Großvater, bei seinen sechsundfünfzig Jahren schon stark ergraut, sich unbeholfen mit der Wartung des Kindes abmühte, hätte kaum bezweifelt, daß der kleine hochschultrige Mann mit der feinen hellen Stimme, der mit dem Bübchen stundenlang plauderte, ihm sein Essen gab und es endlich zu Bett brachte, der rechte Vater sei.

Er selbst hatte zwei Zimmer des oberen Stockwerks inne, ein dreifenstriges, das die ganze Vorderseite des Hauses einnahm und in welchem sein Klavier, sein Arbeitstisch und ein mit verblichenem Kattun überzogenes Sofa stand, und daran anstoßend ein kleineres Gemach, worin er schlief. Diesem gegenüber, durch einen halbdunklen Flur getrennt, lag ein ebenso großes Gemach, an das eine kleine Küche stieß, beide damals leer und verschlossen, bis vor anderthalb Jahren sich eine Mieterin auch für dieses höchst dürftige Quartier einfand, unser wohlbekanntes Frosinchen. Der mürrische Hausherr, der seit dem Tode der Stieftochter immer menschenfeindlicher geworden war, sich dem Trunke ergeben und damit ein altes Brustleiden genährt hatte, wollte das hübsche junge Fräulein zuerst nicht in sein ehrbares Haus aufnehmen. Er gab ihr unzweideutig zu erkennen, daß er sie nicht für genügend tugendhaft halte, um seiner Hausherrnreputation nicht zu schaden. Das blasse, sehr einfach gekleidete Mädchen hatte mit kaum zurückgehaltenen Tränen beteuert, sie habe durchaus keinen „Anhang“, sie arbeite in dem Putzgeschäft des Fräulein N. N., wo man sich nach ihrer Moral erkundigen könne, und wenn jemals ein Herrenbesuch über ihre Schwelle komme, wolle sie sich's gefallen lassen, Knall und Fall aus dem Hause gejagt zu werden.

Das alles brachte sie in so demütigem Tone vor und blickte dabei mit so lieblicher Freundlichkeit auf den kleinen Hansel, der ihr ein Händchen gegeben und ihre Hand nicht wieder loslassen wollte, daß der bärbeißige Milchmann sich schon halb besänftigt fühlte. Zum Überfluß kam Herr Willibald während der Verhandlung dazu und wußte seinen Mietsherrn zu bewegen, mit dem guten Geschöpf, dem man eine harte Lebensschule im Gesichte ansah, wenigstens einen Versuch zu machen.

Noch am selben Abend bezog das Frosinchen das leere Zimmer im oberen Stock, und die Küche wurde ihr gleichfalls zur Verfügung gestellt.

Dabei hielt sie nicht nur gewissenhaft ihr Gelübde, keinen Männerfuß je über ihre Schwelle zu lassen, sondern es klopfte auch kein weiblicher Finger jemals an ihre Tür, da sie nach Freundinnenumgang nicht das geringste Verlangen zu tragen schien. Denn auch an Sonn- und Feiertagen, wenn sie in der Frühe ihren Kirchgang gemacht hatte, hielt sie sich einsam zu Hause; niemand wußte, was sie dann anfing, um die langen Stunden hinzubringen. Es konnte nicht die Armut sein, was sie zu diesem einsiedlerischen Einsitzen bewog. Sie war eine sehr geschickte, gut bezahlte Arbeiterin, und nach und nach schmückte sie auch ihr Stübchen mit allerlei bescheidenem Kram, frischen weißen Vorhängen, einer Tischdecke und einem billigen Ölfarbendruck, eine einsame Jungfrau in himmelblauem altdeutschen Gewande mitten in einer saftgrünen Wiese darstellend, den ihr ein herumziehender Bilderhändler aufgeschwatzt hatte. Von diesen Herrlichkeiten hatten jedoch selbst ihre Hausgenossen nur eine dunkle Ahnung. Der Milchmann, der an der Wassersucht litt, bemühte sich nie die steile Holztreppe hinauf, und Herr Willibald konnte nur selten einmal einen Späherblick in das Zimmer seiner Nachbarin werfen, wenn sich ihre Tür zufällig in demselben Augenblick wie die seinige öffnete. Da er aber gute Augen hatte und überdies ein gutes Gemüt, das an dem geheimnisvollen Wesen und Weben dieses im Schatten blühenden jungen Geschöpfes einen immer wachsenden Anteil nahm, entging es ihm nicht, daß sein Gegenüber trotz der strengen Arbeit und dürftigen Mahlzeiten nach und nach eine frischere Farbe auf den Wangen bekam und sogar – freilich selten genug – ein Lächeln auf den Lippen, die sich unverkennbar zu röten anfingen.

Diese Wunder bewirkte kein Geringerer als der kleine Hansel. Von der ersten Stunde an hatte er sein mutterloses Herz an die neue Hausgenossin gehängt, die freilich für die mancherlei Bedürfnisse eines so jungen Kindes ein feineres Verständnis hatte als selbst der gütige Onkel Willibald. Daß ihre Tagesarbeit Tante Frosinchen so lange in Anspruch nahm, trug nur dazu bei, die zärtliche Hingebung des kleinen Burschen an seine Freundin zu steigern, da er den ganzen Tag bis zum Feierabend auf sie zu warten hatte. Kaum aber betrat sie das Vorgärtchen, so rannte er ihr unaufhaltsam entgegen, und es verstand sich von selbst, daß sie ihn auf den Arm nahm, küßte und die Stiege hinauftrug. Da verlangte er nichts Besseres, als um sie herumzutrippeln, wenn sie ihre Lampe anzündete, sich in ein Hausjäckchen steckte und den Suppentopf auf dem Herde zurichtete. Beim Essen hockte er dann auf einem Schemel ihr gegenüber, ließ sich hin und wieder ein

Bröckchen in den Mund stecken und plauderte mit ihr in seinem Kauderwelsch, von dem sie besser als Onkel Willibald jede Silbe verstand.

Dieser, der trotz seiner Gutherzigkeit sich einer gewissen Eifersucht nicht erwehren konnte, hätte gern dann und wann in der Küche drüben sich zu Gaste geladen. Aber die unverbrüchliche Hausregel wurde auch auf ihn angewandt. Die Tür blieb ihm versperrt, er konnte nur, wenn das Frosinchen den Kleinen zu Bett brachte, wie zufällig aus seinem Schlafzimmer tretend, ihr im Flur begegnen und dort mit kluger Behutsamkeit sie durch ein Gespräch zu fesseln suchen. Das gelang ihm auch in der Regel so gut, daß sie oft den Kleinen auf ein im Flur stehendes altes Tischchen setzte und sich daneben auf dem ausgemusterten Rohrstuhl niederließ, um die anziehenden Reden des von ihr scheu verehrten Hausgenossen behaglicher zu genießen. Es kam wohl vor, daß Hansel, der noch durchaus nicht so bildungsbedürftig war wie sie, darüber einschlief. Dann lehnte sie seinen kleinen Blondkopf an ihre Schulter, umfing ihn mit dem Arm und horchte nun um so andächtiger auf alles, was Herr Willibald ihr erzählte.

Es waren keine „Staats- und gelehrten Sachen", mit denen er sie unterhielt, auch nur selten Stadtgeschichten oder was sich in den Nachbarhäusern etwa ereignet hatte. Auch nach ihrem früheren Leben und ihren Verhältnissen fragte er nie mehr, nachdem sie ihm einmal mit einer fliegenden Röte auf den Wangen gesagt hatte, sie habe kein Glück in der Welt gekannt und wolle nichts anderes, als in aller Stille so fortleben.

„Wo werden wir ihm denn aber aufbauen?" sagte Herr Willibald, während sie jetzt auf das dunkle Haus zugingen. „Vorige Weihnachten bescherten wir ihm ja unten beim Großpapa. Sie entsinnen sich noch, Fräulein Frosinchen, wie ungemütlich es war. Der Alte, der wieder halb umnebelt war, knurrte uns an, als ob wir zum Stehlen, nicht zum Bringen bei ihm eingebrochen waren. Seit ihm die Beine angeschwollen sind und er sein Geschäft hat aufgeben müssen, kommt er sich vor, als müsse er noch einmal sitzen, und die alte Zuchthäuslerstimmung ist wieder in ihm aufgewacht. Damals war zum Glück noch die Kathi bei ihm, das gute dicke Trampeltier, das ja auch Hansels Mutter bis zum Tode gepflegt und den Kleinen so treu versorgt hat. Seitdem er die in einem seiner Wutanfälle mißhandelt und weggejagt hat, hat's ja keine ordentliche Person mehr bei ihm ausgehalten. Denn das fahrige junge Ding, die Loni – nun, Sie kennen sie ja – zu ihren anderen Tugenden hat sie noch eine starke Neigung zu allem Süßen. Denken Sie, von dem Kuchen, den ich neulich dem Hansel mitbrachte, hat das arme Kerlchen kaum die Hälfte zu essen gekriegt – er hat mir's selbst geklagt –, und Ihre schönen Tüten würden den zweiten Feiertag wohl nicht mehr erleben, wenn Sie sie unten ließen. Es wäre vielleicht das beste", setzte er zögernd hinzu, „wir zündeten das Bäumchen, das ich gestern besorgt, in Ihrem Zimmer an. Da hätten Sie die Bescherung immer im Auge."

„Nein, nein, Herr Willibald", erwiderte sie eifrig und errötete, so daß er es selbst unterm Schleier und bei dem schwachen Laternenlicht der einsamen Straße sehen konnte. „Bei mir ist's unmöglich. Sie wissen ja –"

„Wegen der Hausordnung? Nun, die brauchte ich ja nicht zu verletzen. Sie ließen nur die Türe offen, ich stellte mir einen Stuhl vor die Schwelle und betrachtete mir die Herrlichkeit ganz gemütlich von außen, wie Moses vom Berg in das Gelobte Land schaute. Oder wollen Sie lieber mir die Ehre geben? Am Heiligabend und in Hansels Gesellschaft machen Sie wohl mal eine Ausnahme."

Sie bedachte sich einen Augenblick. „Das beste wird sein", sagte sie dann rasch, „wir machen's im Flur; das Bäumchen wird auf den Tisch gestellt, das andere legen wir drum herum, und über das Schaukelpferd hängen wir ein Tuch, daß es ihm erst gar nicht in die Augen fällt, bis er sich an den anderen Sachen satt gefreut hat, dann gibt's noch erst die größte Überraschung. Meinen Sie nicht auch?"

„Sie haben recht", sagte er. „Das Richtige liegt auch diesmal genau in der Mitte. Es ist ein bißchen klamm im Flur, aber der Hansel wird sich warmfreuen und wir mit ihm; und wenn wir in beiden Zimmern brav heizen und die Türen auflassen, bringen wir's wohl auch draußen bis auf zehn Grad. Erst müssen Sie natürlich soupieren. Ich putze indessen den Baum."

„Ich koche heute nicht", versetzte sie. „Ich habe schon in der Stadt zu Mittag gegessen, damit es für die Bescherung nicht zu spät würde. Es kann gleich angehen. Und da sind wir ja endlich."

Sie standen wirklich vor dem Häuschen, das mit seinen fünf schwarzen Fenstern sie unwirtlich genug anblickte. Mit einem Seufzer der Erlösung lud sich der kleine Mann, nachdem er sich mühsam durch die enge Gittertür des Vorgärtchens gewunden, seine Last von den Schultern und trockenete sich die Stirn.

„Fräulein Frosinchen", sagte er, „Sie haben mich vorige Weihnachten gescholten, daß ich mir die Freiheit nahm, Ihnen eine ganz unbedeutende Kleinigkeit zu verehren. Ich habe Ihnen versprechen müssen, Ihnen nie wieder etwas zu schenken. Sie wußten, daß ich mir mein Leben sauer verdienen mußte. Aber die Verhältnisse haben sich geändert, ich bin ein gemachter Mann, also ein anderer, als der Ihnen jenes Versprechen gab. Daher halte ich mich für berechtigt, Ihnen heut zur Feier des Tages ein ganz lumpiges Präsent zu machen. Da –", und er holte etwas sorgfältig Eingewickeltes unter dem Mantel hervor, „– nehmen Sie dies geringe Andenken ohne Widerrede von mir an, als ein Zeichen meiner großen Hochachtung vor Ihnen, und halten Sie sich nur ja nicht damit auf, mir danken zu wollen. Wenn ich anfangen wollte, Ihnen zu sagen, wieviel ich, seit Sie im Hause sind, Ihnen schuldig geworden bin – und wie Ihre immer gleiche Freundlichkeit – ein einsamer Kauz, wie ich bin und bleiben werde – Sie erlassen mir das weitere – denn wirklich, es würde zu weit führen, wenn ich –"

„Oh, Herr Willibald", unterbrach ihn das Mädchen, das mit zitternder Hand das Paketchen hielt und in höchster Verwirrung vor sich niedersah – „nein, das ist zu viel, vielzuviel Güte, die ich gar nicht verdiene, und nun schäme ich mich erst recht! Denn was ich Ihnen zugedacht hatte, eine so ganz wertlose kleine Handarbeit – Sie sollten nur daraus sehen, daß ich kein undankbares Herz habe und alles, was Sie für mich getan haben – und wie Sie mich nicht zu gering achten, sich mit einer so einfältigen Person zu unterhalten über so viele schöne Gedanken – da nehmen Sie's, aber sehen Sie's erst an, wenn ich nicht dabei bin. Sie werden über meinen ungeschickten guten Willen doch nur die Achseln zucken."

Damit hatte sie ein kleines Päckchen in Seidenpapier aus der Tasche gezogen und drückte es ihm hastig in die Hand, indem sie zugleich auf die Haustür zuschritt.

„Liebes Frosinchen", sagte er, und seine Stimme klang leise und bewegt, „Sie sind – Sie haben das beste Herz von der Welt. Das Achselzucken ist meine Sache nicht, auch wenn die meinen nicht schon von Natur hoch genug wären. Wissen Sie, daß Sie mir die erste Weihnachtsfreude gemacht haben, die ich seit dem Tode meines guten Vaters erlebt habe? Ich danke Ihnen tausendmal. Und jetzt, nachdem wir beide uns hier unter freiem Himmel beschert haben, lassen Sie uns unserm Kleinen seinen Weihnachtsbaum anzünden."

Sie hatten sich die Hände gegeben und herzlich gedrückt. Dann öffnete Herr Willibald die unverschlossene Haustüre und trat, das Pferdchen unterm Arm, auf den Zehen in den dunklen Flur. „Wir müssen uns ganz sacht vorbeischleichen", flüsterte er ihr zu. „Er soll nichts von uns hören und sehen, bis der Aufbau fertig ist. Es rührt sich auch nichts in der Stube des Großpapas; der Alte scheint zu schlafen, und der Hansel ist am Ende auch eingenickt, da er sich langweilte, der arme Kerl. Von dem unnützen Ding, der Loni, natürlich keine Spur, die wird mit irgendeinem Schatz in die Stadt entwischt sein, sich die Läden zu beschauen. Um so besser; so sind wir ungestört. Aber Sie müssen mir wirklich helfen, den Pegasus die Stufen hinauf zu beflügeln. Die Stiege ist zu schmal, um ihn in der Quere zu tragen."

Sie hatte schon Hand angelegt, und so schlichen sie, das Pferdchen zwischen sich in der Schwebe haltend, durch das kalte, dunkle Haus die steile Treppe hinauf und setzten es oben leise nieder. Da ließen sie es stehen, und jeder ging in seine Wohnung, die Tür hinter sich zuziehend.

Sobald sie aber allein waren, zündeten sie eilig ihr Lämpchen an und schälten die Angebinde, die sie voneinander empfangen, aus der Verpackung heraus. Herr Willibald hielt ein ledernes Brieftäschchen in der Hand, in dessen Innenseite sich eine zierliche Stickerei aus Seiden- und

Goldfäden befand, einen Kranz von Lorbeer- und Eichenblättern darstellend, der um eine goldene Lyra geschlungen war. Die schmalen Finger Frosinchens hatten manchen langen Sonntag zu tun gehabt, bis sie das kleine Kunstwerk zustande gebracht. Sie aber fand eine kleine Schachtel, in welcher auf rosafarbener Baumwolle eine zierliche Granatbrosche lag. Hinter derselben war eine flache Glaskapsel angebracht, die ein Miniaturhaarlöckchen einschloß, und ein Zettel lag in der Schachtel mit der Aufschrift: „Der treuen Pflegemama von ihrem kleinen Hansel zum Andenken."

Der hinterlistige Freund hatte dieses einfache Schmuckstück schon vor seiner Anstellung besorgt, also noch bevor er ein „gemachter Mann" geworden war, und hatte den Bruch seines Versprechens, ihr nichts zu schenken, damit beschönigen wollen, daß er es im Namen des Kleinen ihr in die Hände spielte. Denn es war ihm aufgefallen, daß sie nie auch nur den bescheidensten Goldzierat, wie ihn jede Magd sich gönnen darf, an ihrem Kleide oder an den feinen Handgelenken trug, und als er sie einmal darum befragt, hatte sie verlegen geantwortet, sie habe einmal all ihr bißchen Schmuck verkaufen müssen und seitdem immer nötigere Ausgaben gehabt. Jetzt aber war sie so freudig bestürzt über das Kleinod, das in seiner Einfachheit wirklich sehr hübsch war, daß sie ohne alle Nebengedanken sich wie ein Kind nur mit der Gabe beschäftigte und sogar den Geber einen Augenblick darüber vergaß. Geschwind trat sie vor ihren kleinen Spiegel, steckte sich die Nadel vor, lachte sich an, als sie sah, wie gut sie sie kleidete. Dann aber fiel ihr aufs Herz, daß sie sich noch gar nicht recht bedankt hatte, und sie öffnete ihre Tür, um den Nachbar ihre Freude sehen zu lassen. Da trat er zu gleicher Zeit aus seiner Kammer drüben, das Brieftäschchen in der Hand. „Es ist zu schön!“ riefen sie wie aus einem Munde und mußten über das Zusammentreffen lachen und näherten sich dann halb verlegen einander, um sich nochmals die Hand zu drücken, während jeder vergebens sich auf eine ausführlichere Dankrede besann, die nicht zustande kam.

„Wir sind aber schlechte Pflegeeltern!“ rief endlich der kleine Mann mit drolliger Heftigkeit. „Schämen sollten wir uns, daß wir großen Kinder über den eigenen Weihnachtsfreuden unseren Kleinen vergessen, der unten frieren und hungern wird, wenn er nicht drüber eingeschlafen ist. Geschwind, kleine Mama, stellen Sie Ihre Lampe dort auf den Kasten, und ich trage den Baum heraus. Die Lichter hab' ich schon aufgesteckt. Nun müssen wir noch die Äpfel und Nüsse anhängen.“

Das ging hurtig genug vonstatten, da das Frosinchen nur solche Nüsse gekauft hatte, in denen bereits ein mit einer Schleife versehenes Hölzchen steckte. Während er die kleinen goldenen Kügelchen zwischen den Tannenzweigen befestigte, versah sie die Äpfel, die gleichfalls auf der einen Backe einen schönen Flecken von Goldschaum trugen, mit Fäden am Stengel und legte einen nach dem andern ihrem Gefährten hin, der die Dekoration im Ganzen besorgte. Dabei wechselten sie nicht das leiseste Wort. Nur manchmal berührten sich in der Hast der Arbeit ihre Hände, und hin und wieder flog ein vertrauter Blick herüber und hinüber, voll heimlicher Vorfreude auf das kleine Fest, das sie bereiteten.

Nun stand der Baum in seiner vollen Glorie fertig da. Über den alten Tisch hatte sie ein weißes Tuch gebreitet, auf welches sie jetzt die Näschereien legte; zur Linken das Bilderbuch und die Peitsche, rechts auf den Rohrstuhl das Kleid, das sie gefertigt hatte. Auf der anderen Seite,

dem Sessel gegenüber, mit Herrn Willibalds Radmantel zugedeckt, stand das Hauptstück, das Schaukelpferd, das erst zuletzt enthüllt werden sollte.

„So!“ sagte der kleine Mann mit unverhohlener Befriedigung. „Nun macht sich's wunderschön, nun kann's losgehen. Während Sie jetzt den jungen Herrn heraufholen, werde ich die Lichter anzünden. Den Abend, denk' ich, beschließen wir mit einem feierlichen Tee, in welchen ich mir ausnahmsweise ein bißchen Rum gießen werde. Ich habe mir alles Nötige von der Loni besorgen lassen. Sie werden sich nicht weigern, Frosinchen, auf diesem neutralen Boden heut abend mein Gast zu sein und den Weihnachtspunsch zu kosten.“

Sie nickte ihm lächelnd zu, und er sah ihr nach, wie sie mit geröteten Wangen die Treppe hinunterhuschte. Ein schwerer Seufzer hob seine eingeengte Brust. Er fuhr sich mit der Hand über die Augen, als ob er ein lockendes, aber gefährliches Traumbild verscheuchen wollte. Dann ging er langsam in sein Zimmerchen, warf ein paar Schaufeln Kohlen in die Ofenglut und holte seinen Handleuchter, um die Lichter am Baum damit anzuzünden. Als er in den Flur zurückkehrte, war seine Haltung müde und gedrückt. Er stellte den Leuchter zwischen die süße Bescherung, als hätte er ganz vergessen, zu welchem Zweck er ihn brauchen wollte. In tiefen Gedanken starrte er zwischen die dunklen Zweige und brach hie und da mechanisch eine trockene Nadel ab. Dann zog er das Brieftäschchen wieder heraus, besah es von außen und innen mit großem Ernst, seufzte abermals und steckte den Schatz wieder ein.

„Nein", sagte er vor sich hin. „Nur keine Schwäche, keine Täuschung! Eine Torheit wär's – und ein Verbrechen obendrein! Freilich, sie zu überrumpeln, daß sie in ihrer Engelsgüte an nichts dächte, als was sie mir damit für ein Glück bereitete – eine Hexerei wär's nicht, aber ein Schurkenstreich. Was weiß sie denn von sich selbst, vom Leben, von den Männern! Sie ist nicht vergnügt, weil sie arm ist, und hat vielleicht einmal einen nicht kriegen können, in den sie sich verliebt hatte. Oder 's ist das Heimweh nach ihrer Mutter. Wenn aber einmal einer kommt, der ihr bestimmt ist und bei dem sie nicht brauchte eine krumme Fünf gerade sein zu lassen, wie bei mir, und sie wäre festgebunden – ich müßte mir ja die Haare ausraufen über meine Torheit, daß ich einmal geglaubt so einer wie ich könnte es am Ende auch so gut haben wie andere, die nicht auf Apfelbäume gestiegen sind. – Nein!

Die Zähne zusammengebissen und ausgehalten! Es gibt noch ärmere Schächer unter uns Junggesellen!"

Nachdem er diesen tapferen Monolog gehalten – nicht bloß innerlich, sondern für feine Ohren ganz vernehmlich, da er in seiner Einsamkeit sich gewöhnt hatte, zuweilen mit sich selbst zu plaudern, besann er sich auf seine nächste Pflicht, die Lichter anzuzünden, und griff eben nach dem Leuchter; da hörte er unten im dunklen Hausgang seinen Namen rufen.

Es war Frosinchens Stimme, nur halblaut, aber mit einem Ton des Entsetzens, der ihm durch Mark und Bein ging.

Im Nu war er an der Treppe.

„Was haben Sie, Kind? Was ist geschehen?" rief er hinunter. „O bitte, Herr Willibald, kommen Sie, ich bin zu Tod erschrocken – bringen Sie das Licht mit. – O mein Gott!"

Er stürzte die Stufen hinunter, der Luftzug wehte ihm die Kerze aus, unten im dunklen Hausgang stand das Mädchen; wie totenbleich sie war, konnte er nicht erkennen, aber ihre Hand, die sich wie Schutz suchend nach ihm ausstreckte, zitterte stark.

„Um Gottes willen, was ist Ihnen begegnet?" flüsterte er. „Haben Sie ein Gespenst gesehen?"

Statt aller Antwort zog sie ihn fort nach einer Tür, die halb offen stand. Aber sie trat nicht über die Schwelle. „Da, da!" hauchte sie und wies mit der Hand nach dem offenen Fenster, durch das von der Straßenlaterne ein schwacher Lichtschein fiel. Neben dem Fenster stand der Großvaterstuhl des Alten, in welchem, seit die geschwollenen Füße ihm das Herumschlurfen selbst im Hause zur Qual machten, der graue Sünder trinkend und stöhnend, fluchend und auf Gott und Menschen lästernd seinen Tag verbrachte. Er war schon lange nicht mehr in sein Bett gekommen, da im Liegen ihm das Atmen noch größere Not machte. Auch jetzt saß er da, die Knie mit einer groben Pferdedecke umwickelt, den Kopf aber, mit offenem Munde und halbgeschlossenen Augen, aus denen nur das Weiße vorschimmerte, gegen die Lehne des alten Großvaterstuhls zurückgesunken, die Hände mit ausgespreizten Fingern von sich gestreckt, auf den Armlehnen ruhend. Auf seinem Schoß aber, den kleinen lockigen Kopf an die eingesunkene Brust des Großvaters gedrückt, lag sein Enkelkind, in einem dünnen Nachtröckchen, aus dem die bloßen Beinchen hervorkamen, ein angebissenes Stück Brot in der kleinen Faust, schlafend, aber im Schlummer leise zitternd, da ihn die eisige Nachtluft überschauerte.

Nur einen Augenblick stand Herr Willibald, vom Schrecken übermannt, regungslos vor der unheimlichen Gruppe. Dann beugte er sich über das schlafende Knäbchen, hob es sorglich von seinem kalten Sitz und drückte es gegen seine Brust.

„Rasch eine Decke!“ raunte er dem Mädchen zu, das sich jetzt ebenfalls hereingewagt hatte und mit leisem Jammern hinter ihm stand. „Er ist kalt wie ein Frosch. Noch eine halbe Stunde, und Gott weiß, ob ihm noch einmal die Augen aufgetaut wären.“

Sie lief nach dem kleinen Bett, das im Winkel des kahlen, verwahrlosten Zimmers stand, und holte eilig die wollene Decke, unter der das Kind zu liegen pflegte. „So armer Schelm!“ sagte der kleine Mann, indem er die weiche Hülle um die erstarrten Gliederchen wickelte, „nun wirst du besser schlafen. Das gottsträfliche Ding, die Loni! Um nur wegzukommen zu ihrem leichtfertigen Pläsier, hat sie das Bübchen vorzeitig zu Bette gebracht – da sehen Sie, sein Stück Brot hat er kaum angebissen – und wie es ganz finster wurde und der alte Mann zu röcheln anfing – denn es ist kein Zweifel, der Schlag hat ihn schon vor einer Stunde getroffen – da hat's der Kleine vor Angst nicht länger im Bett ausgehalten, ist herausgekrochen und dem Großpapa auf den Schoß, daß der mit ihm plaudern sollte, und wie er keine Antwort bekam, hat er sich endlich frierend und hungernd in den Schlaf geweint. Sehen Sie, wie ihm die blanken Tropfen noch an den Wimpern hängen, halb zu Eis erstarrt! Armes, verwaistes Menschenkind! Du sollst dich nie wieder so jämmerlich verlassen fühlen!"

Er hielt den eingewickelten Knaben fest an sich gedrückt und küßte ihm die bläulich überhauchten Wangen. Das Kind regte sich ein wenig, hielt aber die Augen noch fest geschlossen.

„Oh, Herr Willibald", flüsterte das Mädchen, „ist der alte Mann denn wirklich tot?"

„Soviel ich mich darauf verstehe, wird er aus der Flasche dort auf dem Fenstersims nie mehr einen Tropfen trinken. Aber Sie erinnern mich mit Recht, liebes Kind. Es wäre zwar für niemand ein Glück und für ihn selbst das größte Unglück, wenn er noch einmal aufwachte und noch eine Henkersfrist zu überstehen hätte. Indessen muß ich doch einen Arzt holen. Wir bekämen sonst Geschichten mit der Polizei. Da, nehmen Sie unser Kind und tragen es hinauf und bringen es droben zu Bett. In meinem Vorderzimmer ist geheizt; ich dachte, Ihnen heut abend etwas vorzuspielen: Vom Himmel hoch, da komm' ich her' und andere schöne Weihnachtslieder. Damit ist's nun nichts. Aber die Stube ist warm, und auf dem Sofa drinnen kann der Hansel schlafen, wir stellen ein paar Stühle vor. Armer Schelm! Nun ist er heut um seine Bescherung gekommen. Denn wenn er auch noch zu jung ist, um die Feierlichkeit des Todes zu verstehen, und von dem Großpapa nicht viel Zärtlichkeit erlebt hat – in einem Haus, wo eben ein Mensch den letzten Seufzer ausgehaucht hat, kann man doch keinen Weihnachtsbaum anzünden und Schaukelpferde in Galopp setzen. Wenn der Alte begraben ist, holen wir's nach. Sollte das Kind aufwachen, so können Sie ihm erst eine Tasse Tee geben und dann einen Apfel und einen Pfefferkuchen, damit er wenigstens weiß, daß auch für ihn Heiligabend ist. Aber erst zu Bett, geschwinde! Soll ich Ihnen helfen?"

„Aber Herr Willibald! Wie oft hab' ich ihn die Treppe hinaufgetragen! Soll ich ihn aber nicht lieber gleich in mein Bett legen?"

„Sie werden die Güte haben, Fräulein Eufrosine, pünktlich nach meinen Anordnungen zu verfahren. Ihre Schwelle, wissen Sie wohl, darf ich nicht betreten, wenn auch unser neuer Hausherr, den Sie da im Arm halten, Ihnen darum nicht kündigen würde wie sein Vorgänger und Vorfahr, wenn Sie jetzt Herrenbesuche empfingen. Ich muß aber durchaus in der Lage sein, im Wachen und Schlafen nach ihm zu sehen, und will mich in dieser Pflicht nicht genieren lassen, wenn ich Ihnen auch für eine freundliche Unterstützung dabei dankbar sein werde. Jetzt vor allen Dingen – aber da hör' ich die ungetreue Dienerin sich ins Haus einschleichen, die soll nun nach dem Doktor springen, während ich unten Wache halte und Sie oben für die Nachtruhe des jungen Herrn sorgen. Sputen Sie sich, liebes Frosinchen! Sie finden alles zum Tee Nötige auf meinem Tische."

Damit trieb er das Mädchen hinaus und ging der Magd entgegen, der ihr böses Gewissen geraten hatte, sich, so heimlich sie konnte, in ihre Kammer zu flüchten.

Nach einer halben Stunde stieg Herr Willibald die Hühnerstiege, wie er sie nannte, wieder hinauf und trat, auf den Zehen gehend, um das Kind nicht zu wecken, in sein Stübchen, jenes, das Frosinchens Zimmer gegenüberlag, und in welchem man sich zwischen dem Bett, dem Kleiderschrank und Schreibtisch kaum herumdrehen konnte. Er fand die junge Nachbarin, die noch immer blaß aussah und einen Schimmer von Feuchte um die Augen hatte, an seinem Arbeitstische, der heute abgeräumt war, mit dem Teemachen beschäftigt. „Er schläft noch immer?" fragte er. – Sie nickte bejahend. – „Um so besser! Unten ist auch alles still. Der Doktor hat einen Gehirn- oder Herzschlag konstatiert. An beiden Hauptsitzen des Lebens war's bei dem Alten nicht mehr richtig. Wir haben ihn dann auf sein Bett getragen, da es nicht wohl angeht, ihn so rechtwinklig in die Grube fahren zu lassen, und bis morgen, wo die Seelnonne bestellt wird, ist nun nichts mehr zu tun. Aber lassen Sie mich jetzt meinen Jungen sehen. Es ist doch Licht drinnen?"

Sie nickte wieder und folgte ihm in das dreifenstrige Vorderzimmer, wo das Pianino stand und die besseren Möbel, die noch aus der reichlichen ersten Zeit des Einwohners herstammten. Die Lampe war hinter das Kopfende des Schlafenden gestellt, doch war deutlich zu sehen, daß das runde Gesichtchen wieder in gesunder Röte atmete.

Sie standen beide eine Weile still hinter der Verschanzung der beiden Stühle und horchten auf den leichten Atem des Schlummernden. Dann ergriff Herr Willibald die Lampe und beleuchtete vorsichtig von der Seite den Kopf des Kindes.

„Sehen Sie, Frosinchen", flüsterte er, „er hat auch nicht einen Zug vom Großpapa, sondern sieht seiner guten

Mutter gleich. Er wird sich nie an einem Förster vergreifen, und wenn er, was ich nicht hoffe, sich zum Geschäft des Milchmanns berufen fühlen sollte, wird er doch nie so sündhaft viel Wasser in die Milch schütten, wie sein nunmehr in Gott ruhender Ahne leider zu tun pflegte. Ich werde Freude an ihm erleben und nicht so einsam aus dieser Welt gehen, wie ich mir immer mein Schicksal vorgestellt hatte."

„Glauben Sie, Herr Willibald, daß man Ihnen den Hansel lassen wird? Es soll noch ein Onkel oder Großonkel von ihm leben?"

„Der wird froh sein, wenn jemand die Güte haben will, ihm diese Sorge abzunehmen. Sobald der Alte beerdigt ist, werde ich die nötigen Schritte tun, den Knaben rechtskräftig zu adoptieren. Sie scheinen irgendwelche Zweifel zu haben, Fräulein Eufrosine, daß ich recht und gut daran tue. Sagen Sie nur frisch von der Leber weg, was Sie dabei Bedenkliches finden."

Er stellte die Lampe weg, beugte sich dann zu dem Knaben hinab und küßte ihn leise auf die Stirn. Dann legte er die Hände auf den Rücken und ging sacht im Zimmer auf und ab, als ob er eine längere Rede des Mädchens erwartete.

Sie stand aber ganz still neben dem Sofa und betrachtete das Kind. Und erst nach einer ganzen Weile sagte sie, kaum hörbar: „Er wird einen guten Vater an Ihnen haben. Aber doch keine Mutter."

Herr Willibald blieb stehen.

„Keine Mutter?" sagte er mit unsicherer Stimme. „Was meinen Sie damit? Die Loni freilich, auch wenn ich sie behalten wollte nach dem, wie sie sich heute aufgeführt hat – mütterliche Qualitäten besitzt sie nur im allergeringsten Maße. Aber Sie, Fräulein Frosinchen, haben Sie nicht bisher bei dem kleinen Burschen ein bißchen Mutterstelle vertreten, und könnten Sie Ihre Hand von ihm abziehen, jetzt, da er's noch viel nötiger brauchte?"

Wieder schwieg sie eine Weile. Dann beugte sie sich auf den kleinen Kopf herab und streichelte ihm sanft das Haar. „O ich –!" stammelte sie. „Ich kann ja nicht im Hause bleiben!"

„Warum nicht, Fräulein Frosinchen?"

„Ich – es würde doch – nein wirklich, es würde nicht gehen. Und Sie werden nun gewiß heiraten, schon um nicht allein für den Hansel sorgen zu müssen. Da hätten Sie keinen Platz im Hause, wenn ich bliebe."

Sie bückte sich jetzt noch tiefer auf das Bett und steckte die Decke fester, die dem Knaben von der Brust gefallen war. Da hörte sie Herrn Willibald dicht hinter sich sprechen: „Sind Sie bei Trost, Kind? Kommen Sie! Sehen Sie mir einmal ins Gesicht und sagen Sie mir, ob das Ihr Ernst ist. Aber nein, wir wecken den Kleinen auf mit unserm Schwatzen. Gehen wir ins andere Zimmer. Sie müssen mir eine Tasse Tee geben. Ich bin ganz verlechzt. Solch ein Unsinn! Und Sie sind sonst ein so kluges Mädchen."

Er ging auf den Zehen in sein Schlafstübchen, und sie schlich mit gesenktem Kopf hinter ihm drein. Aber während sie sich mit dem Tee zu schaffen machte, trieb ihn ein rastloser Geist hin und her, in den Flur hinaus, wo im Dunkel die Lebkuchen und der Tannenbaum dufteten, an die Stiege, wieder ins Zimmer zurück, immer die Hände auf dem Rücken, und auch die Tasse, die ihm seine stille Nachbarin eingeschenkt, berührte er nicht.

Sie war auf einen Stuhl neben dem Teetischchen gesunken und starrte vor sich hin.

„Frosinchen", sagte er jetzt und blieb vor ihr stehen,

„ich habe Ihnen erklärt, daß und weshalb ich nicht heiraten will. Können Sie im Ernst glauben, was ein Mädchen nicht für meine schönen Augen tun möchte, würde sie jetzt lieber tun, da ich gleich einen vierjährigen Sohn in die Ehe mitbrächte? Aber ich wiederhole Ihnen: Eine, der es überhaupt nur ums Heiraten zu tun wäre – so wenig ich dazu berechtigt bin, mir auf meine persönlichen Vorzüge etwas einzubilden – eine solche zu nehmen, wäre ich zu anspruchsvoll. Wenn es nicht die Beste wäre – mit der ersten nähme ich nicht vorlieb."

„Warum soll es nicht die Beste sein?" kam es nun ganz schüchtern von ihren Lippen. „Ein Mann, wie Sie, der so gescheit ist und so viel Bildung hat und so ein gütiges Herz – jedes Mädchen müßte ja stolz sein."

„Sie scheinen Ihr Geschlecht nicht zu kennen, Frosinchen. Der windigste Patron, wenn er seine geraden Glieder hat und ein recht keckes Lachen unterm Schnurrbart oder gar in zweierlei Tuch steckt, ein nichtsnutziger Schwerenöter, der nichts weiß und kann, als Weibern den Kopf zu verdrehen, lassen Sie den sich neben mich stellen, und das beste Mädchen greift blindlings nach ihm und macht mir einen spöttischen oder mitleidigen Knicks. Sehen Sie, Kind, Sie selbst, die Sie eine der Allerbesten sind und meine gute Freundin, sagen Sie ehrlich, wenn man Ihnen zumutete, einen Krüppel, dem die Gassenbuben nachlaufen, zum Manne zu nehmen, würden Sie das nicht für eine Beleidigung halten?"

Sie schauerte in sich zusammen und senkte das runde Kinn tiefer auf die Brust. „O ich!" hauchte sie wieder, „von mir kann ja überhaupt nicht die Rede sein."

„Warum kann von Ihnen nicht die Rede sein, Frosinchen? Weil Sie ein stolzes Mädchen sind, das sich lieber hart durchs Leben schlagen will, als um Gottes willen einem Krüppel Ihre Hand geben, den Sie zwar achten, aber nicht lieben können, nur um, was man so nennt, versorgt zu sein? Ich nehme Ihnen das wahrhaftig nicht übel, vielmehr, ich schätze Sie nur höher deswegen. Aber sehen Sie nun wohl, genauso wie Ihnen geht es all denen, die ich mir allenfalls zur Frau wünschen könnte. Und wenn Sie daher nur fortfahren wollen, mir ein wenig gut zu sein und den Kleinen lieb zu behalten – daß böse Zungen darüber schwatzen könnten, darf uns nicht kümmern, und ich, ich verspreche Ihnen feierlich: nie werde ich Ihnen so verfängliche Fragen stellen. Ich werde es still für mich behalten, daß ich Sie – daß Sie mich unendlich glücklich machen durch Ihre Liebenswürdigkeit, und werde immer besser lernen, unsinnige Wünsche zu ersticken, und wenn Sie nur so lange es noch mit mir aushalten, bis wir unsern Jungen aus dem gröbsten heraus haben, daß wir ihn in die Schule schicken können, und es findet sich dann einer, der Ihnen gefällt und Ihrer wert ist – ich – ich versichere Sie, ich werde mich aufrichtig zu freuen suchen und – aber entschuldigen Sie – ich glaube, der Hansel rührt sich drinnen – ich muß nur einmal –“

Er hatte sich mit großer Mühe bezwungen, daß ihm die Stimme bei den letzten Worten nicht versagte, und verließ jetzt eilig das Zimmer. Als er nach einer ziemlich langen Zeit wieder hereintrat, war der Stuhl beim Teetisch leer, auch im Flur kein Frosinchen zu entdecken und die Tür drüben, die den ganzen Abend offen geblieben war, verschlossen.

Das Holzwerk in dem alten Häuschen war aber nicht so dicht gefugt, daß nicht durch die Kammertür drüben ein schmaler Lichtstreifen in den Flur gedrungen wäre, an welchem Herr Willibald erkannte, das geflüchtete Mädchen habe gar nicht daran gedacht, zu Bett zu gehen, sondern diesen aufregenden, für eine fröhliche Weihnacht so wenig geeigneten Gesprächen sich nur entziehen wollen. Nach dem ersten unmutigen Gefühl ergab er sich auch darein und fand ihr Betragen heute wie immer sehr schicklich. Was konnte dabei herauskommen, daß sie nach diesen seltsamen Bekenntnissen noch zusammen aufblieben, zumal der Hansel keine Miene machte, aufzuwachen? Mit stiller Resignation betrachtete er den verfrühten Aufbau, sah dann wieder nach dem Lichtstreifen an der Tür, hinter der kein Laut zu hören war, seufzte aus seiner engen, einsamen Brust heraus und begab sich dann auf den Zehen in sein Zimmer zurück, das ihm noch eben durch die hausmütterliche Gegenwart seiner Nachbarin so traulich geworden war und jetzt wieder unwohnlich und nüchtern erschien. Seine Seele lechzte nach Musik. Er öffnete leise das Instrument, setzte sich davor und begann, ganz sacht die Tasten berührend, jenes Weihnachtslied zu spielen, mit dem er so viel lauter und fröhlicher den Heiligen Abend zu verherrlichen gedacht hatte.

Als er die schöne alte Melodie ein paarmal durchgespielt hatte und sich zufällig umsah, erblickte er das Knäbchen, das aufgewacht war und auf seinem Lager aufgerichtet mit großen Augen zu ihm hinhorchte. Geschwind war er bei ihm, setzte sich auf einen der Stühle vor dem Sofa und umfing den kleinen Leib mit seinen Armen. Das Kind glaubte offenbar noch zu träumen, da es sich auf einem ungewohnten Lager fand, nicht im Zimmer des Großvaters, sondern Wärme und Helle ringsum, und nachdem es vollends zu sich gekommen war und sich hatte sagen lassen, es werde nun immer hier oben bei Onkel Willibald bleiben, der Großpapa sei fortgegangen und komme nicht wieder, fragte es mit sichtbarer Verstimmung, ob denn Tante Frosinchen nicht komme, die ihm ein Christkind versprochen habe. – Sie sei schon zu Bett gegangen, da sie geglaubt, der Hansel werde heut nicht mehr aufwachen, und das Christkind habe das auch geglaubt, aber noch etwas für den Hansel zurückgelassen, damit er vorläufig was zu naschen hätte. – Darauf holte der Pflegevater einen Pfefferkuchen und einen rotbackigen Apfel – der Lichtstreifen drüben war noch immer nicht erloschen – und setzte sich wieder zu dem Knaben, auf seine Fragen antwortend und sich immer daran freuend, wie glücklich die jungen Augen leuchteten, während er seinen Schmaus hielt und sich von den Herrlichkeiten, die seiner warteten, erzählen ließ. Herr Willibald gönnte sich's eigentlich nicht, dies allein mitanzusehen. Aber er konnte sich nicht überwinden, drüben an die Tür zu klopfen, die sich ihm so eigensinnig verschlossen hatte. Auch schüttelte er den Kopf, als Hansel aufstehen und zu Tante Frosinchen hinüber wollte, redete ihm zu, ein braver Junge zu sein und ruhig weiterzuschlafen, und als die Augen wieder kleiner wurden und der Lockenkopf sacht auf das Kissen zurücksank, ergriff er die Lampe und verließ damit das Zimmer.

Sein erster Blick fiel auf etwas Weißes, das nahe an der Schwelle lag: ein beschriebenes Blatt Papier, wohl von seinem Schreibtisch dorthin verzettelt. Als er es aber, ordentlich wie er war, aufhob und betrachtete – nein, das war nicht seine Schrift –, kleine Buchstaben einer etwas ungeübten Hand, vier ganze Seiten, unterschrieben: Eufrosine. Die Lampe zitterte ihm in der Hand, er stellte sie hastig auf den Tisch und setzte sich auf den Stuhl, von dem die Briefschreiberin so verstört aufgesprungen war. Sie mußte diese Epistel eben erst verfaßt und durch die Spalte, die auch an seiner Tür nicht fehlte, ihm ins Zimmer geschoben haben. Aber was hatte sie ihm zu schreiben, das sie ihm nicht zu sagen sich getraute?

Nun las er mit Herzkopfen das folgende:

„Hochgeehrter Herr Willibald!

Verzeihen Sie, daß ich Sie noch so spät schriftlich belästige, ich kann aber nicht bis morgen warten und könnte es Ihnen auch dann nicht mündlich sagen, ich würde kein Wort herausbringen, wenn Sie mich dabei ansähen. Ach Gott, es wird mir so schwer! Ich dachte, Sie würden es nie zu erfahren brauchen, denn wenn Sie es wissen, werden Sie nicht mehr so gut von mir denken wie bisher, und wenn es auch unverdient war, ich war so glücklich, wenn Sie mich manchmal Ihre kleine Freundin nannten; aber es war doch unrecht von mir, daß ich Ihre Güte und Freundlichkeit annahm, die ich nicht wert bin, und nun gar, was Sie mir soeben gesagt haben, ach, hochgeehrter Herr Willibald, es hat mich so tief beschämt, denn so etwas ist mir nie im Traum eingefallen, ich habe Sie immer so hoch verehrt, ich wunderte mich, wie Sie nur überhaupt mit einer so geringen, ungebildeten Person sich unterhalten mochten, auch wenn Sie sie für viel besser hielten, als sie ist. Daß Sie nun aber gar daran denken konnten, was Sie mir sagten und was ich noch immer gar nicht glauben kann – nein, Herr Willibald, es hat mich zu tief beschämt, wenn ich auch weiß, daß es mehr Ihr Mitleid war mit einem einsamen Mädchen, als – Sie wissen, was ich meine – und weil der Hansel doch eine mütterliche Pflege braucht, wenn er sich auch keinen besseren Vater wünschen könnte –, aber nein, es ist ganz unmöglich, Herr Willibald, und nicht, wie Sie glauben, weil man Sie nicht lieben könnte, das würde ja eine viel Bessere, Schönere und Gescheitere als ich tun müssen, wenn sie Sie kennte wie ich, denn Sie sind ja der Allerbeste und Gütigste und haben so hohe Gedanken und sind doch so wenig stolz, und mir ist immer, wenn ich mit Ihnen zusammen bin, als wäre ich selbst ein besserer Mensch, und fühlte mich immer so glücklich, daß ich kein anderes Glück mir vorstellen könnte, als es möchte immer so bleiben, und ich dürfte Ihnen zeigen, wie selig ich war, wenn Sie mir nur einmal die Hand gaben und mich freundlich anschauten. Ach Gott, das wird nun nie wieder so sein. Aber vorher muß es mir vom Herzen. Denn ich will lieber, daß Sie schlecht von mir denken, das heißt, so wie ich es verdiene, als daß Sie traurig werden, weil Sie glauben, ich wüßte das Glück, das Sie mir vorgehalten, nicht zu schätzen und Sie könnten überhaupt ein Mädchen nicht glücklich machen.

Ach, Herr Willibald, wie soll ich aber anfangen? Sie wissen ja, wie traurig ich war die erste Zeit, als ich hier im Hause wohnte, und daß Sie im Scherz sagten, ich müßte dafür sorgen, daß ich meinem Namen keine Schande machte, denn eigentlich sollte ich ja Frohsinnchen heißen. Das hätte nur zu mir gepaßt, solange ich noch ein ganz junges Schulkind war und meine gute Frau Pate noch lebte, die reiche Frau Baronin, bei der meine Mutter Kammerfrau gewesen war, bis sie meinen Vater, den Spenglermeister, heiratete, und wie ich auf die Welt kam, hielt mich die Frau Baronin über die Taufe, und ich bekam ihren Namen und ein schönes Patengeschenk, und auch hernach sorgte sie immer für mich, daß ich hübsche Kleidchen bekam, und als ich gefirmt wurde, schenkte sie mir die Uhr, die ich noch habe, und sagte, sie würde auch später etwas für mich tun, und dann mußte sie plötzlich sterben und nicht lange hernach auch mein guter Vater. Und weil es der Mutter nun hart ging, und sie hatte noch meine drei Geschwister durchzubringen, da bin ich in Dienst gegangen, kaum fünfzehn Jahre alt, als Kindermädchen, und kam in ein vornehmes Haus und lernte allerlei, und die gnädige Frau war mit mir zufrieden, und ich wurde eine Bonne und hatte einen leichten Dienst. Und wenn der gnädige Herr so brav gewesen wäre wie die gnädige Frau, wäre ich vielleicht noch da; aber sie wurde eifersüchtig, und ich mußte aus dem Haus; und dann kam ich hierher in die Stadt und trat in das Geschäft; aber ich hatte schwere Zeit und schlechten Verdienst und sonst noch – – Sie glaubten, als Sie mich kennenlernten, ich hätte nur den Kummer um meine Mutter, die damals so lange krank war und der ich nichts tun konnte, als ihr meinen halben Wochenlohn zu schicken. Nein, Herr Willibald, es war etwas viel Schlimmeres. Meine liebe Mutter hat der liebe Gott wieder gesund werden lassen, mir aber kann selbst der Allmächtige nicht helfen; denn was geschehen ist, kann auch der liebe Gott nicht ungeschehen machen. Und so muß es denn heraus: Ich habe vor drei Jahren ein Verhältnis gehabt, ich war ein dummes junges Ding damals, bildete mir was darauf ein, daß die Leute mich hübsch fanden, besonders Eduard, der noch dazu ein Maler war und es doch verstehen mußte; und er blieb ja auch auf der Straße stehen, als ich mal an ihm vorbeiging; und dann ging er mir nach und redete mich an, ob ich ihm nicht zu einem Bilde sitzen wollte, er müßte die Mutter Gottes malen und hätte kein Gesicht gefunden, das ihm besser dazu paßte, und so gottlose Reden mehr. Und ich war stolz und einfältig und glaubte ihm alles und kam in sein Atelier, und weil er selbst ein schöner Mensch war und sehr anständig schien und zuerst mich wie eine Prinzessin behandelte, war ich auch ganz sicher, bis ich endlich selbst bis über die Ohren in ihn verliebt war und alle guten Vorsätze und die Ermahnungen meiner armen Mutter vergaß und –

Nun wissen Sie's, Herr Willibald, und so bitterlich ich

jetzt weinen muß, weil mir zumut' ist, als hätt' ich mein eigenes Todesurteil unterschrieben, es ist mir jetzt doch leichter ums Herz, denn ich habe zu sehr gelitten, weil ich Sie die anderthalb Jahre immer betrogen habe, und Sie hielten mich für ein tugendhaftes Mädchen. Ich habe freilich, nachdem er mich verlassen hatte, die Sünde abzubüßen versucht und mir nicht das kleinste mehr zuschulden kommen lassen; und wie ich ihm späterhin zufällig wieder begegnet bin, habe ich, obwohl er wieder mit mir anbinden wollte, kein Wort zu ihm gesprochen, sondern von ihm weggeschaut wie von einem häßlichen Tier, denn damals kannte ich Sie schon, und so schön er war, mir kam er abscheulich vor, und alle Liebe in mir war ausgelöscht, daß ich nicht einmal begriff, wie ich ihn überhaupt hatte liebhaben können. Aber das hilft alles nichts, den Flecken auf meiner Ehre und auf meinem Gewissen wäscht die Reue und alle Tränen, die ich drum geweint habe, nicht weg; ich kann nie die ehrliche Frau eines Ehrenmannes werden, und wenn ein viel weniger respektierlicher Mann um mich anhalten würde als Sie, ich müßte ihm doch die Wahrheit gestehen, und dann würde er mich stehenlassen, und mit Recht.

Und nun erflehe ich nur die eine Gnade von Ihnen, hochgeehrter Herr Willibald, daß Sie mir jedes Wort, was ich da geschrieben habe, glauben möchten, und wenn es auch mit Ihrem Wohlwollen vorbei sein muß, daß Sie mich für kein ganz verlorenes Wesen halten, sondern mir zutrauen, ich würde, solange ich noch lebe, nicht vergessen, daß ich Sie einmal kennengelernt habe und immer mich so betragen werde, daß Sie es sehen und gutheißen könnten. Einmal, bald nach meinem Unglück, war ich drauf und dran, ins Wasser zu gehen. Ich tat es aber nicht, weil ich meiner Mutter den Schmerz nicht antun und meine Hilfe ihr nicht entziehen durfte. Von jetzt an werde ich zu leben versuchen, um es zu verdienen, daß Sie, hochgeehrter Herr Willibald, mich einmal Ihre Freundin genannt haben. Ihnen aber wünsche ich das allerbeste Glück im Leben, wie nur Sie es verdienen und gewiß finden werden, und verbleibe in tiefster Trauer auf ewig Ihre

Eufrosine"

Es war totenstill in dem kleinen Hause. Die Magd unten hatte sich, obwohl sie sich selbst angeboten hatte, bei der Leiche zu wachen, in ihre Kammer geschlichen und war bald eingeschlafen. Aus dem Vorderzimmer, wo der Hansel lag, und gegenüber aus Frosinchens Wohnung drang nicht der leiseste Ton, und nur zuweilen klirrte ein Fensterflügel in Herrn Willibalds Schlafzimmer, wenn der Tauwind, der immer zudringlicher ums Haus strich, an dem losen Kreuzstock rüttelte.

Aber der kleine Mann drinnen am Tische dachte nicht ans Schlafen. Zweimal hatte er den Brief von Anfang bis zu Ende aufmerksam wieder durchgelesen, dann faltete er ihn sorgfältig zusammen und steckte ihn in die neue Brieftasche, die er lange tiefsinnig betrachtete. Es war ihm wieder sehr heiß geworden, und er fühlte eine seltsame Schwere in den Gliedern. Mühsam stand er auf, öffnete einen Flügel des Fensters und lehnte sich weit hinaus. Der Mond war ganz von den hastig ziehenden Wolken verschlungen worden, aber die weiten Schneeflächen leuchteten feierlich zu ihm herauf. Langsam trat er vom Fenster zurück und zog dann aus seinem Tischkasten einen kleinen Rasierspiegel – einen größeren an der Wand hatte er nie geduldet – und beschaute sich darin. „Ist es möglich!" sagte er dabei und schüttelte immer noch zweifelnd den Kopf. „Nun, warum sollte es nicht möglich sein? Es geschehen noch Wunder auf dieser Erde, und in der Weihnacht sollte nicht auch an mir einmal eins geschehen?"

Er legte das Spiegelchen wieder in das Schubfach und schritt wohl zwanzigmal das Zimmer auf und ab. Dann blieb er stehen, reckte den Kopf so gut es ging in die Höhe und sagte: „Was du tun willst, Willibald, tue bald." Ganz leise öffnete er seine Türe, und richtig, der Lichtstreifen drüben aus der Kammer seiner Nachbarin blinzelte ihn noch immer an. Da trat er festen Fußes in den Flur hinaus und pochte drüben an.

Ein Geräusch erscholl drinnen, wie wenn jemand jählings in die Höhe führe. Doch erst auf das zweite Klopfen antwortete die wohlbekannte Stimme kaum hörbar: „Herein!" Da sah er, eintretend, das Mädchen hoch aufgerichtet am Kopfende ihres schmalen Bettes stehen, wo die Müdigkeit sie einen Augenblick übermannt zu haben schien. Denn sie starrte entgeistert, wie aus einem Traum aufgeschreckt, ihm entgegen, die Hände halb flehend, halb abwehrend vor die Brust erhoben, die heftig arbeitete. „Um Gottes willen!" sagte sie.

„Verzeihen Sie, daß ich noch bei nachtschlafender Zeit hier eindringe", sagte er, „aber wirklich, ich könnte keine Ruhe finden, und Sie, wie ich sehe – was haben Sie mir für einen herzlich guten Brief geschrieben! Ich muß Ihnen gleich heute noch dafür danken – ein solches Weihnachtsgeschenk – nein, es macht mich so glücklich – glauben Sie mir nur –"

Er trat näher und wollte ihre Hände fassen. Aber sie drückte sich wie entsetzt in hilfloser Angst gegen das Bett und flüsterte: „Oh, Herr Willibald, können Sie mich so quälen – Sie waren immer so gut zu mir und doch –"

„Ja, Kind", sagte er, „ich war dir gut vom ersten Tage an, und seitdem ist es immer klarer und wärmer in mir geworden, und dein Brief hat es mir nun vollends verbrieft und besiegelt, daß ich dich bis an mein Lebensende lieber haben werde als alle Menschen. Nein, sieh mich nicht so erschrocken an, gib mir deine Hände, ich muß das Blut in ihnen fühlen, damit ich glaube, du seiest kein holder Spuk, wie er mir manchmal im Traum erschienen, sondern ein geliebtes Menschenbild in Fleisch und Bein. Es ist freilich nicht ganz richtig mit dir. Denn was du da geschrieben hast, daß auch du mich so lieb hast, das beweist keinen guten Geschmack. Aber am Ende, wenn du einmal einen so verdrehten Kopf hast und wirklich ich ihn dir verdreht habe – mein eigner Feind müßt' ich sein, wenn ich nicht in Gottes Namen an dies unverhoffte große Los glauben wollte. Liebes, einziges Kind, ich danke dir tausendmal, und wenn dir's einmal leid werden sollte, kannst du wenigstens nicht sagen, daß ich dich mit heimlicher Tücke betrogen hätte, meinen größten Fehler trage ich ja sichtbar genug zur Schau, und wenn du dich nicht daran stoßen willst –"

Nun hatte er endlich ihre beiden Hände ergriffen und wollte sie an sich ziehen. Aber noch immer starrte sie mit angstvollen Augen ihm ins Gesicht. „Haben Sie denn – nicht auch – das andere in meinem Brief gelesen?" flüsterte sie, während eine dunkle Glut ihr in die Wangen schoß.

„Das andere? Gewiß habe ich den ganzen Brief gelesen, mehr als einmal. Aber gerade, was du das andere nennst, das hat mich aus all meinen Bedenken erlöst. Daß du mir das gebeichtet hast, was du so gut hättest verschweigen können, das hat mich vollends überzeugt, was für einen Schatz ich an dir gefunden habe. Wer der Wahrheit so tapfer die Ehre gibt, weil sie ihm sonst das Herz abdrükken würde, würde es der übers Herz bringen, mir ein Gefühl zu heucheln, das nicht in ihm lebte, bloß um einen elenden äußeren Vorteil zu erlangen? Oh, Frosinchen, wie beklage ich dich, daß du in früheren Jahren so Trauriges erlebt hast! Aber es müßte heute nicht der Tag sein, wo der edelste und mildeste Menschenfreund zur Welt gekommen ist, wenn ich jene alte Schuld dir anrechnen wollte, statt sie deiner unerfahrenen Jugend zugute zu halten. Du sagst, du könnest die Erinnerung daran nie verwinden. Aber geht es mir nicht ebenso? Muß ich die Erinnerung an die Jugendsünde, daß ich auf den Apfelbaum des Nachbars gestiegen bin, nicht gleichfalls lebenslang mit mir herumtragen, und noch dazu so mit Händen zu greifen?"

„Oh, Herr Willibald", sagte sie in grenzenloser Verwirrung „– das – wie können Sie das nur vergleichen – so was Kindisches und meine Sünde und Schande – nein, nein, Sie sagen das nur, damit ich mich nicht schämen soll, weil Sie so barmherzig sind – aber ich glaub's nicht – Sie können nicht – nie und nimmer –"

„Was soll ich nicht können, Frosinchen? Gut von dir denken, obwohl du ein schwaches Weib gewesen bist? Und heut' am Heiligabend sollte ich das nicht übers Herz bringen, dich liebzuhaben, weil auch dich die verbotene Frucht gelockt hat, wie unsere Mutter Eva, und dein reines Empfinden einen unheilbaren Knick bekommen hat wie mein Rückgrat? Was aber die Welt von uns denken und sagen mag, darf uns nicht kümmern. Ihr werden wir nötigenfalls antworten, was der heute geborene milde Richter den Pharisäern sagte, als sie ihm eine Sünderin vorführten, die sich weit schwerer gegen ein noch heiligeres Gebot vergangen hatte: ‚Wer unter euch ohne Sünde ist, der werfe den ersten Stein auf sie!' Schon um dieses Wortes willen muß man es den Menschen zugute halten, daß sie ihn vergöttert haben. Nicht wahr, meine geliebte Braut?“

Da stürzten ihr die Tränen aus den Augen. Sie umfing den still vor ihr Stehenden mit beiden Armen und drückte ihre Lippen auf seinen wie verklärt lächelnden Mund. Als sie aber nach dem ersten Taumel des Findens und Festhaltens wieder zu Atem kamen, ergriff sie seine Hand und sagte mit einem reizenden Erröten: „Kommen Sie! Wir müssen unserm Sohn noch gute Nacht sagen. Ich gelobe es Ihnen, ich will ihm eine gute, gute Mutter sein.“

„Ich weiß es“, erwiderte er, ihre Hand leise streichelnd, „aber auch eine strenge, hoff' ich – so oft er sich beikommen läßt, auf fremde Apfelbäume zu steigen.“

Stranitze: Papiertüte / Kletzenbrot: Brot, in dessen Teig getrocknete Birnenschnitze verarbeitet wurden / parat: bereit / Rosinante: Pferd des Don Quijote, des spanischen „Ritters von der traurigen Gestalt“ / Partitur: Zusammenstellung aller Stimmen eines Musikstückes / Akkuratesse: Sorgfalt, Genauigkeit / estimieren: schätzen / Reaktionär: jemand, der sich gegen jede fortschrittliche Entwicklung sträubt / Konservatorium: Musikhochschule / Klaviatur: die Tasten eines Klaviers / Remuneration: Gratifikation, Vergütung / Toilette: feine Kleidung / Goldreinette: Apfelsorte / Courage: Mut, Beherztheit / Veronika: legendäre Heilige, mit deren Schleier sich Christus auf dem Weg nach Golgatha den Schweiß vom Gesicht gewischt haben soll / examinieren: prüfen / Flor: Blüte / reputierlich: achtbar, ordentlich / Kattun: feinfädiges Baumwollgewebe / soupieren: zu Abend essen / Pegasus: geflügeltes Dichterroß der griechischen Sage / Lyra: Leier, altgriechisches Saiteninstrument / Glorie: Glanz, Ruhm / Pläsier: Vergnügen / konstatieren: feststellen / Pianino: kleines Piano / Epistel: Brief / Bonne: Kindermädchen, Erzieherin

Es ist ein Ros' entsprungen

[„Das altkatholische Triersche Christliedlein."]

Mel. 1599.

Es ist ein Ros' entsprungen
Aus einer Wurzel zart;
Wie uns die Alten sungen,
Aus Jesse kam die Art
Und hat ein Blümlein bracht
Mitten im kalten Winter
Wohl zu der halben Nacht.

Das Röslein, das ich meine,
Davon Jesaias sagt,
Hat uns gebracht alleine
Marie, die reine Magd:
Aus Gottes ew'gem Rat
Hat sie ein Kind geboren
Wohl zu der halben Nacht.

Wir bitten dich von Herzen,
Du edle Königin,
Durch deines Sohnes Schmerzen,
Wann wir fahren dahin
Aus diesem Jammertal:

Du wollest uns begleiten
Bis an der Engel Saal!

So sing'n wir alle Amen,
Das heißt: Nun werd es wahr.
Das wir begehr'n allsammen:
O Jesu, hilf uns dar
In deines Vaters Reich!
Darin woll'n wir dich loben:
O Gott, uns das verleih!

Das Seebrucker Hirtenspiel

Gelobt sei Jesus Christus!

Mit diesen Worten treten die Hirten Lenzai (Lorenz), Veichtel (Veit) und Fritz auf, entweder ganz in Felle gekleidet oder mit langen altmodischen Röcken und sehr breiten weißen Halskrägen. Um die Mitte tragen sie „Bindna", wie es die Alten hießen, d. h. lederne Ranzen, oder an der Seite „Lecktaschen", in denen die Sennerinnen Salz für die Kühe zu führen pflegen. Den Kopf bedecken spitzige, hohe Hüte mit schmalem Rand. In der Hand halten sie Stäbe mit Schaufeln.

Veichtel: „No, was toa mar iaz beinand?"
Fritz: „Singa ma ge oa 's!"
Lenzai: „No, mei' thalbn,
Dös laß i ma gfalln!"

Lied:

Auf, liabe Nachbersgsellen mein!
„Hau! Veichtel, sag, was bildst dir ei'?"
I will dir's scho recht sagen,
Was sich hat Neus zuatragen;
Es werd enk alle freu'!

Und wia-r-i nachten auf der Hoad –
„Hat di gwis eppas wegga gjoat?“
Teats mi na recht vonemma!
I bi’ wol nöt derkemma,
I ha’ ’s gleich alls derfroat.

Wia-r-i in Feld die Schaf ha’ ghüat’t –
„Hamt gwis die alten jung’ ausbrüat’t?“
Von disem is nix gschecha;
An schön Glanz han i gsecha,
I bi’ glei niderkniat.

„No, Veichtel, was hast nacher tà?“
Hau, liaber Bártel, los grad nà!
I will dir’s recht verzellen;
Der Bauch möcht dir zerschnellen
Vor lauter Freuden schò!

Aft kimmt daher a schöner Knab –
„Wo ist er her?“ Is gwîs a Schwab!
„Der Tàmerl tuat di blenten!“
Tát dir mein Leib vòpfänten
Und alles, was i hab!

I zeich’, er îs von Himmireich.
„Aft siacht er ja koan Schwabn nöt gleich!“
I tua ’n nöt recht kenna
Und no vil wengger nenna,
Is schier an Engel gleich.

Er hat a guadö Botschaft bracht,
Daß a Jungfrau bei der eiteln Nacht
Ein Kindlein soll gebären

Und Gottes Mutter werden;
Das hat mi trachten gmacht.

Das wollt halt mir nöt gehen ein:
A Muader und a Jungfrau sei –
Das Ding macht' mir recht Possen
Und hat mi schier vòdrossen
Kunt mi nöt schicka drei'.

Aft tát i 'n Buam recht ernstla fragn,
Er sült mir do die Wàrat sagn,
Er sült mi recht berichten,
Dáß î mi drei' kunt schicken,
Aft wollt i'n nimmer plagn.

Aft fangt er à' òhn' alls Gefár,
Erzellat uns die neue Már,
Daß Maria hat empfangen
Ein Knäblein nach Verlangen,
Als wenn's an Engel wár.

Der Engel sprach zu der Jungfrau rein:
Den Willen sollst du geben drein!
Gott hat dich schon erkoren,
Ehe du warst geboren,
Zu einer Mutter sein.

Maria sprach zu dem Engel gleich,
Der kommen ist vom Himmelreich:
Ich bin ein Magd des Herren;
Mir gschêch nach deim Begehren!
Ich trag daran kein Scheuch.

Sobald sie dies Wort hat geredt,
Hat sie die ganze Welt errett',
Frei gmacht von Teufels Banden,
Die Hölle überwunden,
Den Tod zu Füßen tret't.

Der heilig Geist hat s' überschatt',
Mit einer Leibsfrucht sie begnadt
.....

Und seids nur lustig allezeit,
Betrachts amal die große Freud!
Teats in die Taschen greifen.
Nemts enkre Hirtenpfeifen,
Lobts Gott den Herrn allheut!

Gott Vatter îst a guader Mò,
Schickt uns sein Su von Himmelsthron
Herunter auf die Erden,
Uns Menschen gleich zu werden;
Machts eam a Musi z'Lo!

Die Hirten blasen ein Stück; dann gehen sie ab.

Prophet tritt auf, sehr „nobel" gekleidet mit Zylinderhut, Brille, Frack und weißen Strümpfen, die bis an die Knie reichen. In der Hand hält er ein Perspektiv; er spricht

„Wie wunderbar, o Gott, sind deine Werke!
Sie zeigen uns, o Herr! deine Weisheit, Macht und Stärke.
Betracht ich den Planetenlauf,
Schwingt sich mein Geist zum Himmel auf,
Wo die Engel sich vor deiner Gottheit neigen
Und dir als Schöpfer Ehr bezeigen."
(schaut in das Perspektiv)

„Was seh ich dort in Palästinas Grenzen
Für einen Wunderstern am Himmel glänzen?
Wie seltsam ist sein Lauf,
Ganz der Natur zuwider:
Im Untergang geht er auf,
Im Aufgang geht er nieder!
Ist dies der langgewünschte Stern,
Der Vorbot unsres Gotts und Herrn,
Der aufgeht aus Jakobs Haus, aus Davids Stamm,
Emmanuel mit Nam'?"
(sieht wieder durch das Fernrohr)

Das Nächstfolgende, worin von der Erlösung die Rede ist, war dem Mitteiler aus dem Sinn gefallen; der Schluß lautete:

„Er hat den Drachen überwunden,
Verschlossen ist der Höllenschlund,
Die Macht des Satans geht zugrund!"
(ab.)

Lenzai (tritt auf)

„Huisch! huisch! wia-r-îs nöt dös a deixelslouser Winter!
Wia brennt er nöt als wia-r-a Zinter!
All Tag wir i älter und all Tag müader –
Es braucht koa Laugna, es siacht's an iader.
Iaz hängt ma der Bàscht á schon àhi bis am Bauch
Und wo i mi à schau, bin i pudelrauch.
Har und Bàscht îs weiß wia der Schnee
Und wo i geh und steh,
Is nix als lauter Ach und Weh!
Hunnerscht und zêcha Jahr
Bin i alt – aber nöt ganz und gar;
Wia s' den groußen Wolfen hamt gfanga,
Da bin i dös erschtmal a 's Hüaten ganga;
Da bin i a Bua gwên, a frischar, a junga,
Hà nix als pfiffa-r-und gsunga,
Und vor lauter Freud über Zäu und Grábn wegga gsprunga!
Da gáb mir mei Vàder a Taschen voll Khlouzen und an roggan Schlegel
Und hat gsagt: ‚Iaz schir di fuscht, du junger Flegel,
Und gib fleißi acht,
Es mag sei bein Tag oder bei der Nacht,
Dáß dir der Wolf koan Schadn nöt macht!'
Hoz tausend! Da bin i dahi ganga,
A schö's Büschl am Huat, wia-r-a Vogelfanga,
Der Scheckel voraus und î hintdrei',
Hà gmoa't, es kunt koaner mehr máchtiger sei',
Aft îs mir erscht d'Muader nacha g'rennt,
Nimmt mi bein Hals und hat hellauf gflennt
Und tuat mar an schön' weißen Wecka
A' mei' Taschen ei'ha stecka

Und sagt: ‚Bfüat di Gôt, mei' liaber Bua!
Leb wohl, wann i di so lang nimmer sêcha tua,
Und sei fei' nöt vòmessen!
Wenn di eppan der Wolf tát fressen –
I kunt di mei' Lebta nöt vôgessen!'
Aft hat s' no an Trenzer tò'
Und îst auf und davo'.
Und î bi' dahi' trumpft wia-r-a gnädiger Hêr –
Und iaz bin i a stoanalter Häuter und freut mi nix mehr.
I bi' halt a Mensch, i derf bal sagn,
Als wia dös fümft Rad am Wagn;
Möcht nix als seufzen und kreißen und klagn.
I dürr aus, als wia 's Stroh
Und z'letzt schlagt mir der Tou'ngraber d'Schaufel a' 's
Loh.
Ja, ja! koa' U'kraut kà nöt vòderbn:
Drum kà' der alt Lenzai à nöt sterbn."

(blickt zur Seite)

„Há há! dös hoaßt dir g'rennt und g'loffa!
Den hat gwîs wîder U'glück troffa."

Fritz (stürzt herein und rennt den Lenzai über den Haufen)
„Po po potzttausend schlapperamost!
Iaz hàn i an schön Handel derlôst!"

Lenzai
„Hohô, Fritz! was bedeut't denn dös Gstöber?
Mi zimt, du weascht allwei u'gschickter und gröber.
Macht si der Fex so gnödi und so gách,
Als wenn der lebendi Klaubauf hinter seiner wár!"

Fritz

„Mei Lenzai! i hà di nöt kennt;
I hiat di meinoad! nöt nîderg'rennt."

Lenzai

„Tua-r-auf deine Spêcha!
Hast mi denn nöt stê' sêcha?
Sagt der Stroach: er hat mi nöt kennt!
Aft hiatst mi gar für an andern nîderg'rennt?"

Fritz

„Ja, mei' Lenzai! I bi' so voller Schreck und so bitter derkemma,
Dár i hà gmoa't, i mua d' Füaß über d' Achsel nemma
Und a so davo' renna.
Durt oben a' der Goaßleiten,
Da raigiascht's von alten Zeiten;
Da hat's mi meinoad!
Bal derwischt, dös wild Gjoad.
Und a Getös hat's gmacht,
Dá schier an iader Bám hat kracht.
Und gschrian hat's á:
‚Hu! hu! gschá! gschá!
Lauf, Bua, lauf!
Und schau di nöt um
Oder i dráh dir 'n Kragen um!'"

Lenzai: Geh, geh! mit den wilden Gjoad
Da îs 's nix als a Nàradei und a lárs Gsoad."

Veichtel tritt auf.

Fritz: „Gua'n Tag, Kamerad! wo aus?"
Veichtel: „Mei' Fritz! Mit dir schaut's nimmer guad aus."

Fritz: „Warum denn? Was îs denn gschêcha?"
Veichtel: „Geh nà' auffi a' d' Goaßleiten! Du weascht es schò' sêcha;
Hat dir der Wolf drui Lámpi weg!"
Fritz: „Da hat der Lümmi an schön D–!"
Veichtel: „Und nebenbei dein besten Wîdern.
Fritz: „Den Klácheï, den zwîdern!"
Veichtel: „Aft îst er über die roud gscheckat Kua –"
Fritz: „Recht so! da kàn er eam á-r-amal fressen gnua."
Veichtel: „Aft hat eam's der Wolf ganz wol bedacht,
Und hat an weiten Sprung gmacht,
Hat drauf hi'gschnappt
Und hat die Goaß mitsamt 'n Kitz dertappt."
Fritz: „Auweh! auweh! mei' Goaß! mei' Goaß!"
Veichtel: „Ja, Fritz, ohne Gspoaß!"
Fritz: „Iaz weaschd mä hoaß
Oder i fall gar a' b' Froas."

(singt im Hinausgehen:)

„Bfüat di Gôt, mei' liabe Goaß!
Ich wünsch dir halt vil Glück auf d' Roas;
Und wann di á der Wolf hat gfressen –
I kà' di dênascht nöt vògessen;
I hà' koa' guade Stund,
Weil mir die Goaß îs ganga z'grund." *(ab.)*
Veichtel: „Schau, alter Lenzai! Weil si der Lümmi gar a so bámt und reckt,
So hàn eam î sei' Kua, Goaß, Wîder und Lámpi vòsteckt."
Lenzai: Mei', mei'!
Was fallt dir nöt ei'!"
Veichtel:
„Zwö mua der Bua so máchtig sei'?
Da hà' mi î bsunna hei't Nacht
Und hàn eam so an blinden Lärma gmacht

Und hà' gschrian: ‚Hu, hu! gschá, gschá!
Wart, bis i dir 'n Kragen umdráh!'
Und da lif der Fritz auf und davo'
Und hat koan Umschauer nimmer tò'."
Lenzai:
„Ei! ei!
Bei meiner Treu!
Dös sán dir Possen!
Rennt der Fritz daher
Als wia-r-a wilder Bär
Und hat mi über und über gstoßen.
Dö sölchan Leut kà' ma leicht vexiern,
Aber nöt gar a so betriagn!
Pfui! dös îs schlecht –
I sag dir's g'recht."

Veichtel: „Wia spreizt si nöt der Tropf und lobt er nöt a so sei' Vîch!"
Lenzai:
„Hau, hau, Bruader, wia wunderlich!
An iaden Lappen
Gfallt sei' Kappen.
Liaber Bruader! wenn i dir was guats will raten,
So zoag di als an gua'n Kameraden
Und denk: mit an Naren
Muaß ma nöt so grob verfahren,
Der Fritz ist halt a täppater Bua:
Sei aber du gscheider und stell eam sei' Vîch wîder zua!"
Veichtel:
„Bruader Lenzai! dös soll gschêcha;
Màrgn soll der Fritz sei' Vîch wîder allssam sêcha." *(ab)*
Lenzai (allein für sich):
„Ja, ja! die Welt weaschd allwei schlimmer;

Die guaden àlten Zeiten kemmant halt nimmer!
Bei alt und jung
Geht nix mehr in Schwung,
Als Trátzen und Liagn
Und wia-r-oa' Bruader den andern kà' recht betriagn."
Fritz: (tritt auf, in der Hand eine Laterne, mit welcher er auf der ganzen Szene, d. h. in der Stube umhersucht):
„I láf hi' und wîder,
Auf und nîder,
Bergauf, bergà –
Is koa' Goaß, koa' Kua, koa' Wîder, koa' Lámpi mehr da!
Iaz was still i ò'?
Gehn i auf und davo'?
Gehn i hoam und merkant den Possen,
So wir i g'henkt oder gar derschossen.
Bin i a gschlechts Mándl,
Hà' nix als mei' lausigs G'wándl,
Hà' koa' Broud und koa' Geld –
Wia kimm i fuscht auf der Welt?
O Wolf! o Wolf! du grausambs Tier!
Mei' schwarz Stückl Broud vògunnst nöt mir.
Wann mi nà' der Wolf fráß á,
Dár i hi' kám, wo mei' Goaß wá,
Sü'st muar i mi henka-r-oder tränka!"
Lenzai: „Mei' Fritz, so muaßt dir nöt denka!
Es îs nöt glei zun Henka-r-oder Tränka."
Fritz: „Bist du á da, alter Mò'?
Bfüat di Gôt! I geh auf und davo'."
Lenzai: „Sei wohl getröst' und leb' ohne Sorgen!
Der Veichtel hat dir dei' Vîch verborgen.
Hab nà' Geduld!
Der Wolf ist ohne Schuld;
Du kriagst dei' Vîch alls wîder bis morgen."

Fritz (fällt auf die Knie:)
„O gulderer Lenzai, du bist a Mà'!
I denk dir mei' Lebta drà'.
Juhê! Iaz is's gwunga;
Iaz îs der Fritz wider a frischer Bua, a junga;
Iaz weaschd glei a lustigs Liadl gsunga!" *(singt)*
„Mei' Wolf! Iaz bist mar erst recht liab;
Tua ma's nöt in übel nemma!
Hàn allwei glábt, du bist a Diab –
Iaz îs der Gspoaß aufkêmma!
Hàn i, o Wolf! dös Ding nöt gwißt
Und hiad á nöt drauf g'raten,
Dáß du gegn meiner vil treuer bist
Als meine Kameraden.
Und wannsd' amàl bist auf der Roas'
Und kimmst a' dö Goaßleiten,
So zoag i dir mei' schönö Goaß,
Dö gfallt dir gwîs vo' weiten.
Und wenn di um a Lámpi lust't,
So will i dir oa's schenka;
Auf oa's gehts mir nöt zamma just
Und du hàst an A'gedenka!"

Lenzai:

„Bua! i sag dir's g'recht:
Singa tuast du weiter gar nöt schlecht
Und wîder mei' Verhoffa
Hast dein' Kameraden woltla troffa.
Fritz! du bist a Nàr und koana.
Iaz muaß i lacha, ha, ha, ha!
Ehvor hiad i mögn samt deiner woana.
Ja, ja! Kinder und Nàrn sagn d' Wàrat, und iaz bei dera Zeit

Geits sölche Leut,
Dáß ma derf aufschau',
Denn es îst oan weniger als an Wolfen z'trau'.
Iaz bfüat di Gôt! i muaß á bei mein Vîch nachschau'."
(ab.)

Fritz:

„Der Lenzai îst a Mà' als wia die guat Stund; er hat an frischen Muat
Und moa't 's mit allen Leuten guat;
Er îs nöt als wia der Veichtel, der z'nicht:
‚Fritz, Fritz!' sagt er; untern Gsicht
Tuat er ma recht schö' –
Aft hàd er mi für an Nàrn oder für a zwê'.
Z'náchst hàd er an Handel ghabt an recht an metsüaßen
–Tuat 'n Lenzl gar bitter vòdriaßen –
Wegn meiner Goaß
Wo's a so an iader woaß:
Sagt er, der Wolf hat s' davo'.
Und îs gar nix wahr davo'.
Iaz fallt mar a Mittel ei',
A so muaß's sei'!
I hà' dahoam a Haut,
Dö gröber als der Bär ausschaut;
Und wann's amal geht gegn der Nacht und d' Sunn geht unter,
So nimm i s' über und spring eam drunter.
I will's leicht derboaten,
I will eam sei' Vîch abloaten."
Prophet (tritt auf; Fritz stellt sich auf die Seite):
„Die Zeit ist vor der Tür;
Eine Stimm vom Himmel sagt es mir:
Heute ist die langerwünschte Nacht,
Wo die Verheißung wird vollbracht.

Eine Jungfrau wird gebären
Den höchsten Gott und Herren,
Der Tod und Teufel überwindet,
Damit der Mensch noch Gnade findet.
Seit jener unglücksvollen Stund,
Da Adam ist gefallen,
Soll' alles gehn zugrund;
Wer wird die Schuld bezahlen?
Emmanuel, Der Retter Israel,
Der läßt uns noch Gnad' genießen;
Er kommt, die Sünden abzubüßen.
Ich eile hin nach Bethlehem in Stall,
Damit ich meinem Herrn und Gott zu Füßen fall'." *(ab)*

derkemma: erschrocken / Tamerl: Thomas (für: Teufel) / zeich': glaube / trachten: nachdenken / òhn alls Gefár: ohne Absicht zu täuschen / deixelslouser: teuflisch, schlimmer / Zinter: Zunder / wir: werde / Laugna: Leugnen / iader: jeder / Báscht: Bart / àhi: hinab / am: auf den / a 's: ins, zum / Khlouzen: Kletzen (gedörrte Birnen) / fuscht: fort / Scheckel: Hund / máchtiger: stolzer / ei'ha: hinein / vòmessen: vermessen / Trenzer: kurzer Tränenguß / dahi' trumpft: dahinstolziert / Häuter: altes Pferd / kreißen: kreischen, stöhnen / Loh: Loch / Handel: Sache / Gstöber: Jagen, Laufen / gnödi: eilig / gách: jah, eilig / hiat: hätte / Spêcha: Späher; Augen / Stroach: halbnärrischer Mensch / dár: daß / Goaß: Geiße, Ziege / Leite: Bergabhang / raigiascht's: geistert es / wild Gjoad: wilde Jagd / dá: daß / Bám: Baum / lárs: leeres / Gsoad: Gerede / wo aus: wohin / Wîdern: Widder / Kláchei: Glockenschwengel, plumper Mensch / zwîdern: störrischen / Kitz: Zicklein / Gspoaß: Spaß / Froas: Fraisen; Krämpfe / dênascht: dennoch / zwö: warum / máchtig: eingebildet / sölchan: solchen / g'recht: gerade, offen / Trátzen: Necken / Possen: Sache / gschlechts: armes / lausigs: armseliges / Broud: Brot / wá': wäre / Gspoaß: hier: Sachverhalt / woltla: ausgezeichnet / z'nicht: nichtswürdig / a zwê': zwei / z'náchst: kürzlich / metsüaßen: honigsüßen / abloaten: verjagen

Gustav Freytag

Hoheit in der Parkstraße

(Aus „Die verlorene Handschrift")

Weihnachten war nahe, und die Frauenwelt der Parkstraße fuhr in geheimnisvoller Tätigkeit umher. Der Verkehr mit guten Bekannten wurde unterbrochen, angefangene Bücher lagen im Winkel, und Theater wie Konzertsaal wiesen leere Plätze auf. Vom Morgen bis zum Abend flogen kleine Finger zwischen Perlen, Wolle, Seide, Pinsel und Palette umher, und der Tag wurde zu achtundvierzig Stunden ausgeweitet. Je näher das Fest rückte, desto zahlreicher wurden die Geheimnisse; in jedem Schrank steckten Dinge, die niemand sehen sollte, und von allen Seiten wurde Pakete in das Haus getragen, deren Berührung verpönt war.

Auch für Ilse wurde in diesem Jahr das Fest eine große Angelegenheit; sie trug wie eine Biene zusammen, und nicht nur für die Lieben in der Heimat. Denn auch in der Stadt hatten sich viele große und kleine Kinder an ihr Herz genestelt.

Als der Kammerherr einige Zeit vor dem Fest einen Besuch seines Prinzen bei dem neuen Rektor für schicklich erachtete, fanden die Herren Ilse und Laura in eifriger Arbeit und den Salon der Frau Rektorin in eine große Marktbude verwandelt. Auf langen Tischen standen Weihnachtsbäumchen, und gefüllte Säcke lehnten ihren schweren Leib an die Tischbeine. Als Ilse den Herren entgegentrat und ihre Umgebung entschuldigte, bat der Kammerherr dringend, sich nicht stören zu lassen. „Wir dürfen nur hierbleiben, wenn wir das Recht erhalten, uns nützlich zu machen." Auch der Prinz sagte: „Ich bitte um die Erlaubnis zu helfen."

„Das ist freundlich", versetzte Ilse, „denn bis zum Abend ist noch vieles zu verteilen. Erlauben Euer Hoheit, daß ich Sie anstelle. Nehmen Sie den Sack mit Nüssen, Sie, Herr Kammerherr, haben die Güte, die Äpfel unter Ihre Obhut zu nehmen, du, Felix, erhältst den Pfefferkuchen. Und ich bitte die Herren, kleine Häufchen zu machen, zu jedem zwanzig Nüsse, sechs Äpfel und ein Paket Kuchen."

Die Herren gingen mit Feuer an die Arbeit. Der Duft der Fichtennadeln und Äpfel erfüllte die Stube und zog wie eine Festahnung in die Seelen aller Anwesenden. Der Prinz sah auf den Kammerherrn. „Würden Sie uns erlauben", begann er zögernd, „auch etwas für die Bescherung zu kaufen?"

„Sehr gern", erwiderte Ilse freudig. „Wenn Hoheit befehlen, kann unser Diener das sogleich besorgen. Er weiß Bescheid und ist zuverlässig."

„Ich möchte selbst mit ihm gehen", sagte der Prinz. Der Kammerherr hörte verwundert auf diesen Einfall seines jungen Herrn, da der Einfall aber löblich und nicht gegen die Instruktion war, so lächelte er respektvoll. Gabriel wurde gerufen. Der Prinz ergriff seinen Hut. „Was wollen wir kaufen?“ fragte er aufbrechend.

„Kleine Wachsstöcke fehlen uns“, versetzte Ilse, „dann Puppen, für die Knaben Bleisoldaten und für die Mädchen ein Kochgeschirr, aber alles hübsch handfest und sparsam.“

Nach einer Stunde kehrte der Prinz zurück, Gabriel mit hochbeladenem Korb, auch der Prinz trug unter beiden Armen Puppen und große Tüten mit Naschwerk. Als der junge Herr so belastet eintrat, mit geröteten Wangen, selbst glücklich wie ein Kind, sah er so gut und liebenswert aus, daß sich alle über ihn freuten. Emsig packte er seine Schätze vor der Frau Professorin aus und schüttelte zuletzt die Zuckertüten auf den Tisch.

Als die Frauen den Ausputz der Fichtenbäumchen begannen, erklärte der Prinz, auch er werde dabei helfen. Er setzte sich vor die Untertasse mit Eiweiß, ließ sich die Handgriffe zeigen und wälzte die bestrichenen Früchte in Gold- und Silberblättchen. Ilse setzte als Preis für den Herrn, der am meisten und besten arbeiten würde, eine große Dame von Pfefferkuchen mit Reifrock und Glasaugen, und es entstand ein löblicher Wetteifer unter den Herren. Der Professor und der Kammerherr wußten alte Kunstfertigkeiten zu verwenden, der Prinz aber arbeitete als Neuling etwas liederlich, es blieben einzelne leere Stelle, und an anderen bauschte das Schaumgold. Zuletzt erhielt der Kammerherr die Dame im Reifrock und der Prinz als außerordentliche Belohnung für seine Strebsamkeit ein Wickelkind, das aber durch zwei Glaskorallen in die Welt starrte. Als der Erbprinz aufbrach, fragte der Professor: „Darf ich fragen, wo Euer Hoheit den Weihnachtsabend verbringen?“ „Wir bleiben hier“, versetzte der Prinz. – „Da seltene Musikaufführungen in Aussicht stehen“, fügte der Kammerherr hinzu, „hat des Fürsten Hoheit auf die Freude verzichtet, den Prinzen zum Fest in seiner Nähe zu haben. Wir werden also stille Weihnacht im Quartier halten.“ „Wir wagen nicht einzuladen“, fuhr der Professor fort, „falls aber Euer Hoheit an diesem Abend nicht in anderer Gesellschaft verweilen, würde es uns eine große Freude sein, wenn die Herren bei uns vorlieb nähmen.“

Ilse sah dankbar auf den Gatten, und der Prinz überließ diesmal nicht dem Kammerherrn die Antwort, sondern nahm mit Wärme die Einladung an.

Als er mit seinem Begleiter durch die Straßen schritt, begann er vorsichtig: „Irgend etwas werden wir doch auch zu dem Weihnachtstisch beisteuern.“

„Ich habe soeben daran gedacht“, versetzte der Kammerherr, „wie der Fürst eine Beisteuer meines gnädigsten Prinzen zu diesem Weihnachtsbaum auffassen wird.“

„Nur nichts von Broschen oder Ohrringen aus dem langweiligen Kasten des Hofjuweliers“, rief der Prinz mit ungewohnter Energie, „es darf nur eine Kleinigkeit sein, am liebsten ein Scherz.“

„Das ist auch meine Ansicht“, bestätigte der Kammerherr. „Aber es ist doch ratsam, den Entscheid dem durchlauchtigsten Herrn anheim zu geben.“

„Dann bleibe ich lieber zu Hause“, versetzte der Prinz erbittert, „ich will nicht mit einem dummen Geschenk in der Hand eintreten. Läßt es sich nicht machen, daß der Besuch ganz zwanglos erscheint, wie es auch die Einladung war?“

Der Kammerherr zuckte die Achsel. „Wenige Tage nach dem Fest wird der ganzen Stadt bekannt sein, daß Euer Hoheit dem Professor Werner diese ungewöhnliche Ehre erwiesen haben. Hoheit wissen besser als ich, wie der Fürst eine solche Nachricht aufnehmen mag, die ihm zuerst von Fremden käme." – Dem Prinzen war die Freude verdorben. „So schreiben Sie meinem Vater", rief er zornig, „aber stellen Sie die Einladung dar, wie sie vorgebracht wurde."

Der Kammerherr versprach den Brief nach Wunsch einzurichten. Das versöhnte den Prinzen, und er begann nach einer Weile: „Ich habe mir ausgedacht, was wir geben dürfen. Frau Professorin ist vom Lande, ich schenke ihr als Attrappe die Maschine, die ich neulich gekauft habe, und lege hübsche Bonbons oder so etwas hinein."

Jetzt will er die unnütze Spielerei wieder loswerden, dachte der Kammerherr.

„Das ist unmöglich", erwiderte er laut. „Wenn auch die liebenswürdige Frau selbst nichts darin findet, in ihrem Kreise wird viel gesprochen werden, daß ein solcher Scherz von Euer Hoheit gemacht ist, und man würde darin leicht eine ironische Anspielung auf ein gewisses ländliches Benehmen finden, welches der Dame unleugbar recht gut steht, aber doch hier und da Veranlassung zu leisem Lächeln sein kann."

Dem Prinzen fror das Herz, er war wütend auf den Kammerherrn und erschrak auch wieder bei dem Gedanken, daß er Frau Ilse verletzen könnte.

Auf den Brief des Kammerherrn kam die Antwort, daß der Fürst gegen einen gelegentlichen Besuch des Erbprinzen nichts einwenden wolle und daß, wenn eine Aufmerksamkeit überhaupt unvermeidlich sei, dieselbe von einem Gärtner und Konditor beschafft werden müsse.

Als der Prinz zur geziemenden Stunde bei Werners eintrat, war die Bescherung vorüber, der Christbaum ausgelöscht. Ilse hatte das so gewollt, „es ist nicht nötig, daß die fremden Herrschaften sehen, wie wir uns über die Ge-

schenke freuen.“ Der Prinz saß schweigend und zerstreut vor dem Teekessel. Ilse dachte: ihm tut es weh, daß er keinen frohen Weihnachtsabend hat, das ärmste Kind ist lustig vor seinem Fichtenbäumchen, und er sitzt wie ausgeschlossen vor den Freuden der Christenheit. Sie winkte Laura und sagte dem Prinzen: „Wenn es Euer Hoheit recht ist, so zünden wir die Lichter noch einmal an, und es wäre sehr gütig, wenn Hoheit uns helfen wollten.“

Das war dem Prinzen doch willkommen, und er ging mit den Frauen in das Weihnachtszimmer, wo er beim Anzünden der Lichter half. „Jetzt aber haben Hoheit die Güte hinauszugehen“, sagte Ilse, „und wenn ich klingle, so gilt es Ihnen und Herrn von Weidegg“. Der Prinz ging hinaus, die Schelle ertönte. Als die Herren eintraten, fanden sie zwei kleine Tische gedeckt, darauf angezündete Bäumchen und unter jedem eine große Schüssel mit Backwerk und eine geräucherte Gänsebrust. „Das soll eine Erinnerung an unsere Heimat sein", sagte Ilse, „und dies, mein gnädigster Prinz, ist zur Erinnerung an mich ein kleines Modell von unserem Butterfaß, denn dabei habe ich als ein Kind vom Lande meine Hohe Schule durchgemacht, wie ich neulich Euer Hoheit erzählte." Und auf dem Platze stand wohlbehäbig dies nützliche Werkzeug, aus Marzipan gefertigt. „Unten auf dem Boden habe ich Euer Hoheit mein Sprüchel von damals aufgeschrieben."

Der Prinz las die anspruchslosen Worte: „Hat man sich mit einem rechte Mühe gegeben, so bleibt es Segen für das ganze Leben." Da bat er ohne Rücksicht auf die dräuenden Folgen seines Wagnisses: „Darf ich Ihnen einen Tausch vorschlagen? Ich habe auch eine kleine Buttermaschine gekauft, sie ist mit einem Rad und einer Scheibe zum Drehen, und man kann sich darin jeden Morgen seinen Bedarf selbst machen. Es wäre eine große Freude, wenn auch Sie diese annähmen."

Ilse verneigte sich dankend, der Prinz bat, den Diener sogleich in sein Quartier zu senden. Während der Kammerherr noch erstaunt den Zusammenhang überdachte, wurde der Mechanismus in das Zimmer getragen. Der Prinz setzte ihn auf eine Ecke des Tisches, erklärte der Gesellschaft die innere Einrichtung und war sehr erfreut, als Ilse sagte, daß sie Zutrauen zu der Erfindung habe.

Wieder wurde er das fröhliche Kind von neulich, trank lustig sein Glas Wein und brachte mit gefälligem Anstand die Gesundheit des Hausherrn und der Hausfrau aus. Und beim Abschied packte er sich selbst das Marzipan ein und trug es in der Tasche nach Hause.

Hoffmann von Fallersleben

Der Weihnachtsmann

Morgen kommt der Weihnachtsmann,
Kommt mit seinen Gaben.
Trommel, Pfeifen und Gewehr,
Fahn' und Säbel und noch mehr,
Ja, ein ganzes Kriegesheer
Möcht' ich gerne haben!

Bring uns, lieber Weihnachtsmann,
Bring auch morgen, bringe
Musketier und Grenadier,
Zottelbär und Pantertier,
Roß und Esel, Schaf und Stier,
Lauter schöne Dinge!

Doch du weißt ja unsern Wunsch,
Kennst ja unsre Herzen.
Kinder, Vater und Mama,
Auch sogar der Großpapa,
Alle, alle sind sie da,
Warten dein mit Schmerzen!

Elisenlebkuchen

3 Eier, 250 g Zucker, 250 g geschälte, geriebene Mandeln, 6 g Zimt, die abgeriebene Schale einer Zitrone, 1 kleine Prise gemahlene Nelken, 70 g feingeschnittenes Zitronat, Oblaten, Zuckerguß (Puderzucker mit Eiweiß angerührt).

Eier und Zucker eine halbe Stunde schaumig rühren. Mandeln, Zitronat und Gewürze dazu geben und alles gut durchmischen. Die Masse etwa 1 Zentimeter dick auf runde Obladen streichen. Den Rand etwas freilassen. Bei ca. 180 Grad gar backen. Noch warm mit der Glasur überziehen und evtl. mit buntem Streuzucker bestreuen.

E. T. A. Hoffmann

Pate Drosselmeier beschert

Am vierundzwanzigsten Dezember durften die Kinder des Medizinalrats Stahlbaum den ganzen Tag über durchaus nicht in die Mittelstube hinein, viel weniger in das daranstoßende Prunkzimmer. In einem Winkel des Hinterstübchens zusammengekauert saßen Fritz und Marie, die tiefe Abenddämmerung war eingebrochen, und es wurde ihnen recht schaurig zumute, als man, wie es gewöhnlich an dem Tage geschah, kein Licht hereinbrachte. Fritz entdeckte ganz insgeheim wispernd der jüngeren Schwester (sie war eben erst sieben Jahr alt geworden), wie er schon seit frühmorgens es habe in den verschlossenen Stuben rauschen und rasseln und leise pochen hören. Auch sei nicht längst ein kleiner dunkler Mann mit einem großen Kasten unter dem Arm über den Flur geschlichen, er wisse aber wohl, daß es niemand anders gewesen als Pate Drosselmeier. Da schlug Marie die kleinen Händchen vor Freude zusammen und rief: „Ach, was wird nur Pate Drosselmeier für uns Schönes gemacht haben." Der Obergerichtsrat Drosselmeier war gar kein hübscher Mann, nur klein und mager, hatte viele Runzeln im Gesicht, statt des rechten Auges ein großes schwarzes Pflaster und auch gar keine Haare, weshalb er eine sehr schöne weiße Perücke trug, die war aber von Glas und ein künstliches Stück Arbeit. Überhaupt war der Pate selbst auch ein sehr künstlicher Mann, der sich sogar auf Uhren verstand und selbst welche machen konnte. Wenn daher eine von den schönen Uhren in Stahlbaums Hause krank war und nicht singen konnte, dann kam Pate Drosselmeier, nahm die Glasperücke ab, zog sein gelbes Röckchen aus, band eine blaue Schürze um und stach mit spitzigen Instrumenten in die Uhr hinein, so daß es der kleinen Marie ordentlich wehe tat, aber es verursachte der Uhr gar keinen Schaden, sondern sie wurde vielmehr wieder lebendig und fing gleich an recht lustig zu schnurren, zu schlagen und zu singen, worüber dann alles große Freude hatte. Immer trug er, wenn er kam, was Hübsches für die Kinder in der Tasche, bald ein Männlein, das die Augen verdrehte und Komplimente machte, welches komisch anzusehen war, bald eine Dose, aus der ein Vögelchen heraushüpfte, bald was anderes. Aber zu Weihnachten, da hatte er immer ein schönes künstliches Werk verfertigt, das ihn viel Mühe gekostet, weshalb es auch, nachdem es einbeschert worden, sehr sorglich von den Eltern aufbewahrt wurde. – „Ach, was wird nur Pate Drosselmeier für uns Schönes gemacht haben", rief nun Marie; Fritz meinte aber, es könne wohl diesmal nichts anders sein als eine Festung, in der allerlei sehr hübsche

Soldaten auf und ab marschierten und exerzierten, und dann müßten andere Soldaten kommen, die in die Festung hineinwollten, aber nun schössen die Soldaten von innen tapfer heraus mit Kanonen, daß es tüchtig brauste und knallte. „Nein, nein“, unterbrach Marie den Fritz, „Pate Drosselmeier hat mir von einem schönen Garten erzählt, darin ist ein großer See, auf dem schwimmen sehr herrliche Schwäne mit goldnen Halsbändern herum und singen die hübschesten Lieder. Dann kommt ein kleines Mädchen aus dem Garten an den See und lockt die Schwäne heran und füttert sie mit süßem Marzipan.“ „Schwäne fressen kein Marzipan“, fiel Fritz etwas rauh ein, „und einen ganzen Garten kann Pate Drosselmeier auch nicht machen. Eigentlich haben wir wenig von seinen Spielsachen; es wird uns ja alles gleich wieder weggenommen, da ist mir denn doch das viel lieber, was uns Papa und Mama einbescheren, wir behalten es fein und können damit machen, was wir wollen.“ Nun rieten die Kinder hin und her, was es wohl diesmal wieder geben könne. Marie meinte, daß Mamsell Trutchen (ihre große Puppe) sich sehr verändere, denn ungeschickter als jemals fiele sie jeden Augenblick auf den Fußboden, welches ohne garstige Zeichen im Gesicht nicht abginge, und dann sei an Reinlichkeit in der Kleidung gar nicht mehr zu denken. Alles tüchtige Ausschelten helfe nichts. Auch habe Mama gelächelt, als sie sich über Gretchens kleinen Sonnenschirm so gefreut. Fritz versicherte dagegen, ein tüchtiger Fuchs fehle seinem Marstall durchaus, so wie seinen Truppen gänzlich an Kavallerie, das sei dem Papa recht gut bekannt. – So wußten die Kinder wohl, daß die Eltern ihnen allerlei schöne Gaben eingekauft hatten, die sie nun aufstellten, es war ihnen aber auch gewiß, daß dabei der liebe Heilige Christ mit gar freundlichen frommen Kindesaugen hineinleuchte und daß, wie von segensreicher Hand berührt, jede Weihnachtsgabe herrliche Lust bereite wie keine andere. Daran erinnerte die Kinder, die immerfort von den zu erwartenden Geschenken wisperten, ihre ältere Schwester Luise, hinzufügend, daß es nun aber auch der Heilige Christ sei, der durch die Hand der lieben Eltern den Kindern immer das beschere, was ihnen wahre Freude und Lust bereiten könne, das wisse er viel besser als die Kinder selbst, sie müßten daher nicht allerlei wünschen und hoffen, sondern still und fromm erwarten, was ihnen beschert worden. Die kleine Marie wurde ganz nachdenklich, aber Fritz murmelte vor sich hin: „Einen Fuchs und Husaren hätt' ich nun einmal gern."

Es war ganz finster geworden. Fritz und Marie, fest aneinandergerückt, wagten kein Wort mehr zu reden, es war ihnen, als rausche es mit linden Flügeln um sie her und als ließe sich eine ganz ferne, aber sehr herrliche Musik vernehmen. Ein heller Schein streifte an der Wand hin, da wußten die Kinder, daß nun das Christkind auf glänzenden Wolken fortgeflogen zu andern glücklichen Kindern. In dem Augenblick ging es mit silberhellem Ton: Klingling, klingling, die Türen sprangen auf, und solch ein Glanz strahlte aus dem großen Zimmer hinein, daß die Kinder mit lautem Ausruf: „Ach! – Ach!" wie erstarrt auf der Schwelle stehenblieben. Aber Papa und Mama traten in die Türe, faßten die Kinder bei der Hand und sprachen: „Kommt doch nur, kommt doch nur, ihr lieben Kinder, und seht, was euch der Heilige Christ beschert hat."

Die Gaben

Ich wende mich an dich selbst, sehr geneigter Leser oder Zuhörer Fritz – Theodor – Ernst – oder wie du sonst

heißen magst, und bitte dich, daß du dir deinen letzten, mit schönen bunten Gaben reich geschmückten Weihnachtstisch recht lebhaft vor Augen bringen mögest, dann wirst du es dir wohl auch denken können, wie die Kinder mit glänzenden Augen ganz verstummt stehenblieben, wie erst nach einer Weile Marie mit einem tiefen Seufzer rief: „Ach, wie schön – ach, wie schön", und Fritz einige Luftsprünge versuchte, die ihm überaus wohl gerieten. Aber die Kinder mußten auch das ganze Jahr über besonders artig und fromm gewesen sein, denn nie war ihnen so viel Schönes, Herrliches einbeschert worden wie dieses Mal. Der große Tannenbaum in der Mitte trug viele goldne und silberne Äpfel, und wie Knospen und Blüten keimten Zuckermandeln und bunte Bonbons und was es sonst noch für schönes Naschwerk gibt, aus allen Ästen. Als das Schönste an dem Wunderbaum mußte aber wohl gerühmt werden, daß in seinen dunkeln Zweigen hundert kleine Lichter wie Sternlein funkelten und er selbst, in sich hinein- und herausleuchtend, die Kinder freundlich einlud, seine Blüten und Früchte zu pflücken. Um den Baum umher glänzte alles sehr bunt und herrlich – was es da alles für schöne Sachen gab – ja, wer das zu beschreiben vermöchte! Marie erblickte die zierlichsten Puppen, allerlei saubere kleine Gerätschaften, und, was vor allem schön anzusehen war, ein seidenes Kleidchen, mit bunten Bändern zierlich geschmückt, hing an einem Gestell so der kleinen Marie vor Augen, daß sie es von allen Seiten betrachten konnte, und das tat sie denn auch, indem sie einmal über das andere ausrief: „Ach, das schöne, ach, das liebe – liebe Kleidchen, und das werde ich – ganz gewiß – das werde ich wirklich anziehen dürfen!" – Fritz hatte indessen schon, drei- oder viermal um den Tisch herumgaloppierend und -trabend, den neuen Fuchs versucht, den er in der Tat am Tische angezäumt gefunden. Wieder absteigend, meinte er, es sei eine wilde Bestie, das täte aber nichts, er wolle ihn schon kriegen, und musterte die neue Schwadron Husaren, die sehr prächtig in Rot und Gold gekleidet waren, lauter silberne Waffen trugen und auf solchen weißglänzenden Pferden ritten, daß man beinahe hätte glauben sollen, auch diese seien von purem Silber. Eben wollten die Kinder, etwas ruhiger geworden, über die Bilderbücher her, die aufgeschlagen waren, daß man allerlei sehr schöne Blumen und bunte Menschen, ja auch allerliebste spielende Kinder, so natürlich gemalt, als lebten und sprächen sie wirklich, gleich anschauen konnte. – Ja! eben wollten die Kinder über diese wunderbaren Bücher her, als nochmals geklingelt wurde. Sie wußten, daß nun der Pate Drosselmeier einbescheren würde, und liefen nach dem an der Wand stehenden Tisch. Schnell wurde der Schirm, hinter dem er solange versteckt gewesen, weggenommen. Was erblickten da die Kinder! – Auf einem grünen, mit bunten Blumen geschmückten Rasenplatz stand ein sehr herrliches Schloß mit vielen Spiegelfenstern und goldenen Türmen. Ein Glockenspiel ließ sich hören, Türen und Fenster gingen auf, und man sah, wie sehr kleine, aber zierliche Herrn und Damen mit Federhüten und langen Schleppkleidern in den Sälen herumspazierten. In dem Mittelsaal, der ganz in Feuer zu stehen schien – so viel Lichterchen brannten an silbernen Kronleuchtern –, tanzten Kinder in kurzen Wämschen und Röckchen nach dem Glockenspiel. Ein Herr in einem smaragdenen Mantel sah oft durch ein Fenster, winkte heraus und verschwand wieder, so wie auch Pate Drosselmeier selbst, aber kaum viel höher als Papas Daumen, zuweilen unten an der Tür des Schlosses stand und wieder hineinging. Fritz hatte mit auf den Tisch gestemmten Armen das schöne Schloß und die tanzenden und spazierenden Figürchen angesehen, dann sprach er: „Pate Drosselmeier! Laß mich mal hineingehen in dein Schloß!" – Der Obergerichtsrat bedeutete ihn, daß das nun ganz und gar nicht anginge. Er hatte auch recht, denn es war töricht von Fritz, daß er in ein Schloß gehen wollte, welches überhaupt mitsamt seinen goldnen Türmen nicht so hoch war wie er selbst. Fritz sah das auch ein. Nach einer Weile, als immerfort auf dieselbe Weise die Herrn und Damen hin und her spazierten, die Kinder tanzten, der smaragdne Mann zu demselben Fenster heraussah, Pate Drosselmeier vor die Türe trat, da rief Fritz ungeduldig: „Pate Drosselmeier, nun komm mal zu der andern Tür da drüben heraus." „Das geht nicht, liebes Fritzchen", erwiderte der Obergerichtsrat. „Nun so laß mal“, sprach Fritz weiter, „laß mal den grünen Mann, der so oft herausguckt, mit den anderen herumspazieren.“ „Das geht auch nicht“, erwiderte der Obergerichtsrat aufs neue. „So sollen die Kinder herunterkommen“, rief Fritz, „ich will sie näher besehen.“ „Ei, das geht alles nicht“, sprach der Obergerichtsrat verdrießlich, „wie die Mechanik nun einmal gemacht ist, muß sie bleiben.“ „So-o?“ fragte Fritz mit gedehntem Ton, „das geht alles nicht? Hör mal, Pate Drosselmeier, wenn deine kleinen geputzten Dinger in dem Schlosse nichts mehr können als immer dasselbe, da taugen sie nicht viel, und ich frage nicht sonderlich nach ihnen. – Nein, da lob ich mir meine Husaren, die müssen manövrieren vorwärts, rückwärts, wie ich's haben will, und sind in keine Haus gesperrt.“ Und damit sprang er fort an den Weihnachtstisch und ließ seine Eskadron auf den silbernen Pferden hin und her trottieren und schwenken und einhauen und feuern nach Herzenslust. Auch Marie hatte sich sachte fortgeschlichen, denn auch sie wurde des Herumgehens und Tanzens der Püppchen im Schlosse bald überdrüssig und mochte es, da sie sehr artig

und gut war, nur nicht so merken lassen wie Bruder Fritz. Der Obergerichtsrat Drosselmeier sprach ziemlich verdrießlich zu den Eltern: „Für unverständige Kinder ist ein künstliches Werk nicht, ich will nur mein Schloß wieder einpacken“; doch die Mutter trat hinzu und ließ sich den innern Bau und das wunderbare, sehr künstliche Räderwerk zeigen, wodurch die kleinen Püppchen in Bewegung gesetzt wurden. Der Rat nahm alles auseinander und setzte es wieder zusammen. Dabei war er wieder ganz heiter geworden und schenkte den Kindern noch einige schöne braune Männer und Frauen mit goldnen Gesichtern, Händen und Beinen. Sie waren sämtlich aus Thorn und rochen so süß und angenehm wie Pfefferkuchen, worüber Fritz und Marie sich sehr erfreuten. Schwester Luise hatte, wie es die Mutter gewollt, das schöne Kleid angezogen, welches ihr einbeschert worden, und sah wunderhübsch aus, aber Marie meinte, als sie auch ihr Kleid anziehen sollte, sie möchte es lieber noch ein bißchen so ansehen. Man erlaubte ihr das gern.

Der Schützling

Eigentlich mochte Marie sich deshalb gar nicht von dem Weihnachtstisch trennen, weil sie eben etwas noch nicht Bemerktes entdeckt hatte. Durch das Ausrücken von Fritzens Husaren, die dicht an dem Baum in Parade gehalten, war nämlich ein sehr vortrefflicher kleiner Mann sichtbar geworden, der still und bescheiden dastand, als erwarte er ruhig, wann die Reihe an ihn kommen werden. Gegen seinen Wuchs wäre freilich vieles einzuwenden gewesen, denn abgesehen davon, daß der etwas lange, starke Oberleib nicht recht zu den kleinen dünnen Beinchen passen wollte, so schien auch der Kopf bei weitem zu groß. Vieles machte die propre Kleidung gut, wel-

che auf einen Mann von Geschmack und Bildung schließen ließ. Er trug nämlich ein sehr schönes violettglänzendes Husarenjäckchen mit vielen weißen Schnüren und Knöpfchen, ebensolche Beinkleider und die schönsten Stiefelchen, die jemals an die Füße eines Studenten, ja wohl gar eines Offiziers gekommen sind. Sie saßen an den zierlichen Beinchen so knapp angegossen, als wären sie darauf gemalt. Komisch war es zwar, daß er zu dieser

Kleidung sich hinten einen schmalen, unbeholfenen Mantel, der recht aussah wie von Holz, angehängt und ein Bergmannsmützchen aufgesetzt hatte, indessen dachte Marie daran, daß Pate Drosselmeier ja auch einen sehr schlechten Matin umhänge und eine fatale Mütze aufsetze, dabei aber doch ein gar lieber Pate sei. Auch stellte Marie die Betrachtung an, daß Pate Drosselmeier, trüge er sich auch übrigens so zierlich wie der Kleine, doch nicht einmal so hübsch als er aussehen werde. Indem Marie den netten Mann, den sie auf den ersten Blick liebgewonnen, immer mehr und mehr ansah, da wurde sie erst recht inne, welche Gutmütigkeit auf seinem Gesichte lag. Aus den hellgrünen, etwas zu großen hervorstehenden Augen sprach nichts als Freundschaft und Wohlwollen. Es stand dem Manne gut, daß sich um sein Kinn ein wohlfrisierter Bart von weißer Baumwolle legte, denn um so mehr konnte man das süße Lächeln des hochroten Mundes bemerken. „Ach!“ rief Marie endlich aus, „ach, lieber Vater, wem gehört denn der allerliebste kleine Mann dort am Baum?“ „Der“, antwortete der Vater, „der, liebes Kind, soll euch fein die harten Nüsse aufbeißen, und er gehört Luisen ebensogut als dir und dem Fritz.“ Damit nahm ihn der Vater behutsam vom Tische, und indem er den hölzernen Mantel in die Höhe hob, sperrte das Männlein den Mund weit, weit auf und zeigte zwei Reihen sehr weißer spitzer Zähnchen. Marie schob auf des Vaters Geheiß eine Nuß hinein, und – knack – hatte sie der Mann zerbissen, daß die Schalen abfielen und Marie den süßen Kern in die Hand bekam. Nun mußte wohl jeder und auch Marie wissen, daß der zierliche kleine Mann aus dem Geschlecht der Nußknacker abstammte und die Profession seiner Vorfahren trieb. Sie jauchzte auf vor Freude, da sprach der Vater: „Da dir, liebe Marie, Freund Nußknacker so sehr gefällt, so sollst du ihn auch besonders hüten und schützen, unerachtet, wie ich gesagt, Luise und Fritz ihn mit ebenso vielem Recht brauchen können als du!" – Marie nahm ihn sogleich in den Arm und ließ ihn Nüsse aufknacken, doch suchte sie die kleinsten aus, damit das Männlein nicht so weit den Mund aufsperren durfte, welches ihm doch im Grunde nicht gut stand. Luise gesellte sich zu ihr, und auch für sie mußte Freund Nußknacker seine Dienste verrichten, welches er gern zu tun schien, da er immerfort sehr freundlich lächelte. Fritz war unterdessen vom vielen Exerzieren und Reiten müde geworden, und da er so lustig Nüsse knacken hörte, sprang er hin zu den Schwestern und lachte recht von Herzen über den kleinen drolligen Mann, der nun, da Fritz auch Nüsse essen wollte, von Hand zu Hand ging und gar nicht aufhören konnte mit Auf- und Zuschnappen. Fritz schob immer die größten und härtesten Nüsse hinein, aber mit

einem Male ging es –krack – krack – und drei Zähnchen fielen aus des Nußknackers Munde, und sein ganzes Unterkinn war lose und wacklig. – „Ach, mein armer lieber Nußknacker!“ schrie Marie laut und nahm ihn dem Fritz aus den Händen.

„Das ist ein einfältiger, dummer Bursche“, sprach Fritz. „Will Nußknacker sein und hat kein ordentliches Gebiß – mag wohl auch sein Handwerk gar nicht verstehn. Gib ihn nur her, Marie! Er soll mir Nüsse zerbeißen, verliert er auch noch die übrigen Zähne, ja das ganze Kinn obendrein, was ist an dem Taugenichts gelegen.“ „Nein, nein“, rief Marie weinend, „du bekommst ihn nicht, meinen lieben Nußknacker, sieh nur her, wie er mich so wehmütig anschaut und mir sein wundes Mündchen zeigt! – Aber du bist ein hartherziger Mensch – du schlägst deine Pferde und läßt wohl gar einen Soldaten totschießen.“ – „Das muß so sein, das verstehst du nicht“, rief Fritz; „aber der Nußknacker gehört ebensogut mir als dir, gib ihn nur her.“ – Marie fing an heftig zu weinen und wickelte den kranken Nußknacker schnell in ihr kleines Taschentuch ein. Die Eltern kamen mit dem Paten Drosselmeier herbei. Dieser nahm zu Mariens Leidwesen Fritzens Partei. Der Vater sagte aber: „Ich habe den Nußknacker ausdrücklich unter Mariens Schutz gestellt, und da, wie ich sehe, er dessen eben jetzt bedarf, so hat sie volle Macht über ihn, ohne daß jemand dreinzureden hat. Übrigens wundert es mich sehr von Fritzen, daß er von einem im Dienst Erkrankten noch fernere Dienste verlangt. Als guter Militär sollte er doch wohl wissen, daß man Verwundete niemals in Reih und Glied stellt?“ – Fritz war sehr beschämt und schlich, ohne sich weiter um Nüsse und Nußknacker zu bekümmern, fort an die andere Seite des Tisches, wo seine Husaren, nachdem sie gehörige Vorposten ausgestellt hatten, ins Nachtquartier gezogen waren. Marie suchte Nußknackers verlorne Zähnchen zusammen, um das kranke Kinn hatte sie ein hübsches weißes Band, das sie von ihrem Kleidchen abgelöst, gebunden und dann den armen Kleinen, der sehr blaß und erschrocken aussah, noch sorgfältiger als vorher in ihr Tuch eingewickelt. So hielt sie ihn wie ein kleines Kind wiegend in den Armen und besah die schönen Bilder des neuen Bilderbuchs, das heute unter den andern vielen Gaben lag. Sie wurde, wie es sonst gar nicht ihre Art war, recht böse, als Pate Drosselmeier so sehr lachte und immerfort fragte, wie sie denn mit solch einem grundhäßlichen kleinen Kerl so schön tun könne. – Jener sonderbare Vergleich mit Drosselmeier, den sie anstellte, als der Kleine ihr zuerst in die Augen fiel, kam ihr wieder in den Sinn, und sie sprach sehr ernst: „Wer weiß, lieber Pate, ob du denn, putztest du dich auch so heraus wie mein lieber Nußknacker, und hättest du auch solche schönen blanken Stiefelchen an, wer weiß, ob du denn doch so hübsch aussehen würdest als er!" – Marie wußte gar nicht, warum denn die Eltern so laut auflachten und warum der Obergerichtsrat solch eine rote Nase bekam und gar nicht so hell mitlachte wie zuvor. Es mochte wohl seine besondere Ursache haben.

Matin: Morgenmantel / Profession: Beruf

Auf Weihnachten

C. Spangenberg, Zwölf christl. Lobgesänge. Wittenberg 1545.

Ein Kindelein so löbelich
Ist uns geboren heute,
Von einer Jungfrau säuberlich
Zu Trost uns armen Leuten:
Wär uns das Kindlein nicht geborn,
So wär'n wir allzumal verlorn,
Das Heil ist unser aller.
Eia, süßer Jesu Christ,
Der du Mensch geboren bist,
Behüt' uns vor der Hölle.

Andreas Gryphius

Nacht, mehr denn lichte Nacht

Nacht, mehr denn lichte Nacht! Nacht, lichter als der Tag!
Nacht, heller als die Sonn!, in der das Licht geboren,
Das Gott, der Licht in Licht wohnhaftig, ihm erkoren!
O Nacht, die alle Nächt und Tage trotzen mag!

O freudenreiche Nacht, in welcher Ach und Klag
Und Finsternis, und was sich auf die Welt verschworen,
Und Furcht und Höllen-Angst und Schrecken war verloren!
Der Himmel bricht; doch fällt nunmehr kein Donnerschlag.

Der Zeit und Nächte schuf, ist diese Nacht ankommen
Und hat das Recht der Zeit und Fleisch an sich genommen
Und unser Fleisch und Zeit der Ewigkeit vermacht.

Der Jammer trübe Nacht, die schwarze Nacht der Sünden,
Des Grabes Dunkelheit muß durch die Nacht verschwinden.
Nacht, lichter als der Tag! Nacht, mehr denn lichte Nacht!

Peter Rosegger

Das Christkind von Scharau

Das Frommsein ist doch wohl schön! Und 's ist einem dabei so anmutig. Nur schade, daß es bloß alle heiligen Zeiten einmal sein kann. Die übrige Weile muß der Mensch an was anderes denken. Zu viel von der Gattung macht mager, meint der Baumbart-Bauer. Aber wenn eine heilige Zeit kommt – insonderheit die Weihnachtszeit, da tut er die Bibel herfür. Die Bibel und das Bübel, das letztere ist sein jüngstes Söhnlein, und dem legt er die Bibel aus und sagt: „Mein Gott, die Kinder!"

Denn der Knabe brennt durch und durch vor Liebe zum Christkind und die heiligen Flammen schlagen ihm zu den hellen Augen heraus. Und die Fäustlein sind gar fest gekniffen, denn es gibt auch ganz elendlich schlechte Leute in der Bibel.

Es ist der Heilige Abend und es geht schon ums Dunkeln. Der Baumbart-Bauer ist eben auch schon in den Jahren, wo man mit der Frömmigkeit nicht mehr viel ver-

säumt. Er hat sich's in der Stube bei der Bibel recht behaglich gemacht, denn das gehört dazu, und er deutet nun dem Kleinen das Weihnachtskapitel:

„Ist selb' Zeit, mußt wissen, im heiligen Land eine Volkszählung gewest, im Vergleich wie bei uns vorigen Sommer, wo der Schulmeister als Umgangssprache die lateinische angegeben hat, was richtig ist, weil beim Fronleichnamsumgang die Geistlichkeit und Meßner lateinisch beten."

„Und die Ministranten auch", vervollständigte der Knabe, weil er ja selber einer war.

„Gehört nicht her da", sagte der Baumbart-Bauer.

„Und bei der Leutaufschreibung im heiligen Land ist auch unsere liebe Frau von weit her nach Bethlehem kommen, wo sie zuständig gewesen, und daß sie sich angeben wollt'. Ist ein arm' Weib gewesen und wie's finster worden ist, hat sie in der ganzen Stadt Bethlehem keine Nachtherberg gefunden."

„Hat sie nicht bei ihren Blutsfreunden anfragen können, wenn sie zuständig ist g'west?" warf der Knabe sehr brav ein.

„Meinen sollt' man's", sagte der Alte, „aber wer so bettelarm ist, der hat keine Vettern und keine Muhmen. So gern sich die ganze bethlehemitische Freundschaft später bei der Himmelfahrt der Mutter Gottes an ihre Falten angeheftet hätte, so gern hat sie zu Bethlehem dem armen Weib die Tür vor der Nase zugeschlagen. So sind die Leut', mein Bübel, sind grundschlecht, die Leut'!"

„Gelt, wenn sie zu uns wär' kommen, die liebe Frau, wir hätten ihr das hintere Stübel warm heizen lassen?"

„Gehört nicht her da!" sagte der Bauer, „so christlich sind wir gleichwohl in der Scharau, daß wir die Mutter Gottes nicht in einem Ochsenstall übernachten ließen, wie das Judenvolk von Bethlehem so unbarmherzig ist gewest; die armen Hirten haben braver sein müssen. Hör' nur zu!"

Da ist die christliche Unterhaltung plötzlich unterbrochen worden. Die Baumbart-Bäuerin kam eilig in die Stube getreten, aber so leise als ginge sie in eitel Socken; und halb über den Tisch hingelehnt, lispelte sie dem Ehemann zu: „Du, jetzt ist eine draußen, die will sicherlich dableiben heut' Nacht."

„Aha", meinte er, „für die Festtage sucht sich das Bettelvolk allemal den Baumbarthof. Die Krapfen, die du heut' backen hast, riechen halt weitum in der Luft."

„Ein Bettelweib ist's dieweilen zwar auch noch nicht, die draußen steht", sagte die Bäuerin.

„Ist's wer der will, behalt' sie und gib ihr eine Suppe."

„Und bist gar nicht begierig, wer's sein möcht'?" fragte das Weib. „Raten kannst lang', derraten wirst es nicht."

„Nachher wird sie von weit her sein."

„Vom Masental herüber."

„Etwa doch nicht die Plonel?"

„Schau, was Du für eine scharfe Nase hast", sagte die Bäuerin und indem sie sich weiter über den Tisch bog und noch näher an's Ohr ihres Mannes hin: „Das stinkt aber auch danach. – Sie laßt den Vetter schön grüßen."

„Kann mir's denken. Umsonst kommt die nicht zu ihrem Vetter. So Leut' tragen allemal weniger ins Haus herein als hinaus."

„Dasmal", versetzte nun die Bäuerin, wies aber, bevor sie weiter sprach, den Knaben davon; die Kinder brauchen just nicht alles zu hören. „Dasmal möcht's umgekehrt sein, deucht mich schier –"

„Wie meinst das?" fragte der Bauer und lugte sie schief an.

„Geh' hinaus, in der Küche steht sie, wenn sie sich nicht niedergesetzt hat. Betracht' sie dir einmal, die Plonel, ob sie nicht schwerer aufgefaßt hat, als ein Weibmensch in solchem Alter tragen soll ..."

In der Küche stand sie wirklich, denn sie hatte sich nicht niedergesetzt. Obwohl der größte Teil ihres Gesichtes und Körpers in ein wollenes Umhängtuch eingemummt war und obwohl sie so demütig und armselig dastand, merkte man doch leicht, daß sie jung und hübsch war. Die großen dunklen Augen, die zwischen der Vermummung aus einem feinen, vor Kälte und anderem noch gerötetem Gesichte hervorschauten, waren gar treuherzig und gar traurig dabei. Die Hände, die in fingerlosen Handschuhen staken, hielt sie vorne unter dem Busen aneinander und in denselben ein Handbündel.

In der Länge war sie seit zwei Jahren nicht gewachsen, das sah der Baumbart-Bauer auf den ersten Blick. Die Plonel war ein armes, fleißiges und gutherziges Ding, eine Waise und zur Zeit, als ihre Dienstherren mit ihr wohl zufrieden, mit dem Baumbart-Bauer weitläufig verwandt gewesen. Aber seit sie vor zwei Jahren aus der Scharau ins Masental hinübergewandert war, wo die Leute um ein gut Stück lustiger sind als da herüben, und wo sie in dieser Sache die Ehre der Scharauer rettete, indem sie tatsächlich dartat, daß Scharauerblut noch viel lustiger sein könne als welches vom Masental, und seit der Ruf davon ins Heimatdorf zurückgekehrt war – fand der Baumbart-Bauer, daß die Verwandtschaft mit ihr eigentlich nur eine „erheiratete“ gewesen und dieselbe längst „mit Tod abgegangen“.

Diese erheiratete, aber mit Tod abgegangene Verwandtschaft hatte das Mädchen jetzt mitten im scharfen Winter aus dem fernen Tale herübergeführt, um zu den Weihnachtsfeiertagen ihre Vettern und Muhmen auf dem Baumbarthofe heimzusuchen. Als der „Vetter“ in die Küche trat, wollte sie ihm die Hand küssen. Er ließ es nicht angehen, sondern sagte recht gutmütig, das wäre was

Neues, daß sich die Plonel auch wieder einmal anschauen ließe. Sie sollt' nur ein wenig abrasten und einen Löffel warmer Suppe essen, auch dürfe sie ein Stück Weihnachtsbrot nicht verschmähen, obwohl er wisse, daß die Masentaler ein besseres hätten. Er täte gern sagen, daß sie in seinem Haus über Nacht bleiben möchte, wenn ein einzig Platzel aufzutreiben wäre; aber es sei über und über alles besetzt; Verwandte, die ihn über die Feiertage besucht, hätte er auch im Haus. – Na, wie's ihr alleweil ginge? Das Aussehen wär' nicht schlecht.

Der Plonel hatte es die Rede verschlagen. – Wie es ihr ginge? Daß sie müde ist vom weiten Weg und in einer schweren Bangigkeit! Und daß sie jetzt in der Scharau keine Herberg hat! – Sie hat's nicht gesagt. Als sie des Bauers, ihres einzigen Verwandten, Worte gehört hatte, konnte sie weder essen noch trinken. Da müsse sie wohl wieder anrücken, sagte sie gar kleinlaut und betrübt, sie hätte noch einen weiten Weg. Die Bäuerin suchte ihr etliche Krapfen aufzunötigen; der Bauer sagte ihr noch freundliche Worte, und als das Mädchen das Umhängtuch fester um ihren Körper gebunden hatte und langsam, mit jedem Schritte völlig zögernd, in den dämmernden Winterabend hinausgegangen war, atmeten die guten Baumbartleute auf: „Gott sei Dank, daß wir die fortgebracht haben!"

Der muntere Knabe trachtete den Vater bei den Rockschößen wieder in die feierliche Stube zu zerren und rief: „Jetzt mußt Du mir die Geschichte von unserer lieben Frau in Bethlehem weiter erzählen!"

„Gehört nicht her da!" sagte der Bauer etwas unwirsch, wußte aber selbst nicht, warum er unwirsch war.

Als es ganz finster geworden und so recht der Frieden der heiligen Nacht über das Dorf ausgebreitet lag, als auch das Aveläuten verklungen war, die Glocken mit ihren letzten Schlägen aber noch anzudeuten schienen: Heute sagen wir nicht: gute Nacht! heute fangen wir noch einmal was an! – da hieß es im großen Baumbarthofe plötzlich: „Der Kinigl-Peterl ist da!“ Das Knäblein schoß wie ein Pfeil zur Tür hinaus und stand auch schon vor dem wunderlichen Mann.

Der Kinigl-Peterl war ein alter, großer, hagerer Patron, der zu jenen bestgesuchten und schlechtest geachteten Leuten gehörte, wovon jedes Dorf die seinen hat, Leute, die alles können und anfassen, wofür zufällig sonst niemand zu Wege ist. Sie sind Strohdachdecker und Brunnengräber, Krankenwärter und Rattenfänger, Obstbaumpelzer und Honigausheber, Kapaunzüchter und Ochsenmacher, und noch viel mehr, kurz: nahezu alles – und darum nichts.

Der Kinigl-Peterl, der mit seinem rechten Namen Peter König hieß, verlegte sich außerdem noch auf die Kaninchenzucht, was ihm allerdings nicht viel zu schaffen machte, denn die Kaninchen besorgen derlei selber. Er hatte davon manch feines Brätlein und den Namen Kinigl-Peterl. Nebenbei hatte er eine kleine Familie mit einem nicht immer harmonisch gluckenden Weiblein und drei Töchtern, die schon erwachsen waren und zur Sommerszeit vor dem Häuschen mitten auf der Straße saßen und mit Sandhäuflein und Steinchen spielten. Es waren die „drei armen Hascher“ von Scharau. Ihr Vater hatte denn viel zu schaffen, daß sie zu ihrer unendlichen Armut der Sinne nicht auch noch Hunger leiden mußten. Im Häuschen sah's wohl arm aus, aber nicht bettelhaft, und der Peterl nahm jede Gelegenheit wahr, sich was zu „verdienen“.

Eine solche Gelegenheit zum „Verdienen“ war die heilige Weihnachtszeit, da er von Haus zu Haus ging und den Leuten die „Geburt Christi“ sang, wofür er eine kleine Gabe erntete. Denn überall beschloß er seinen Sang mit den Worten: „Glück hinein, Unglück hinaus, Gott besegne dieses Haus!“

So stand der Kinigl-Peterl in seiner langbemantelten, hageren, vorgeneigten Gestalt, mit dem kleinen Gesichtlein und den weißen Bartstoppeln d’ran, mit frommen Gebärden, aber fürwitzigen Äuglein – so stand er da an der offenen Haustür; der Schein des Herdfeuers fiel auf ihn und er sang die Geschichte der Einkehr zu Bethlehem, wie sie eine Stunde früher der Baumbart-Bauer aus der Bibel dem Knaben erzählt hatte. Nun kam der Bauer und legte sich aus dem Beutel zwei Silberzehner in die hohle Hand zurecht, denn das christliche Singen nach altem Brauch gefiel ihm gar wohl, und das Almosengeben schien ihm heute recht stimmungsvoll; es kam ihm bedeutend leichter an wie sonst: Nur heraus damit, Heiliger Abend ist nicht alle Tag.

Der Peterl hatte die „Geburt“ schier zu Ende gesungen; jetzt war er gerade dabei, wie die römischen Beamten zur heiligen Familie in den Stall treten, um von ihr die Beschreibung aufzunehmen. Da sagt

Der Schreiber: „Sagt an, sagt an, wie des Kindleins Namen ist?“

Der Vater Josef: „Das Kindlein heißt Herr Jesu Christ.“

Schreiber: „Sagt an, wie heißt die Mutter fein?“

Josef: „Die Mutter heißt Maria rein.“

Schreiber: „Und saget, wie der Vater heißt?“

Josef: „Der Vater heißt der Heilige Geist.“

Während solcher Zeremonie war aber auf dem Gesichtlein des Peterl keine rechte Andacht zu erkennen. Das gefiel dem Bauer nicht. Er hielt dem Alten die flache Hand mit den Silberstücken hin und sagte: „Du siehst, Peterl, es sind ihrer zwei. Und hab' sie dir geben wollen allzwei. Aber weil du's ein wenig spöttlerisch machst mit der heiligen Sach', so kriegst nur einen." Damit nahm er mit der andern Hand den einen weg und schob ihn in die Tasche. Den zweiten nahm der Peterl mit einer schönen Verbeugung und sang den Schlußvers:

„So sei Dir, Haus, wohl ehrenwert
Des Boten letzter Gruß beschert,
Glück hinein, Unglück hinaus,
Gott –"

Der Peterl unterbrach sich und sagte recht demütig: „Ich hab' Dir zwar das Ganze vermeint gehabt, Baumbart-Bauer, aber ich denk', das Letzte behalte ich für mich selber."

Und schob davon. –

Wie diese zwei zu solcher Stund' und in der Weise auseinandergingen, hätte man nicht vermutet, daß sie so bald wieder miteinander sollten zu tun kriegen. Und doch schon in derselbigen Nacht.

Als der Baumbart-Bauer vom Mitternachtsgottesdienste nach Hause ging – es war ein heftiges Schneien und Stöbern eingetreten, der Weg über die Wiese hin halb verweht – und als er an seinem einsam stehenden Heustadl vorüber kam, eilte aus diesem eine Gestalt hervor. Eine lange, hagere Gestalt. Der Bauer rief sie an, was sie im Stadel zu suchen gehabt? Der Kinigl-Peterl war's und der sagte ganz erregt: „Ah, Du bist's, der Baumbart! Schau, das ist schon wieder überflüssig, daß eins bei Nacht und Nebel so weit in die Kirchen geht, wenn man das Christkindl auf eigenem Grund und Boden hat. Willst es wissen:

da drinnen ist's, da drinnen im Heustadl. Ochs und Esel stehen nicht dabei, d'rum geh' nur geschwind hinein, ich komm' auch bald zurück."

Er lief davon. Wie der Alte noch laufen konnte! Im Stadl war etwas zu hören. Der Bauer horchte. Da war ja schier das Schreien eines kleinen Kindes! – Er ging in die alte Bretterhütte, kroch über Stroh und Heu, rief herum, was denn da wäre und war endlich ganz nahe dem jungen Geschrei. Da es stockfinster war, so machte er keinen Schritt mehr weiter, sondern fragte, wer da sei.

Nun antwortete ihm die matte Stimme eines Weibes, wenn er etwa nur aus Neugierde frage, so nenne sie ihren Namen nicht.

„Ist auch nicht nötig", versetzte der Bauer, „ich kenne deine Stimme, mir scheint, die habe ich heut' schon gehört. Warum sagst es denn nicht, daß es so mit dir steht?"

„Der Vetter hat mir beizeiten den Riegel vor den Mund und vor die Türe geschoben."

„Wenn ich dein Vetter bin, so wird's mir auch zustehen zu fragen, wer die Schuldigkeit hat, daß er jetzt für dich sorgt; heißt das, wenn du's selber weißt."

„Bauer!" sagte sie und ihre Stimme war kräftiger, „mein Mann ist jetzt beim Militär!"

Warum sie's nicht gesagt hätte, daß sie verheiratet wäre?

Weil sie nicht darum gefragt worden sei. Ihr Mann sei ein Lutherischer und mit so einem hebe man in Scharau keine Ehre auf.

Warum sie jetzt in die Scharau herübergekommen sei?

Weil sie noch vor den Wochen ihre Verwandten besuchen wollte. Die Zeit aber sei Gott bekannt. Die Verwandten hätte sie nun wohl gesehen – jetzt wolle sie Frieden haben.

Da kam schon der Kinigl-Peterl mit einem Laternlicht und mit einem überaus mächtigen Buckelkorb, wie man solche im Sommer zum Grastragen braucht. Er stäubte sich am Eingang sorgsam den Schnee ab, dann kroch er über das Heu her und hinter ihm kroch sein Weib nach, das schleppte Mäntel und Bettdecken und rief der Mutter mit dem Kinde schon von weitem Koseworte zu, und daß sie nur getrost sein sollten, es kämen ja schon die Hirten mit warmen Suppen und Wollzeug! Und der Peterl schlug vor, sie solle das liebe Christkindel nur keck anpacken und damit in den Korb kriechen, dann wolle er sie beide rechtschaffen weich und warm einwickeln und in sein Häusel tragen, wo schon alles bereit sei.

Und als der Baumbart-Bauer merkte, die zwei Häuslersleute wollten sich hier wirklich auf die frommen Hirten von Bethlehem hinausspielen, sagte er: „Na, na, das übernehm' ich, und der Baumbart wird, wenn's d'rauf ankommt, einer der Heiligen Drei Könige sein."

„Vielleicht der Schwarze!" versetzte das junge Weib rasch, „ich bedank' mich für die gute Meinung; ich bin eine arme Magd und will mit den Hirten gehen."

Sie ging aber nicht, sondern ließ sich hübsch tragen und dankte Gott in ihrem Herzen, daß diese nötenreiche Nacht einen so freundlichen Christmorgen gefunden hatte.

Am Christtage, als die Leute erfahren hatten, was sich Merkwürdiges in der Scharau zugetragen, kamen sie ins arme Häuslein mit Lob und Gaben. Die Gaben für Mutter und Kind, das Lob für den Peterl und sein Weib. Die „drei armen Hascher“ standen auch vor dem Bett und schauten das Wunder an. Es war, als ob von diesem ein Strahl ausginge, so verklärt lächelten ihre einfältigen Augen. Und so ist das Wort laut geworden und ist dem Kleinen, der hold heranwächst, der Name geblieben: „Das Christkind von Scharau“.

Buttergebackenes

125 g Butter, 125 g Zucker, 1 Ei, 1 Prise Salz, abgeriebene Schale von einer Zitrone, 250 g Weißmehl, 1 – 2 Eigelb zum Bestreichen.

Butter, Zucker, Ei, Salz und Zitronenschale schaumig rühren, das Mehl beigeben und schnell verkneten. Teig etwa einen halben Zentimeter dick auswellen, mit Förmchen (Sterne, Herzen usw.) ausstechen. Auf ein gebuttertes Blech setzen, mit verschlagenem Eigelb bestreichen. Bei Mittelhitze in 15 bis 20 Minuten hellbraun backen.

Theobald Kerner

Christnacht

Weihnachtsabend ist vorüber,
Alle Kerzen sind erloschen,
Und die Kinder nun zu Bette,
Jetzt, o Christkind, komm', o komme!
Trage wieder schnell die armen
Christtagsbäumchen in den Wald!

Standen sie im Glanz der Lichter
Nicht wie nur durch Tränen lächelnd?
In den Wald, den stillen, trauten,
Zu den Füßen ihrer Mütter,
Zu den alten hohen Tannen
Stell an's alte Plätzchen sie.

Christkind! Christkind! komm', o komme!
Horch, der Wind rauscht an das Fenster,
Ach mir ist, er bring' die Klage
Aus dem fernen Tannenwalde:
„Wehe, daß Natur muß leiden,
Wenn der Mensch sich Freude macht!"

Ilse Frapan

Schlemmerei am Weihnachtsabend

(Der Sybarit)

Ein ideales Weihnachtswetter! Die dünne Schneedecke flimmerte im rötlichen Laternenlichte, die frische, windstille Luft war erfüllt von rosig angestrahlten Schneestäubchen, soweit die Beleuchtung reichte. Draußen im Dunkel waren sie fast unsichtbar, diese winzigen Dinger, die den Fußgängern um die Nase wirbelten – hochaufschnellend im dampfenden Atem – die in Augenbrauen und Wimpern, in hübschen Locken und dunklen Bärten kleine Ansiedlungen versuchten und auf den Paketen da,

wo der Bindfaden auf dem Papier festliegt, kleine feuchte Streifen hinterließen. Sie gelangten nicht mit in die Häuser, um die Weihnachtsfreude anzusehen, sie verschwanden an den Haustüren, ein unberechtigtes, heimatloses Gesindel. Ihre Gefährten und Nachfolger freilich drückten sich neugierig an die erleuchteten Scheiben, ganz wie die vielen Nasen der kleinen Straßenjungen und Weihnachtslichtverkäufer an die Schaufenster der Konditor- und Spielzeugläden. Und durch den zarten weißen Überzug schien märchenhaft gebrochen der Weihnachtsabendglanz auf die Straße hinaus. Noch waren nicht alle Tannenbäume in Lichtern aufgeblüht; denn es war früher Nachmittag, wo erst den kleinen Kindern beschert wird, denen der gute Sandmann das späte Aufbleiben nicht gestatten kann. Wie eine große, dunkle Felsmasse lag die Kirche zwischen den leuchtenden Häusern; an ihrem grauen, schweren Mantel hafteten die leichtsinnigen Flöckchen nicht, und nur in einer Seitenkapelle war Nachmittagsgottesdienst gehalten worden. Nun war er zu Ende; die Lichtspur, die einen Augenblick aus der geöffneten Tür sich auf die beschneite Schwelle ergossen, erlosch, und die Andächtigen drängten sich heraus. Es waren meist alte Frauen, die fröstelnd die Kapuzen und fadenscheinigen Tücher unter dem Kinn zusammenhielten und sich mit trippelnden Schritten nach verschiedenen Richtungen zerstreuten. Mit schnellem Schritt trat der Prediger heraus und bestieg seinen Wagen, die junge Frau daheim hielt auf Pünktlichkeit. Schwerfällig stand der Kirchendiener mit dem großen Schlüsselbund an der Pforte; nun sicherte er die Tür hinter dem letzten Besucher, auf den er eine halbe Minute hatte warten müssen. Er hatte diese Zeit benutzt, um seine Jungen zu beobachten, die in der Wohnung gegenüber deutlich zu sehen waren, wie sie in den Tannenbaum griffen. Der Gedanke, daß sie die Äpfel und Nüsse heute schon herauszustehlen gedächten, beflügelte ihn, und er war längst oben und hatte schon zwei gelinde väterliche Ohrfeigen ausgeteilt, ehe es jenem letzten Besucher gelungen war, mit den kalten Fingern das Riesengebäude von grünem Regenschirm mit schwerem Messingknopf sich über den Hut zu spannen. Als er es endlich zuweg' gebracht, zog er das breite Dach dicht über seinen Kopf und ging mit hüpfenden Schritten, ein oft gestoßenes Hindernis für viele ungeduldig Vorwärtsstrebende, die Straße hinab. Ein Bekannter, der ihm begegnete, warf ihm ein lautes Scherzwort zu; sogleich blieb der Angerufene inmitten des Menschengewühls steh'n, klappte den Schirm zu und stützte sich darauf, um dem längst Verschwundenen mit weit offenen, runden Augen nachzustarren. Schon hatte der Bekannte wohl die dritte Querstraße überschritten, als sich der Schirmträger auf dessen Namen besann und ihn nun laut mit jovialer Herzlichkeit ins Weite rief. „Du bist verrückt, mein Kind", sang ihm ein Junge ins Ohr; die Leute, die vorüberstrichen, wendeten verwundert den Kopf nach der sonderbaren Gestalt. Er sah weder alt noch jung aus, hatte frische Farben und etwas Strahlendes in den weit vorstehenden, blauen Augen. Auf dem Kopf, aber in den Nacken verschoben, trug er einen halbmeterhohen Zylinder, sein grüner, über der Brust zusammengeknöpfter Rock war von urväterlichem Schnitt, und dazu hatte er dünne, kurze Beinchen, die in hellen, engen Sommerhosen noch stelzenhafter aussahen, als sie schon waren. Er ging nun wieder hurtig vorwärts, bis er an einen Delikatessenladen kam; dort stand er still und blickte mit funkelnden Augen und eingebissener Unterlippe auf die ausgelegten Herrlichkeiten. Es sah aber auch fast abenteuerlich bunt und reich dort aus. Den oberen Raum füllte eine riesige, grüngelbe Bananentraube, die zwischen den elektrischen Lampen aufgehängt war; ein rosig schimmernder Lachs stand auf breiter Schüssel darunter, die zierlichen Kästchen mit Mandarinen und Datteln, die Glashäfen mit indischen Schwalbennestern, die Kränze von Salami- und Trüffelwürsten zogen die Augen nach der rechten, die goldig schimmernden, frischgeräucherten Sprotten und Schnepel nach der linken Seite. Hier stand auch, halbaufgerichtet, ein brauner, fetttriefender Speckaal von unermeßlicher Größe. Der kleine Mann konnte die Blicke nicht von ihm trennen. Er hob seinen Regenschirm gefahrdrohend gegen die Spiegelscheibe, um zu sehen, ob der Aal wohl so lang wäre wie der Schirm. Der Aal war ein gut Stück länger. Er prüfte die Dicke des Tieres abermals durch Vergleich mit dem Schirm – der Aal übertraf ihn an Wohlbeleibtheit. Nun hüpfte er die Ladentreppe hinan, um nach dem Preis des Prachtstücks zu fragen. Das heißt, er wartete erst drinnen eine halbe Stunde lang, denn der Raum war voll Kunden, und es war nicht seine Natur, sich vorzudrängen. Außerdem war solch ein Kauf ein wichtiges Ereignis, zu dem man die gehörige Muße haben mußte. Der nahe Anblick all der guten, festlich aufgeschmückten Sachen machte ihn die Zeit vergessen; ja der elegante Verkäufer mit den schlanken Handbewegungen hatte ihn schon zweimal gefragt, was er denn wünsche, ehe er die Gedanken sammeln konnte. Als der Kleine auf das Schaustück, den großen Aal, zeigte, nannte er eine sehr bedeutende Summe, wobei seine im Abschätzen geübten Augen verstohlen musternd über die sonderbare Gestalt hinliefen, bis hinunter zu den gestreiften Sommerbeinkleidern. Das Gesicht des Käufers zog sich ein bißchen in die Länge; mit aller Umständlichkeit brachte er aus der Brusttasche einen gestrickten grauen Geldbeutel zum Vorschein, schob die Ringe hin und her und schüttelte langsam und vorsichtig den Inhalt in seine Hand, um ihn zu überzählen. Inzwischen ward er durch gewichtigere Kunden wieder in den Hindergrund verschoben, und als er herausgefunden, daß der geforderte Preis seine Barschaft weit überstieg, verschwand er wehmütig und geräuschlos, ohne ein weiteres Wort und gleichsam mit hängenden und eingeklemmten Rockschößen.

Draußen aber warf er noch einen langen Abschiedsblick auf das verlockende Wassergeschöpf, das ihm nicht gehören sollte, seufzte tief und hüpfte dann wieder vorwärts, zum Dammtor hinaus. Die Lichter und Häuser blieben dahinten, vor ihm lag der große, nun völlig dunkle botanische Garten, dessen hohe Gitterflügel geschlossen waren. Wie er aber mit den Händen daran hintastete, fand sich noch ein nachgiebiges Seitenpförtchen, das im Öffnen einen singenden Laut von sich gab, und nun lief der Kleine zwischen den leeren Beeten und Büschen und unter den hohen Nadelbaumkronen sicher vorwärts, bis der

Weg sich senkte und langsam hinunter zum Stadtgraben führte, von dem es kühl schaurig heraufwehte. Ein bißchen rechts ging es dann einige Stufen hinab zu einem kleinen, umbuschten Rondell, aus dem das Plätschern einer Quelle tönte. Das klare Wasser war gut zum Trinken, Sommer und Winter holte sich's der Kleine an dieser Stelle. Er griff zuerst nach dem steinernen Rohr, das in etwas grauerem Schwarz aus der dunklen Bodensenkung heraustrat; als er sich so über die Lage vergewissert, tastete er zwischen den Sträuchern und dürren Farnkräutern herum; naß und leer zog er die Hand zurück, während er in ein lautes, unwillig verwundertes Brummen ausbrach. Dann stieg er, rückwärts gehend, ein paar schlüpfrige Stufen wieder hinauf, faßte den Regenschirm hoch oben an der Krücke und ließ ihn prüfend zwischen das Gestrüpp gleiten; aber umsonst, er stieß auf nichts Hartes, den Schirm selbst jedoch zog seine vollwichtige Beschaffenheit plötzlich in die Tiefe. Er kam mit Gepolter unten an, ließ aber nichts weiter von sich hören noch sehen. „I! i! i!" sagte der Mann und guckte mit vorgestrecktem Hals, „das ist doch eine dumme Geschichte! Ja! ja! ja! ja! Was fangen wir nun an?" Und während er diese Frage wohl zwanzigmal vor sich hinmurmelte, ging er schon auf dem Wege zurück, den er gekommen, bis er an ein dunkel daliegendes, langgestrecktes Gebäude gelangte. Die Tür war versperrt, er bimmelte mit der Glokke, die draußen an einem rostigen Draht niederhing; der unwillige, ungewohnte Klang widerhallte im ganzen Hause. Zuletzt erschien ein Licht in einem Dachfenster, und ein Kopf bewegte sich oben, der hinauszuspähen schien. Der Kleine schellte noch einmal.

„Wer ist denn da?" fragte eine ängstliche Stimme aus dem Fenster.

„Ja, sagen Sie mal, was ist denn das mit meiner Wasserflasche? Wer hat die weggenommen?"

„Wer sind Sie?" schrie die klägliche Stimme. „Ich kann niemand einlassen, der Herr und die Gehilfen sind alle aus."

„Je, mein Name – ach, mein Name geht Sie je nichts an; meine Karaffe ist weg, und mein Schirm ist ihr nachgelaufen; hier muß je doch Licht zu bekommen sein!"

„Je, sind Sie denn auch kein Einbrecher? Wollen Sie auch ganz gewiß nichts stehlen?"

„Das nennen Sie stehlen? Wer hat denn meine Wasserkaraffe gestohlen?" schrie der andre ärgerlich.

Schlürfende Schritte kamen drinnen die Treppe herab, und in dem Schein eines flackernden Lichtes, der durch die vorsichtig handbreit geöffnete Tür drang, erschien am ganzen Leibe zitternd der Inhaber der dünnen Stimme, ein kleiner Lehrling, der an diesem Weihnachtsabend die Wache im leeren Hause hatte.

Der sonderbare Wasserliebhaber drängte sich hinein und blickte spähend umher; unter einer invaliden Holzbank auf dem Flur sah er in dem kargen Lichtschein etwas blinken, richtig, da stand die Flasche. Wahrscheinlich hatte ein Gärtner sie draußen gefunden und ins Haus getragen, da ihr Inhaber im Garten sehr wohl bekannt war. Auch der Junge zeigte sich nun beruhigt und wollte sich eben wieder unter die sichere Bettdecke verkriechen, als der Kleine sagte: „Nu noch den Schirm. Halten Sie die Hand vors Licht, und kommen Sie mal mit mir."

„Wohin denn?" stotterte der Lehrling.

„Nach der Quelle."

„Ich darf hier nicht weggehn, und das Licht –"

„Je, je, je, je, dann muß ich allein suchen, aber das Licht muß ich mitnehmen."

Dem Lehrjungen ward es purpurne Finsternis vor den Augen, als er dieses Gesuch hörte; er weinte beinah, bis er dachte, daß seine kleinen Geschwister auch um diese Zeit im Dunkeln sitzen müßten, bis sie in die Weihnachtsstube kämen, und dann ward ihm zumute, als müsse, wenn er die Augen aufmache und sein rot und weiß gewürfeltes Taschentuch abnähme, das er sich zum Schutz vor Räubern und Gespenstern über den Kopf gehängt hatte, auch vor ihm der Tannenbaum stehn mit seinen bunten Lichtern. Aber es war nur ein ganz kleines Licht, das endlich auf ihn zukam, und der es trug, war ein wunderliches

Männchen mit dem Hut im Nacken, einem großen Regenschirm und einer gefüllten Wasserflasche, kein Knecht Ruprecht und kein Weihnachtsengel, wie er ihm in der Kindheit zuweilen erschienen war. Sie wünschten sich darauf gegenseitig vergnügte Weihnachten, und der kleine Lehrling ging wieder in sein Dachkämmerchen, um von morgen zu träumen, wo er einen ganzen Tag frei haben und bei seinen Eltern sein würde – während der andere wieder durch das Katzenpförtchen hinausging. Er hüpfte aber jetzt etwas schneller, denn er hatte sich ziemlich lange beim Suchen aufgehalten, und bald kam er wieder in die geräuschvolle Stadt. Der Prachtsaal in dem schönen Ladenfenster, das ihn erst so angezogen, war nun fort; aber er sah eine Menge kleiner geräucherter Fische liegen mit Preisen auf Pappstückchen am Schwanz oder zwischen den Kiemen. Er streckte sich auf den Zehen, um die Summen zu lesen, ging dann zum zweitenmal in den Laden und erhandelte einen appetitlich duftenden geräucherten Aal, der freilich, mit dem Schaustück verglichen, nur ein Regenwurm war. Beim Konditor suchte er dann noch allerlei feines Gebäck aus, nur fand sich beim Bezahlen, daß der Rest seines Geldes abermals nicht reichte, und er mußte mit langem Gesicht zusehen, wie die Verkäuferin gleichmütig alles wieder auf die Teller zurücklegte, bis auf ein großes Stück Makronentorte mit verzuckerten Früchten, das sie ihm ließ. Schmunzelnd schob er's in die Rocktasche und machte sich mit seinen Schätzen nach seiner Wohnung auf. Bald stand er vor der Tür des Hauses, wo er ein Hinterstübchen bewohnte. Eine laute, lustige Stimme, die Stimme seiner Wirtin, bewillkommnete ihn: „Gott bewahre, Sie kommen aber spät, Stürmer, nu hab' ich bloß Ihretwegen nich wegkönnen!"

„Na, na, na, seien Sie artig!" rief der Kleine begütigend und wollte ihre runde Hand streicheln.

„Rühren Sie mich nicht an!" schrie sie zurückweichend und glättete an den Falten ihres seidenen Staatskleides. „Sehen Sie nich, daß ich all pükfein bin?"

„Immer laufen! Immer laufen!" drohte der Einwohner.

„Je, ich geh' zu meiner Cousine, koche ihr die Karpfen, sonst kriegt' ich keine zu essen."

„Ha, Karpfen!“ Der Kleine lachte vor Sehnsucht und Schwärmerei wie bei dem Namen einer Geliebten.

„Sieh, sieh, das glaub’ ich! Nee, mein guter Herr, das is nichts für Sie, die muß man nur essen, wenn man sie bezahlen kann. Na, denn gehn Sie man hinein, Ihre Stube is warm.“

Er verbeugte sich mit drolliger Zärtlichkeit, dann hörte er die Tür zuschließen; er war jetzt ganz allein im Hause, gerade wie der kleine Gärtnerbursche. – „Guten Abend allerseits“, sagte er, als er in seine Stube trat, „je, richtig, die Streichhölzer.“ Er suchte auf dem Bördchen neben der Tür und begann gemächlich Licht anzumachen. Nicht wie ein andrer, weniger geduldiger Mensch, der die Tür hart zuschlägt, auf der Jagd nach der Streichholzschachtel ein paar Unglücksfälle unter dem Geschirr verursacht und erst mit dem zwanzigsten Hölzchen Glück hat, so daß die Gegend um ihn her aussieht wie ein Schlachtfeld von all den kleinen, blassen, dampfenden Leichen. Nein, langsam, vorsichtig und sogleich von Erfolg gekrönt; die Petroleumlampe brannte hell, obgleich es nur ein simpler Flachbrenner war, und beleuchtete die Behaglichkeit des saubern, altmodisch möblierten Kämmerchens, das zugleich Wohn- und Schlafraum vorstellte. Noch mit dem Hut auf dem Kopf hob er die Lampe von der bunten Dekke des runden Sofatisches und ging damit nach der Wand. „Guten Abend, Vater! Guten Abend, Mutter!“ sagte er vergnügt und lachte hinauf zu den steifen, alten Gesichtern auf den Pastellbildern. „Nu sind wir zu Haus! Endlich, herrjes, war das ’ne lange Predigt heute. Und erst nich mal ’n Platz frei! Wollte all weggehn! Na, nachher war da noch so’n Konfirmandenstuhl in der fünften Reihe links! Und denn die Geschichte mit der Karaffe! Weißt, deine Karaffe, Mutter! Was für’n Eigenmächtigkeit, sie wegzunehmen. Und dieser Jung fragt mich noch, ob ich einbrechen will! Nee, da hört jewoll alles auf." Darauf beäugelte er gewissenhaft seine Stiefel und Beinkleider. – „O weh, o weh, o weh!" jammerte er und schüttelte so stark mit dem Kopf, daß ein Zuschauer Angst bekommen hätte, „das sieht je lecker aus! Je, der Winter, der Winter, das is 'n schlechtes Wetter für die Hummeln." Nun öffnete er ein Schubfach und nahm reine Wäsche heraus, die feinste, die er besaß, sowie einen vollständigen schwarzen Anzug, dazu goldene Manschettenknöpfchen, ein perlgraues, seidenes Halstuch – an Krawatten hatte er sich nie gewöhnen können – und holte dann das zweite Paar Stiefel herein, das blankgeputzt vor seiner Stubentür stand. Nun begann er sich in dem angenehm durchwärmten Stübchen auszukleiden und eine gründliche Wäsche an seiner ohnehin schon sehr sauberen Person vorzunehmen. Unaufhörlich drückte er sich einen großen, vollgesogenen Schwamm auf den Kopf und lächelte rosig und vergnügt unter den herabstürzenden Wasserbächen, wie eine männliche Najade. Als er sich dann noch mit Vorsicht und Sachkenntnis rasiert und in die frischen Gewänder gekleidet hatte, besah er sich sehr zufrieden in einem kleinen Handspiegel, der ihm ein apfelrotes, weißhaariges Gesicht widerstrahlte. Nach Kräften ordnete er dann alle verstreuten Gegenstände und trocknete etwas die Flut auf dem Fußboden, die er angerichtet. Die letzten Lachen überließ er dem kleinen Kanonenofen, den er von Zeit zu Zeit fütterte. – All diese Hantierungen hatte er bei offenem Rouleau vorgenommen, da er in seiner harmlosen Kurzsichtigkeit selbst nie etwas von dem bemerkte, was im Innern andrer Häuser vorging. Die Nachbarn aber amüsierten sich an ihm wie an einer Katze, die sich putzt; der komische Kauz war, das wußten sie, nicht verantwortlich wie einer von ihnen. – Nun ließ er sich bequem in das kleine, mit buntem Kattun bezogene Sofa sinken und entrollte den Aal aus dem Papier. Dabei verklärte sich sein Gesicht, die Stumpfnase schlürfte den zarten Rauchduft, während die Zunge schon im voraus Schmeckversuche in die Luft hinaus machte. „Er ist nicht schlecht", sagte er zwinkernd, „wenn auch ein Zwerg gegen den." Inzwischen holte er ein Messer aus der Brusttasche, schnitt den Fisch in Stücke und teilte diese in zwei Portionen: „Vier für heute und drei für morgen, das heißt, denn muß der Kopf oder Schwanz mit zu heute gehören, sonst kämst du ja morgen zu kurz, Stürmer, mein Jung! Das möchtest du wohl, dir heute all die guten Mittelstücke vor der Nase wegessen! Geht nich! Geht nich!" Er lachte und schlug sich selbst ein Schnippchen. Dann begann er mit Zärtlichkeit von dem größten Stück der ersten Abteilung die Haut zu lösen, sie zeigte sich dick mit Fett bewachsen; darunter schimmerte das feingeschichtete, rosige Fleisch. „Ha!" machte der Einsiedler und begann zu essen, „das is 'n Fisch! Den Geschmack hat doch kein andrer!" Bei jedem Bissen schloß er vor wohligem Genuß die Augen und verzehrte so das erste Stück langsam und ernstlich prüfend, ob der Fisch auch nicht an der Gräte weniger frisch schmecke; aber sie sah vollkommen weiß und durchsichtig aus, das beste Zeichen für tadellose Beschaffenheit. Seine Augen glänzten: „Wer weiß", sagte er, „ob der alte Riesenaal diese Zartheit und Frische gehabt hätte! Ich bezweifle es, wirklich, bezweifle es sehr! Er sah mir", lächelte der vergnügte Esser und legte den grauen Kopf mit pfiffigem Schmunzeln auf die Seite, „wenn ich die Wahrheit sagen soll, sah er mir danach aus, als ob er schon acht Tage im Schaufenster gelegen hätte!" – Er hatte etwas Weißbrot in einem Eckschränkchen, das holte er heraus und legte es neben den geschnittenen Fisch; aß auch wohl gelegentlich eine Scheibe, aber nur sozusagen aus Pflicht, während die Lieblingsspeise viel schneller verschwand. Als er den für heute bestimmten Anteil verzehrt hatte, machte er eine kleine Pause, ging dann wieder an den Schrank und brachte eine in Seidenpapier gewickelte Flasche heraus. Dann setzte er ein Glas daneben, besah es, hielt es gegen's Licht, ob es klar sei, wischte es zum Überfluß noch einmal mit der Serviette aus und goß dann behutsam den dunkeln Portwein ein. Darauf begann dasselbe Kosten und Zungenschnalzen wie beim Verzehren des Fisches, dasselbe entzückte Schließen der Augen, bis der letzte klebrige Tropfen verschluckt war. Plötzlich warf er einen schüchtern begehrlichen Blick auf die übrige Aalportion, wendete sich aber gleich darauf ab und sagte mit unwilliger Betonung: „Na, Stürmer, du wirst doch nicht?“ Er schob auch noch das Papier darüber, um das verführerische Wassertier gar nicht mehr vor Augen zu haben, trank dann noch ein zweites Glas Wein, dann ein drittes. Nun begann ein kecker Mutwille in seinen Augen aufzusprühen; scherzend hob er das Papier von dem Fisch und guckte darunter – dann schlug er sich selbst auf die Finger und lachte, daß es widerhallte. Danach trank er das vierte Glas. Immer übermütiger glänzten seine Bäckchen im Widerschein des Feuers und des Weins. Er stand auf und ging zu der steif herabglotzenden Pastelldame an der Wand und sagte vertraulich: „Was meint Mutter? Noch 'n Stück?“ Und dann in anderem Ton: „Na ja, mein Jung, weil heute Weihnachtsabend is.“ Beglückt von der Erlaubnis sprang er an den Tisch zurück und befriedigte sein Verlangen; kaum das erste Stück hatte ihm so gut geschmeckt wie dieses fünfte. Mit der Bitte um das nächste, wendete er sich an seinen Vater, und dieser war so gefällig, gleich zu antworten: „Je, warum denn nich, mein Jung!“ Das letzte aß er dann, damit es nicht erst trocken würde, aus eigener Machtvollkommenheit und ohne Gewissensskrupel. Das fettige Papier samt den Überresten warf er in den Ofen; dann kam wieder der Schwamm an die Reihe, doch wusch er diesmal nur Gesicht und Hände. Sein Waschgeschirr war von feinem Porzellan mit verwaschener Vergoldung, als aber das Licht darauffiel, erblickte er einen dunkeln, verkitteten Riß, der quer durch die Waschschüssel lief. Augenblicklich trat ein sorgenvolles Bedauern in sein Gesicht; er kannte den Riß seit drei Jahren, aber verschmerzt hatte er ihn noch nicht. „Je, Mutter“, sagte er kopfschüttelnd, „ich kann auch nichts dafür, du siehst es nu, wie mit deinem besten Geschirr umgegangen wird!“ Kaum war es heraus, als er sich auch schon ängstlich umsah, ob nicht etwa die Wirtin ihn gehört habe. Er wußte ganz genau, daß sie mit peinlicher Sorgfalt bemüht war, ihm seinen Hausrat, der bis ins kleinste von seinen spätverstorbenen Eltern stammte, in gutem Stande zu erhalten, aber wer gleitet nicht einmal aus, wenn die Fliesen in der Küche frisch gescheuert und von der eindringenden Kälte mit trügerischem Glatteis bedeckt sind?

Im Hause gegenüber erlosch eben das letzte Licht am Tannenbaum; zwei jugendliche Gestalten, die sich umschlungen hielten, blickten aus dem Fenster auf den Garten im Schnee und zu den funkelnden Laternen empor. „Nächstes Jahr feiern wir das Fest in unserem eigenen Hause, Lina!“ flüsterte der junge Mann und drückte ihre Hand.

Sie nickte.

„Aber war es nicht immer reizend hier, auch heute abend? Wie süß sie alle waren.“ –

Ihr fröhliches Gesicht stand in Tränen.

„Glaubst du, ich könnte je die Zeit vergessen?“ sagte er hastig. „Dies ist ja doch mein zweites Elternhaus.“

Sie küßten sich, dann zeigte sie hinüber.

„Sieh, Fritz, der Alte sitzt allein zu Haus; wie so ein armer Mensch wohl Weihnachtsabend gefeiert hat! Wovon lebt er eigentlich?“

„Ich glaube, er hat so kleine Agenturen, verdienen wird er wenig genug.“

„Ja, die Frau, bei der er wohnt, sagt, daß er höchstens ein- bis zweimal die Woche etwas Warmes ißt – lieber Gott!“

„Er scheint aber jetzt zu essen", sagte der Bräutigam.

„Ja? Oh, das freut mich!"

„Und, Lina, eben hat er sich aus der Flasche eingeschenkt, ich kann den Wein hier im Glase rot funkeln sehen, i, weißt du, ich glaube, er ißt Torte dazu, wahrhaftig, mit spitzen Fingern –"

„Ach, wie gut", sagte das junge Mädchen, „ich fürchte, er hungert zuweilen im stillen."

„Wenn man ihm helfen könnt'" – Fritz in der seligen Bräutigamsstimmung hätte die ganze Welt glücklich machen mögen.

„O nein, er ist sehr stolz auf seine Art, denn er ist aus guter Familie – anbieten kann man dem nichts."

„Wenn er eine bessere Stellung bekommen könnte –"

„Ja, aber wie? Sein alter Prinzipal ist tot, sein Nachfolger hat ihn dann entlassen. Die sonderbaren Manieren, weißt du, schrecken ab. Ein Glück nur, daß er trotz seines kümmerlichen Lebens so harmlos lustig ist wie ein Schuljunge; wahrscheinlich heißt es deshalb, er sei nicht richtig im Kopf – –"

„Alles haben wir nun gehabt, nur noch keine Musik", sagte Fritz ablenkend, „spiel uns etwas, liebes Herz."

Die Braut ging lächelnd ans Klavier. „Die Neunte? Deine geliebte Neunte, nicht wahr?"

Als es dann in jubelnden Feierklängen durch die beschränkte Wohnung brauste, das hohe Lied von der Freude, die so stark ist, daß sie das kleine Menschenherz fast zersprengt, öffnete sich plötzlich die Stubentür, aber nur eine Ritze breit, und eine Stimme rief hinein: „Bitte, entschuldigen Sie, is das nich Beethoven?"

Alle wandten den Kopf, die Spielerin stockte einen Moment, der Bräutigam winkte mit gerunzelter Stirn: „Nicht unterbrechen"; aber Mama ging auf den Zehenspitzen zur

Tür und zeigte mit der Hand: „Kommen Sie doch herein, Herr Nachbar!“ Da stand er nun, dicht an der Wand, drehte den Hut in den Händen und die Augen im Kopfe, und seine Lippen zitterten vor Aufregung. Nun sah sich Lina um, nickte unmerklich; dem Alten schoß das Blut ins Gesicht, er sah aus, nicht wie ein Greis, sondern wie ein selig träumendes Kind. Er stand noch so, als die letzten Töne verklungen. „Herr Stürmer, nicht wahr? Setzen Sie sich doch, Herr Stürmer, trinken Sie ein Glas Punsch mit uns“, sagte der Hausherr leutselig. Der Kleine blickte auf: „Je, sehn Sie, dacht es gleich, Beethoven; i, denk ich, willst mal fragen! Na, nehmen Sie es nicht übel, – Sie auch nicht, Bienchen“ – er stellte sich vor Lina und betrachtete sie entzückt; – „das ist wie ein Bienchen, und wo sie fliegt, sind Blumen! Guten Abend, meine Herrschaften! Nein, danke, jetzt keinen Punsch, das war ja Beethoven, und danach mag ich keinen Punsch! Habe bereits zu Abend gegessen. Gute Nacht, danke sehr – und wo sie fliegt, sind Blumen“ – – Plötzlich schloß er die Tür und war verschwunden.

Eine halbe Stunde später lag er in zufriedenem Schlaf in seinem Bett, unter den Kissen und Laken seiner Mutter. Auf seinen Füßen ruhte ein dicker Wollknäuel, das war Ali, seiner Wirtsfrau Pudel, zubenannt der „Strömer“; der war mit ihm von seiner Straßenwanderung heimgekommen.

Als die Wirtin am nächsten Morgen Stürmers Zimmer reinigte, fand sie unter dem Tisch die Aalschwanzflosse mit dem Preis auf dem Pappstücken. Sie war dem Pudel zu mager gewesen. „Nu sieh“, bemerkte sie für sich, „was für’n Verschwender der alte Kerl ist! Hat den ganzen Aal aufgegessen. Kann er nicht nach der Volksküche gehn? Was braucht der Delikatessen?“ Eben kam er nach Haus,

Wasserkaraffe und Regenschirm in den Händen, lachend von weitem: „Strenge Frau, strenge Frau, nu is Weihnachten vorbei, nu fliegen bald wieder die Hummeln – im botanischen Garten an der Quelle blüht eine Weihnachtsrose! Je, je, je, solche Festtage! Je, je, je, solche Freudentage – –!“ Die Wirtin sah ihn an, er lachte so ansteckend: „Ach, Stürmer, was Sie auch für'n Mann sind!“ seufzte sie fingerdrohend. – „Sie können Gott danken, wie gut Sie es haben, wahrhaftig Gott danken, so püchterig Sie sind!“

„Tu ich auch!“ nickte der Kleine, „aber horchen Sie doch mal rüber, spielt sie nu nich Mozart?“

Sybarit: Schlemmer, Prasser / Najade: Quellnymphe der griechischen Sage / Skrupel: Gewissensbisse

Annette von Droste-Hülshoff

Am Weihnachtstag

Still ist die Nacht; in seinem Zelt geborgen,
Der Schriftgelehrte späht mit finstren Sorgen,
Wann Judas mächtiger Tyrann erscheint;
Den Vorhang lüftet er, nachstarrend lange
Dem Stern, der gleitet übers Äthers Wange,
Wie Freudenzähre, die der Himmel weint.

Und fern vom Zelte über einem Stalle,
Da ist's, als ob aufs nied're Dach er falle;
In tausend Radien sein Licht er gießt.
Ein Meteor, so dachte der Gelehrte,
Als langsam er zu seinen Büchern kehrte.
O weißt du, wen das nied're Dach umschließt?

In einer Krippe ruht ein neugeboren
Und schlummernd Kindlein; wie im Traum verloren
Die Mutter kniet, Weib und Jungfrau doch.
Ein ernster, schlichter Mann rückt tief erschüttert
Das Lager ihnen; seine Rechte zittert
Dem Schleier nahe um den Mantel noch.

Und an der Türe steh'n geringe Leute,
Mühsel'ge Hirten, doch die ersten heute,
Und in den Lüften klingt es süß und lind,
Verlor'ne Töne von der Engel Liede:
„Dem Höchsten Ehr' und allen Menschen Friede,
Die eines guten Willens sind."

Weihnachtslied der Hirten

Was soll das bedeuten? Es taget ja schon.
Ich weiß wohl, es geht erst um Mitternacht 'rum.
:/: Schaut nur daher! :/:
Wie glänzen die Sternlein je länger je mehr.

Treibt z'sammen, treibt z'sammen die Schäflein fürbaß!
Treibt z'sammen, treibt z'sammen, dort zeig ich euch was:
:/ : Dort in dem Stall :/ :
Werd't Wunderding' sehen, treibt z'sammen einmal!

Ich hab nur ein wenig von weitem geguckt,
Da hat mir mein Herz schon vor Freuden gehupft:
:/ : Ein schönes Kind :/ :
Liegt dort in der Krippe bei Esel und Rind. –

Ein herziger Vater, der steht auch dabei,
Ein wunderschöne Jungfrau kniet auch auf dem Heu.
Um und um singts, um und um klingts:
Man sieht ja kein Lichtlein, so um und um brinnts.

Das Kindlein, das zittert vor Kälte und Frost,
Ich dacht mir: „I wer hat es denn also verstoßt,
:/ : Daß man auch heut' :/ :
Ihm sonst keine andere Herberg' anbeut?"

So gehet und nehmet ein Lämmlein vom Gras
Und bringet dem schönen Christkindlein etwas!
:/ : Geht nur fein sacht, :/ :
Auf daß ihr dem Kindlein kein Unruh nicht macht!

Wilhelm Raabe

Weihnachten

(Aus „Die Chronik der Sperlingsgasse“)

Am 24. Dezember

Weihnachten! – Welch ein prächtiges Wort! – Immer höher türmt sich der Schnee in den Straßen; immer länger werden die Eiszapfen an den Dachtraufen; immer schwerer tauen am Morgen die gefrorenen Fensterscheiben auf! Ach in vielen armen Wohnungen tun sie es gar nicht mehr. – Hinter den meisten Fenstern lugen erwartungsvolle Kindergesichter hervor; da und dort liegt auf der weißen Decke des Pflasters ein verlorner Tannenzweig. Es wird viel Goldschaum verkauft, und bedeckte Platten von Eisenblech, die vorbeigetragen werden, verbreiten einen wundervollen Duft.

„Was ist ein echter Hamburger Seelöwe?“ fragte Strobel, der bei mir eintrat und beim Abnehmen des Hutes ein Miniaturschneegestöber hervorbrachte.

„Ein Hamburger Seelöwe?“ fragte ich verwundert. „Doch nicht etwa ein Mitglied des Rats der Oberalten?“

„Beinahe!“ lachte der Zeichner. „Ein Hamburger Seelöwe ist eine Hasenpfote, auf welche oben ein menschenähnliches Gesicht geleimt ist. Ein solches Individuum versteht an einem Tischrande gar anmutige Bewegungen zu machen. Sehen Sie hier!“

Dabei zog er den Gegenstand unseres Gesprächs hervor, hing ihn an meinen Schreibtisch und brachte ihn durch eine Art Pendel in Bewegung.

„Ist das nicht eine wundervolle Erfindung?“

„Prächtig“, sagte ich, „in meiner Jugend brachte man

aber denselben Effekt durch den abgenagten Brustknochen eines Gänsebratens, in welchen man eine Gabel steckte, hervor, aber die Kultur muß ja fortschreiten."

„Ja, die Kultur schreitet fort!" seufzte der Zeichner. „Sogar die einfachen Tannen machen allmählich diesen Pyramiden von bunten Papierschnitzeln Platz. Papier, Papier überall! Aber was ich sagen wollte: wäre es nicht eigentlich die Pflicht zweier Mitarbeiter der welken Blätter, jetzt auf die Weihnachtswanderung zu gehen?"

„Auch ich wollte Sie eben dazu auffordern", sagte ich.

„Vorwärts!" rief Strobel und stülpte seinen Filz wieder auf, während ich meinen Mantel und roten baumwollenen Regenschirm hervorsuchte.

Wir gingen. Den Hamburger Seelöwen ließen wir ruhig am Tische fortbaumeln, nachdem ihm Strobel noch einen letzten Stoß gegeben hatte. Zur Weihnachtszeit habe ich gern ein solches Spielzeug in der Nähe; erfreute sich doch auch der alt und grau gewordene Jean Paul zu solcher Zeit gern an dem Farbenduft einer hölzernen Kindertrompete.

Welch ein Gang war das, den ich mit dem tollen Karikaturenzeichner in der Dämmerung des Abends machte! In wieviel Keller- und andere Fenster mußte der Mensch gucken; in wieviel kleine frostgerötete Hände, die sich an den Ecken und aus den Torwegen uns entgegenstreckten, ließ er seine Viergroschenstücke gleiten! Welch ein Gang war das! Die Geister, die den alten Scrooge des Meister Boz über die Weihnachtswelt führten, hätten mich nicht besser leiten können als Herr Ulrich Strobel. Jetzt betrachteten wir die phantastische Ausstellung eines Ladens, jetzt die staunenden, verlangenden Gesichter davor; jetzt entdeckte Strobel eine neue Idee in der Anfertigung eines Spielzeugs, jetzt ich; es war wundervoll!

An der Ecke des Weihnachtsmarktes blieben wir stehen, in das fröhliche Getümmel, welches sich dort umhertrieb, hinein blickend. Im ununterbrochenen Zuge strömte das Volk an uns vorbei: Väter, auf jedem Arme und an jedem Rockschoß ein Kind; Handwerksgesellen mit dem Schatz, den sie aus der Küche der „Gnädigen" weggestohlen hatten; ehrliche, unbeschreiblich gutmütig und dumm lächelnde Infanteristen, feine schmucke Gardeschützen, schwere Dragoner und „klobige" Artillerie. – Hier und da wanden sich junge Mädchen zierlich durch das Getümmel; jedes Alter, jeder Stand war vertreten, ja sogar die vornehmste Welt überschritt einmal ihre närrischen Grenzen und zeigte ihren Kindern die – Freude des Volks.

Der Zeichner war auf einmal sehr ernst geworden. „Sehen Sie", sagte er, „da strömt die Quelle, aus welcher die Kinderwelt ihr erstes Christentum schöpft. Nicht dadurch, daß man ihnen von Gott und so weiter Unverständliches vorräsonniert, sie Bibel- oder Gesangbuchverse auswendig lernen läßt; nicht dadurch, daß man sie – womöglich in den Windeln – in die Kirchen schleppt, legt man den Keim der wunderbaren Religion in ihre Herzen. An das Gewühl vor den Buden, an den grünen funkelnden Tannenbaum knüpft das junge Gemüt seine ersten, wahren – und was mehr sagen will, wahrhaft kindlichen Begriffe davon!"

Ich wollte eben darauf etwas erwidern, als plötzlich eine Gestalt in einen dunkeln Mantel gehüllt, ein Kind auf dem Arme tragend, an uns vorbeischlüpfen wollte. Ein Strahl der nächsten Gaslaterne fiel auf ihr Gesicht, es war die kleine Tänzerin aus der Sperlingsgasse. Ich freute mich über die Begegnung und rief sie an:

„Das ist prächtig, Fräulein Rosalie, daß wir Sie treffen. Vielleicht werden Sie uns erlauben, daß wir Sie begleiten;

denn um die Mysterien eines Weihnachtsmarktes zu durchdringen, ist es jedenfalls nötig, ein Kind bei sich zu haben."

Die Tänzerin knickste und sagte: „O, Sie sind zu gütig, meine Herren; Alfred hat mir den ganzen Tag keine Ruhe gelassen, und da kein Theater ist, so mußte ich ihm doch die Herrlichkeit zeigen."

„Ja Mann", sagte Alfred unter einer dicken Pudelmütze gar verwegen hervorschauend – „mitgehen!"

Ich stellte der Tänzerin den Nachbar Zeichner vor, und das vierblättrige Kleeblatt war bald in der Stimmung, die ein Weihnachtsmarkt erfordert. Was für ein Talent, Kinder vor Entzücken außer sich zu bringen, entwickelte jetzt der Karikaturenzeichner. Er hatte der Mutter den dikken Bengel sogleich abgenommen, ließ ihn nun gar nicht aus dem Aufkreischen herauskommen und schleppte ihn hoch auf der Schulter durch das Gewühl voran. „O ich bin Ihnen so dankbar, so dankbar, Herr Wachholder", flüsterte die kleine Tänzerin, zu deren Beschützer ich mich sehr gravitätisch aufwarf.

„Liebes Kind", sagte ich, „ein Paar solcher Junggesellen, wie ich und mein Freund, würden solche Abende wie diesen sehr übel zubringen, wenn nicht dann ausdrücklich eine Vorsehung über sie wachte. Sie sollen einmal sehen, wie prächtig wir heute abend noch Weihnachten feiern werden; – hören Sie nur, wie Alfred jubelt; sehen Sie, wie stolz und glücklich er unter der Pickelhaube vorguckt, die ihm eben der Herr Strobel übergestülpt hat!"

Der Karikaturenzeichner hätte sich in diesem Augenblick sehr gut selbst abkonterfeien können – er tat es auch, aber später. Wundervoll sah er aus. Im Knopfloche baumelte ein gewaltiger Hampelmann, in der rechten Hand hatte er eine große Knarre, die er energisch schwenkte;

während auf seinem linken Arm Alfred mit aller Macht auf eine Trommel paukte.

„Kleine Dame", sagte der Zeichner jetzt zu unserer Begleiterin, „stecken Sie mir doch einmal jene Tüte in die Rocktasche, ich komme nicht dazu! Heda, alter Wachholder", schrie er dann mich an, „gleiche ich nicht aufs Haar einer Kammerverhandlung? Rechts Geknarre, links Getrommel, und für das Fassen und Einsacken der begehrten Süßigkeiten weder Kraft noch Platz!"

„Mama, der Onkel aber mal rechter Onkel!" rief der Kleine entzückt von seiner Höhe herab, als Rosalie der Anforderung Strobels nachkam und ich ebenfalls die Tasche mit Allerlei füllte.

So ging es weiter, bis uns endlich die Kälte zu heftig wurde. Der Zeichner löste sich auf – wie er's nannte – und überlieferte mir die spielzeugbehangene Linke, behielt jedoch die Knarre in der Rechten, und nun gings durch die menschen- und lichterfüllten Straßen nach Hause. Wie glänzte heute abend die alte dunkle Sperlingsgasse! Von den Kellern bis zum sechsten Stock, bis in die kleinste Dachstube war die Weihnachtszeit eingekehrt; freilich nicht allenthalben auf gleich „fröhliche, selige, gnadenbringende" Weise. Welch' einen Abend feierten wir nun! Wir ließen unsere kleine Begleiterin natürlich nicht zu ihrem kaltgewordenen Stübchen hinaufsteigen. War ich nicht schon auf der Universität meines famosen Punschmachens wegen berühmt gewesen? (Eine Kunst, die mir mein Vater mit auf den Lebensweg gegeben hatte.) Der Karikaturenzeichner holte einen Tannenzweig, den er auf der Straße gefunden hatte, hervor und hielt ihn ins Licht.

„Das ist der wahre Weihnachtsduft", sagte er, „und in Ermangelung eines Bessern muß man sich zu helfen wissen."

Horch! was trappelt da draußen auf einmal auf der Treppe? Ein leises Kichern erschallt auf dem Vorsaal und scheint noch eine Treppe höher steigen zu wollen. „Zu mir?" sagt Rosalie und springt verwundert nach der Tür.

„Ach, da ist sie?!" schallt es draußen, und auch ich stecke meinen Kopf heraus.

„Guten Abend, alter Herr! Guten Abend, Rosalie! Guten Abend, Röschen!“ erschallt ein Chor heller lustiger Stimmen.

„Wo ist Alfred, wir bringen ihm einen Weihnachtsbaum!“

„Hurra, das ists, was wir eben brauchen!“ schreit der Zeichner, seine Knarre schwingend. „Schönen guten Abend, meine Damen, und fröhliche Weihnachten!“

Aus dunkeln Mänteln und Schals und Pelzkragen entwickelt sich jetzt ein halbes Dutzend kleiner Theaterfeen, die alle jubelnd und lachend meine Stube füllen, und – auf einmal alle ein verschiedenes Musikinstrument hervorholen, welches sie auf dem Weihnachtsmarkt erstanden haben. Ein Heidenlärm bricht los; das knarrt und quickt und plärrt und klappert, daß die Wände widerhallen, und Rosalie, welche beschwörend von einer der kleinen Ratten zur andern läuft, zuletzt die Ohren zuhaltend in dem fernsten Winkel sich verkriecht.

Endlich legt sich der Skandal mit dem ausgehenden Atem und der ausgehenden Kraft des Karikaturenzeichners, der vor Wonne über das Pandämonium kaum noch seine Knarre schwingen kann.

Welch’ ein Punsch war das! welche Gesundheiten wurden ausgebracht! welche Geschichten wurden erzählt! Vom Souffleur Flüstervogel bis zum Ballettmeister Spolpato, ja bis zu Seiner Exzellenz dem Herrn Intendanten.

Heute abend malte Strobel keine Karikaturen, aber sich selbst machte er oft genug zu einer. Beim Versuch, sich auf einer mit dem Halse auf der Erde stehenden Flasche sitzend zu drehen, beim Zuckerreiben, beim Versuch, den glimmenden Docht eines ausgeputzten Wachslichtes wieder anzublasen und bei anderen Kunststücken.

Alfred, der durch Unterlegung von Pfuffendorfs und Bayles schweinslederner Gelehrsamkeit und durch Auftürmung verschiedener dickbändiger Erziehungstheorien dazu gebracht war, neben seiner kleinen Mutter sitzend, über den Tisch blicken zu können, jubelte mit, bis ihm die Augen zufielen, und er auf meinem Sofa ein- und weiterschlief bis elf Uhr, wo das Fest endete, die kleinen Gäste wieder in ihre Mäntel krochen, mich für einen „gottvollen alten Herrn“ erklärten, Röschen küßten und nach einem vielstimmigen „gute Nacht“ die Treppe hinabtrippelten. Darauf trug Strobel den schlafenden Alfred eine Treppe höher (wozu ich leuchtete) und – auch dieser Weihnachtsabend der Sperlingsgasse war vorbei.

Peter Hille

Mein Heiliger Abend

„Meinetwegen!

Nun machen Sie aber, daß Sie herauskommen!“

Als die Wirtin gegangen, machte ich mir an dem einzigen Stuhle Luft, den mir die Wirtin soeben vor die Türe zu setzen die große Gewogenheit hatte. Ein bewährtes Mittel das, eine innere Empörung niederzudämpfen, dessen sich, verläßlichen Gewährsmännern zufolge, schon der Altreichskanzler nicht ohne Erfolg bedient haben soll.

Noch einmal öffnete sich die Tür dem Ingrimm meiner liebwerten Frau Hospita:

„Also morgen mittag 12 Uhr! Sind Sie dann noch immer nicht raus, dann schmeiße ich Ihren Kram auf die Straße und Sie hinterher.“

„Schöne Seele!“ meinte ich bescheiden.

„Sie machen sich wohl noch lustig über mir, Sie Strolch Sie! Sie Erzgauner!

Überhaupt so'ne Schriftsetzer, eine nette Package muß dett sind!"

„Sie vergessen sich, verehrte Frau Meckert, denken Sie daran, daß heut Heiliger Abend ist!"

„Ach Heiliger Abend! Ihnen scheißt der Hund was!"

So, nun war ich endlich allein mit dieser an Gaben und Ahnungen so reichen Weihenacht des ganzen Jahres.

Meine Bescherung hatte ich bereits weg. Zwei Pakete auf einmal. Nett, nicht wahr? Es gibt doch noch gute Menschen!

Das eine Paket enthielt ein Drama in fünf Aufzügen. Das betitelte sich „Schillers Lehrzeit", war gut geschrieben, darum von mir. Es sei nicht künstlerisch genug, zu belehrend!

Zum Kuckuck nochmal, dafür heißt es doch auch Lehrzeit!

Das zweite Paket enthielt: Sappho, Roman der Schönheit von Peter Hille. Auf den hatte ich die meiste Zuversicht gesetzt, wie ich an Schillers Lehrzeit – und das doch wohl mit Recht – die höchsten Erwartungen geknüpft hatte.

Nun war auch er wieder da.

Noch aber hoffte ich. Während ich so am Hoffen war, ganz hoch in den Hunderten schon, fingen in feierlicher Tiefe die Glocken an zu klingen. Bald aber hörten sie wieder auf, und ich konnte unabgelenkt in mich zurückkehren.

Es gibt eben so ungefüge Stunden, gewöhnlich an geweihten Tagen, wo man dem lieben Gott Ohrfeigen anbietet und sich selbst rechts und links welche verabfolgt in machtlos aufsiedendem Grimm gegen die Bosheit des Schicksals, das wir in uns selbst zu züchtigen glauben.

Es werde Licht!

Es wurde aber keins. Denn die Lampe stank, als ich mit ihr mein gequältes Dasein etwas erleuchten wollte, stank wie die mürrische Miene meiner Wirtin, die da draußen herumrumorte, um mir ihre trauliche Anwesenheit nicht ins Vergessen zu bringen.

„Det nennt sich Schriftsetzer und hat keine heile Hose am Arsche!" Diese sinnige Bemerkung hörte ich immer wieder unter einem bitteren Gelächter, mit allen jenen Kapriolen, jener Impudenz der Impotenz, die ein Kritikergenius, ein Kerr etwa, zu zeigen pflegt.

„Ausräuchern müßte man die Schwefelbande!"

Meinte sie nun mich oder Sudermann oder Kerr?

Und fragen konnte ich nicht.

So erhielt ich keinen Aufschluß.

Es fing gut an.

Erst hatte mir Redakteur Lausewetter Kindersachen zurückgeschickt, die er vor einem halben Jahre angenommen hatte, nun aber ablehnte, weil in letzter Stunde Liliencron und Bierbaum noch eingesandt hatten. „Und solche erste Namen", meinte mein Lausewetter mit demselben Takt, wie er auch den Tag der Rücksendung gewählt hatte, „die müssen wir bringen."

Weh dir, daß du ein Enkel bist!

Nun blieb noch eins!

Heute hatte ich noch zu essen. Eine Schrippe von Mittag her und einen halben Hering. Wie ich nun meines gefrorenen Herings eiskalte Schilfern zwischen meinen Zähnen fühlte, da kam ich mir vor wie mein Symbol, wie ich als solches mein Leben verschlang.

Ich lehnte meine Stirn gegen das Fenster. Es waren wieder irgendwo, ganz dumpf, Glocken in der Luft. Dumpf und müde! Dumpf und müde! Ich konnte es mir wohl denken! Die armen Glocken!

Zweitausend Jahre lang schon haben sie gelogen.

Von Frieden und sowas.

Das ist schwere Arbeit.

Fast wie Sterben.

Das wissen auch die Dichter.

Darum sind sie den Glocken so gut.

Eintönig klägliches Getute einer Kindertrompete. Da hatten wir die Bescherung!

Aber es mußten viele doch nichts gekriegt haben heute. Es sah so ärgerlich aus draußen.

Es war alles so gereizt, als nun die paar Hinter- und Dachfenster, die ich da und dort vor mir hatte, allmählich undeutlich erleuchtet wurden.

Wie geronnenes Blut etwa.

Begreiflich: kein einziger Christbaum!

Nur gerade gegenüber aus dem Hinterhause der Villa in der Regentenstraße kamen einige Tannensterne zum Vorschein: da wohnte wohl der Bediente oder Kutscher.

Da vorn aber, wie mußte es da erst aussehen! Da war ich angerichtet.

Ja, wirklich ich. Corinth hatte mich gemalt und die Dame des Hauses von ihrem Herrn Gemahl mich zum Weihnachtspräsent ausgebeten.

Und sie hatte mich bekommen. Denn ihr Mann gewährte ihr alles, was er ihr nur an den Augen abzulesen vermochte, und er konnte es auch, denn sein Tagewerk war Knipsen. Nicht im Schalter, sondern vor dem Tresor.

Da würde es hergehen, da vorn! Wie ich da bewirten mochte, wie mir zu Ehren die gebranntesten Korken sprangen! Kaviar fürs Volk, dort in einem Kreise, der mir Verständnis entgegenbrachte.

Noch aber war meine Stunde nicht gekommen. Noch stand ich im Lorbeerkranze hinter einem Vorhange.

Er fiel. Welche Überraschung begrüßte mich, welche Bewunderung.

Wie zufrieden lächelt der Gastgeber über seinen Geschmack. Ich sagte es ja immer, eine Weinzunge ist verwandt mit der hohen Diplomatie, ist zu allen Dingen nütze.

Es klopft. Der Briefträger.

Eine Überraschung! Ein Paket, der dämonische Sagenroman „Der Rattenfänger von Hameln", meine letzte Hoffnung – nun liegt sie vor mir!

Der gute Briefträger: schenkte er mir doch die 5 Pfennig Bestellgeld, die ich nicht zahlen kann. „Na, weil Heiliger Abend ist!"

Die Stube ist ganz voll. Eine bereits dichte Versammlung hat darin Platz genommen: die Finsternis.

Wie außen, so mag's da drinnen sein.

Da wird's heller. Die Sterne droben klappern und zwinkern vor Frost.

Ich will ihnen auch eine Überraschung bereiten.

Wem soll ich was schenken?

Meiner Wirtin?

Aber was?

Mich selbst!

Aber das nützt nichts. Wenn ich mich auch aufhänge an dieser Schnur um das Paket von Lausewetter, das ich geduldig aufknoten muß in der Finsternis, weil ich kein Messer besitze. Man holt mich ab zum Schauhause, und übermorgen hängt dort der Zettel aus.

Das hat also gar keinen Zweck. Dynamit! Könnte ich nur Dynamit kaufen, würde das hell werden, hell für alle! Die Kathedrale sollte aufleuchten in ungeahnter Lichtfülle Gott zum Preis und seiner schönen Welt!

Ein deutscher Dichter, der sich nicht mal ein bißchen

Dynamit kaufen kann zum Christkindchen – pfui Teufel!

Und ich lache – ein Timonslachen.

O Gott, wie schön ist doch die Freiheit, das äußerste Elend! Man ist so sicher, tiefer kann man gar nicht fallen!

Morgen, wenn ich erwache, erster Feiertag, spitzenfrische Morgenröte und draußen Kinder, die stolz und neidesfroh die Vorzüge ihrer Puppen spazierenführen und minderbeglückten, weniger bedachten Gespielinnen gegenüber preisen.

So bleiben sie, auch wenn sie erwachsen sind.

Nur daß sie selbst die Puppen sind und ihren Puppenstaat lieber am eigenen Leibe tragen.

Impudenz: Schamlosigkeit / Schilfern: Schuppen / Timonslachen: Timon war ein berühmter Menschenhasser in Athen

Oberschlesisches Weihnachtslied

O Freda über Freda!
Ihr Nuppern kummt und hiert,
was mir durt uf der Heda
für Wunderding passiert!

Es quam a wêßer Engel
bei hucher Mitternacht,
dar sung mer a Gesängel,
daß mir das Herze lacht.

A soite: „Frêt euch alla!
Dar Heland îs geborn
Zu Bethlahem im Stalle,
Das hat a sich erkorn.
Die Krippa îs sei Betta,
Giht hin uf Bethlahem!“
Und wie ar alsu redta,
Da flug a wieder hêm.

Ich ducht: „Du mußt nich säuma“;
Ich ließ die Schäfla stihn.
Ich lief durt hinter a Zäunla
Bis zu dem Stalle hin.
Ich war a halb Gewenda
Dervon, da quam a Stral,
Dar hatte gar ke Enda
Und wies mich ei dan Stal.

Dar Stal war a Geniste
Und hatte gar ken Art,
Derzu ôch das Gerüste
War herzlich schlecht verwahrt.
Das Tach war grausam dünne
Und hing am halben Har,
Ich ducht: „Es denn da drinne
Gleiwul a Kind geborn?“

Und derba uf der Sete
Da kniet a lieber Man,
A nêgt sich mit dam Hete
Und batt das Kindla an.

Ich schlech mich uf de Seite,
Ich guckt e klên wing nei:
Da sah ich a par Leute
Und ôch das Kind derbei.
Es hatt ke Ploitzla Bette,
A ênzig Wischla Struh
Und lag wul asu nette:
Ke Maler träfs asu.

Es hatte a par Wengla
Als wenns zwe Rösla wär’n,
A Guschla wie a Engla,
Zwe Ögla wie zwe Stern,
A Köpfla wie a Toibla,
Gekroiselt wie dar Klie,
A hübsches quanschlichs Leibla
Viel wêßer als dar Schnie.

Die Mutter kniet dernaba,
Dar ha ichs angesahn.
Sie hätts bei ihrem Labe
Nie üm wer wêß was gân.
Bald nam sie’s ei de Hände,
Bald lät sie’s wieder hin,
Sie thäte mit dam Kende
Och gar unsäglich schün.

A küßt’s all Ogeblicka.
Das taurt die ganze Nacht;
Ar hat’s ei enem Stücka
Och immer angelacht.

Ich glâb, uf ünser Granze
Da hats ke sulch schön Kind;
Es lag ei lauter Glanze,
Ma wurd schier dervo blind.
Ich ducht ei menem Sinna:
„Das Kindla stünd der a,
Wenn du der's könntst gewinna,
Du wagtst a Lamla dra."

Fritz Reuter

Heiligabend im Pfarrhaus

(Aus „Ut mine Stromtid")

Und als der Weihnachtsabend kam, schlug Hawermann dem jungen Herrn von Rambow vor, den Heiligabend im Pfarrhaus zu feiern. Der junge Herr nahm das an – Fritz war in Rahnstädt bei seiner lieben Mutter –, und als sie am Abend mit dem Schlitten – denn es gab die schönste Bahn – bei dem Pastor ankamen, stand die kleine, runde Frau Pastorin vor der Wohnzimmertür und wehrte mit Händen und Füßen ab: „Nein, Hawermann, nein! Hier kommen Sie nicht herein. – Herr von Rambow, Sie müssen sich in meines Pastors Stube bemühen." Und als sie hier eintraten, sprang Luise auf ihren Vater los und küßte ihn und flüsterte ihm in die Ohren, was sie alles zu verschenken hatte, und wo sie es verpackt und versteckt hatte, und wo sie es machen will, und wer den Julklapp werfen soll, und hat gerade so viel Zeit, um vor Herrn von Rambow einen flüchtigen Diener zu machen. Das machte nun aber der Pastor wieder gut, er schüttelte dem jungen Herrn die Hand und sagte, daß er sich freuen würde, gemeinsam mit ihm das frohe Fest zu begehen. „Aber“, setzte er hinzu, „wir müssen uns fügen, heute hat meine Regina das Regiment, und in deren Kopf sieht es nie herrschsüchtiger und bunter aus als am Weihnachtsabend.“ – Und damit hatte er wohl recht, denn alle Augenblicke steckte sie den Kopf durch die Tür: „Wartet nur noch einen Augenblick! Sitzt ganz fein still! Es wird bald klingeln.“ Und dann eilte sie wieder durch die Stube und hatte ein Paket unter der Schürze, und dann konnte man sie wieder in der Stube nebenan hell auflachen hören.

Endlich, endlich ertönte die Klingel, die Tür ging auf und – ah! – da stand der Tannenbaum mitten in der Stube auf dem runden Tisch, und unter dem Tannenbaum standen so viele Schüsseln mit Äpfeln und Nüssen und Pfeffernüssen, wie es Hausbewohner gab und noch zwei mehr, eine für Hawermann und eine für den jungen Herrn, und die Frau Pastorin ging um den Tisch herum und nahm Hawermann und Herrn von Rambow bei der Hand und führte sie zum Tisch: „Und dies ist Ihre Schüssel, und dies ist Ihre Schüssel, und Luise und mein Pastor werden ihre schon finden“, und drehte sich um und rief: „Nun kommt mal her!“, denn der Knecht des Pastors, Jörn, und die Mägde der Frau Pastor, Friederike und Dorothea, standen auch alle an der Tür bereit für ihre Weihnachtsbescherung: „Nun mal ran! Und wo der blanke Taler im Apfel steckt, das gehört Euch, und wo die roten Tücher dabeiliegen, das gehört den beiden Mädchen, und wo die rote Weste liegt, das gehört Jörn. – Und Luise . . .“ Je nun, je nun! – Mit der Rede kam sie nicht mehr weiter, denn Luise fiel ihr um den Hals und küßte ihr die Worte vom Mund und hatte ein wunderschönes kirschrotes Wollkleid in der Hand: „Mutter, das hast du gemacht!“

Und hier muß ich leider melden, daß die kleine Frau Pastor sich in dem Pfarrhause so weit vergaß, daß sie sich zur Lüge verleiten ließ – zwar nicht ausdrücklich, aber doch mit Kopfschütteln und Winken auf den Pastor hin, und Luise sprang nun auf ihren Pflegevater los: „Du hast's gemacht!" Der aber schüttelte auch den Kopf und sagte, er sei daran unschuldig, und Luise flog ihrem eigenen Vater in den Arm und rief: „Nein, nein! Es ist von dir!" – Dem alten, guten Inspektor wurde gar zu wehmütig, als er den vollen Dank seines Kindes abwehren mußte, den andere Leute verdient hatten, er strich ihr über das glatte Haar, und die Augen wurden ihm feucht, als er sie bei der Hand nahm und sie zur Frau Pastorin brachte: „Nein, Luischen, nein! Hier mußt du dich bedanken." – Aber die Frau Pastorin hatte jetzt am wenigsten Zeit, den Dank anzunehmen, denn sie war dabei, ihren Pastor auszuziehen, nur um zu sehen, wie ihn der neue Schlafrock kleiden und wie er ihm passen würde, und es war noch ein Glück, daß sie auf einen Schlafrock und nicht auf ein Paar Hosen verfallen war, denn in der Hast und Freude dieses Abends hätte sie wohl die Schamhaftigkeit aus den Augen gelassen. Und als der Rock gut saß und ihn gut kleidete, trat sie ein paar Schritte zurück und sah ihren Pastor an, wie ein Kind, das eine neue Puppe in die Sofaecke gesetzt hat, und als sie sich umdrehte, da sah sie auf ihrem Teller ein Paket liegen, das hatte ihr der Pastor ganz heimlich darauf gelegt; und als sie hastig die Bänder aufknotete und dabei unausgesetzt redete: was das wohl sein könne, und es fühle sich sonderbar an, und einer wolle sich gewiß einen Spaß mit ihr machen; war es zuletzt ein schönes, schwarzseidenes Kleid. –

Nun war die Freude vollkommen!

Hawermann hatte auf seinem Teller eine neue Pfeife

gefunden, die hatte er im Mund und rauchte vergnügt daraus, wenn auch nur kalt; der Pastor lag in seinem neuen Schlafrock wie eine Puppe in der Sofaecke und freute sich über die Freude der anderen, und die Frau Pastorin und Luise gingen in der Stube auf und ab, hielten sich die neuen Kleider an, zupften da und dort daran herum, strichen die Röcke glatt und bestätigten sich gegenseitig, wie gut es ihnen stehe. –

Aber Franz? – Franz saß ein wenig abseits, und eine leise Wehmut kam über ihn, daß er solche Freuden von klein auf hatte missen müssen, er stützte den Kopf in die Hand, und all die Weihnachtsabende, die er erlebt hatte, zogen an ihm vorüber, gute Freunde und Verwandte brachten ihm ihre Weihnachtswünsche, aber die beiden Gesichter, die unter dem Strohblumenkranz in seiner Stube hingen, die fehlten darunter. Er gehörte nicht hierher, das fühlte er schwer; aber er wollte die Freude nicht verderben, er nahm sich zusammen, und als er wieder in die Höhe sah, da sah er ein Paar große, schöne Kinderaugen, die voll Gedanken und voll Mitleid auf ihn sahen, als hätten sie in seinem Herzen gelesen.

„Julklapp!“ rief die laute Stimme Friederikes, und ein Paket flog in die Tür: „Für Frau Pastorin Behrens“, und es war eine hübsche Fußbank und niemand wußte, wo sie herkam. Und „Julklapp!“ ging es weiter, und es war ein neues, gesticktes Kissen für den Lehnstuhl des Herrn Pastor, das aber niemand gemacht hatte – ach, was wurde heute im Pfarrhaus gelogen! –, und „Julklapp“, und es lag ein Zettel in einem Brief, und der Zettel verwies auf einen anderen Zettel, der oben auf dem Boden lag, und der wieder auf einen anderen, der im Keller lag, und der wieder auf einen anderen, und der wieder . . . und wenn die Frau Pastorin den hübschen gestickten Kragen haben wollte, der für sie bestimmt war, mußte sie zuerst eine Rundreise durch das ganze Haus antreten, bis sie ihn zuletzt ganz nahe in ihres Pastors Stiefelschaft fand. Und wieder „Julklapp!" – Ach, war das ein großes Paket. „An den Herrn Pastor", stand darauf, und als dieser die Umhüllung aufgerissen hatte, dann war es an die Frau Pastorin, und dann an Jörn, und dann an Friederike, und zuletzt war es an Luise, und als diese das letzte Papier weggerissen hatte, da war es ein kleiner Nähtisch, genau so ein Nähtisch, wie ihn Hawermann einmal vor langen Jahren seiner verstorbenen Frau geschenkt hatte. – Keiner wußte das, aber er wußte es. –

Und „Julklapp!" – Bücher für Luise. – Und „Julklapp!" – Eine gestickte Fußdecke für Hawermann. – Friederike fand kein Ende, aber einmal war es doch vorbei; und sie kam herein und suchte das Packpapier und den Bindfaden zusammen. Da ging die Tür noch einmal auf, und eine helle, glockenreine Stimme rief noch einmal: „Julklapp!" und als das Paket in Augenschein genommen wurde, da war es „An Seine Hochwohlgeboren, den Herrn Franz von Rambow", und durch die Stubentür des Pastors schlich leise auf den Zehenspitzen ein Kind, und eine große Freude strahlte aus seinem Gesicht.

Franz war verlegen, aber als er das Paket geöffnet hatte, fiel ihm ein Brief seiner jüngsten Cousine, Fidelia, entgegen, und die drei unverheirateten Töchter des Kammerrats schickten ihm seine Weihnachtsgeschenke. Albertine ein Rückenkissen und er räkelte sich niemals auf dem Sofa, Berta eine Satteldecke und er hatte doch noch gar kein Pferd, und Fidelia eine Zigarrentasche und er rauchte doch nicht. – Aber was machte das schon? Ob einer so etwas brauchen kann, ist egal; nicht die Gabe, nein, der Geber und seine gute Absicht sind die Hauptsache an Weihnachten. – Er kam sich dann auch nicht mehr so verlassen vor, und als er die große Freude in Luises Gesicht sah, kehrte sie auch bei ihm ein, er lachte und spaßte über seine Geschenke, und Luise mochte wollen oder nicht, sie mußte vorläufig den Dank dafür in Empfang nehmen, denn er hatte ihre Stimme zu gut erkannt.

Friederike kam nun wieder in die Stube und sagte: „Frau Pastor, nun sind alle da." – „Nun, dann wollen wir hinausgehen", war die Antwort. – „Nein, liebe Regina", sagte der Pastor, „laß sie hereinkommen." „Ach Pastor, sie treten mir die Stube so voll Schnee." – „Schad't ihr nicht! Nicht wahr, Rike, du stehst morgen früh ein bißchen zeitiger auf und scheuerst die Stube?" – Das wollte Friederike gerne tun, und die Tür wurde geöffnet, und herein schob sich Kopf an Kopf, blonde neben schwarzen, das ganze kleine Kindervolk des Dorfes, und da standen sie nun und wischten sich die Nasen, und die Augen wurden immer größer, und sahen die Äpfel und die Pfeffernüsse an, und die Münder gingen auf, als wollten sie den Äpfeln und Pfeffernüssen den richtigen Weg weisen, wo sie getrost hereinspazieren könnten.

„So", sagte die Frau Pastor, „nun mal zuerst alle Patenkinder vor! – Hawermann", setzte sie hinzu, „nach den Eltern sind wir, mein Pastor und ich, ja doch die nächsten zu unsern Patenkindern." Und über die Hälfte der Gesellschaft drängte sich nach vorn, denn bei gut der Hälfte aller Dorfkinder waren Herr und Frau Pastor Pate. Und ein Mogler hatte sich mit vorgedrängt, das war Jochen Rührdanz, der im vorigen Jahr gesehen hatte, daß die Patenkinder mehr bekamen als die anderen; aber Stine Wasmuths bemerkte das und schob ihn zurück und sagte: „Junge, du bist ja gar kein Patenkind"; und damit waren dann seine unverschämten Ansprüche entfallen.

Nun kam der Herr Pastor mit Büchern unter dem Arm, und alle Patenkinder, die den ganzen Winter zu ihm zum Beten kamen, bekamen jeder ein Gesangbuch, die anderen bekamen Schreibbücher und Tafeln und Fibeln und Katechismen, je nachdem, was angemessen war, und jedes der Kinder sagte: „Ich bedanke mich auch, Pate!"; die aber, die ein Gesangbuch bekommen hatten: „Ich bedanke mich auch vielmals, Herr Pastor!" So war es seit langem der Brauch. – Und nun kam Frau Pastor:

„So! Ich nehme die Nüsse, Luise, du nimmst die Pfeffernüsse, und Herr von Rambow, Sie nehmen die Äpfelkörbe, und nun immer die Reihe entlang! – So, nun stellt euch mal alle in Reihen auf und haltet euer Geschirr bereit!" Aber ganz ruhig ging das nicht, das gab ein Drängen und Schubsen, denn jeder wollte in die erste Reihe, und jeder hielt nun sein Geschirr vor sich, in dem er seine Geschenke sammeln wollte: Die kleinen Mädchen hatten ihre Schürzen; aber die Jungen hatten alles mitgebracht, was hohl war; der hatte eine Schüssel, jener einen Mehlbeutel, der wieder hatte den Hut seines Vaters, und einige hielten ohne jede Verlegenheit, ganz dreist, Fünfscheffelsäcke auf, als könnte es gar nicht anders sein, als daß sie sie bis oben voll bekämen. – Nun ging das Verteilen los! „Sieh da! – Da! – Da! – Halt!" rief die Frau Pastor, als sie bei einem recht mutwilligen Schlingel ankam. „Herr von Rambow, dieser kriegt keine Äpfel, der hat sie sich schon im Sommer voraus aus dem Garten selbst geholt." – „Oh, Frau Pastor . . ." – „Nichts da! Wer Äpfel stiehlt, kriegt keine zu Weihnachten . . ." So ging es weiter, aber als sie zu Jochen Rührdanz kam, hielt sie wieder an: „Hast du dich nicht letzte Woche mit Christian Kasbom so vor dem Pfarrhaus geprügelt, daß meine Friederike euch hat trennen müssen?" – „Ja, Frau Pastor, er hat auch

zu mir gesagt . . ." – „Still! – Luise, der kriegt keine Pfeffernüsse!" – „Ja, Frau Pastor, wir haben uns aber wieder vertragen." – „Na, Luise, dann kriegt er auch Pfeffernüsse." – Nach einer Weile waren sie mit den Reihen zu Ende, und die Kinder gingen nach Hause mit ihrer Bescherung: „Guten Abend auch! Guten Abend auch!", denn dort war das Bedanken noch nicht Mode. Und als sie draußen waren, kam ein ganz anderes Geschlecht hustend und krüppelnd zur Tür herein: das waren die alten Spinnfrauen und die alten Besenbinder und Holzpantoffelmacher aus dem Dorf und auch die, die keinen Handgriff mehr zustande brachten. Mit denen redete der Pastor ein paar christliche Worte, die ihnen sehr zuträglich waren, und die Frau Pastor gab jedem einen großen Christstollen, was ihnen auch sehr zuträglich war, und als sie hinausgingen, wünschten sie ‚Gottes Segen' für die Pfarrersleute.

Weihnachtsspiel aus dem Erzgebirge

Das Stück beginnt in der Herberge zu Bethlehem, wo der Wirt in Verlegenheit ist, wie er seine Gäste unterbringen soll. Er spricht:

Ich weiß nicht, wie es werden soll,
Die Stuben sind nun alle voll,
Und kommen dennoch stündlich Leute.
Der Kaiser schreibt die Schätzung aus,
Und dieses geht von Haus zu Haus;
Ich weiß nicht, wo ich Raum bereite.

Knecht:

Herr Wirt, es ist hier noch ein Mann
Mit einem jungen zarten Weibe
Und redet ihn um Herberg' an.

Wirt:

Fast weiß ich nicht mehr, wo ich bleibe.
Geh hin und weis' sie diesmal weg,
Ich kann sie heute nicht behalten.
(Der Knecht geht ab.)
Und wenn ich über'n Stall sie steck',
Da möchten sie vielleicht erkalten.

Der Knecht kommt wieder und spricht:

Die Leute hören gar nicht auf
Zu bitten, höre doch ihr Fleh'n.

Wirt:

Weis' ich sie auf den Boden 'nauf,
Das lässet nicht, es will nicht geh'n.

Geh', bring' sie beide zu mir her,
Ich muß mit ihnen selber reden.
(Der Knecht geht ab.)
– – Kein Sinnen hilft nun da nicht mehr,
Da kommen sie schon angetreten.
(Joseph und Maria kommen.)

Joseph:
Herr Wirt, o laß er sich bewegen,
Und nehm er uns ins Haus herein;
Was könnt' ihm das für Freude sein,
Wenn wir auf freier Straße lägen?

Maria:
Kann ihn ein armes Weib bewegen,
So laß er uns nicht wieder gehn,
Und sollten wir in'n Stall uns legen,
Es soll mit Freuden gern gescheh'n.

Wirt:
I nun, so geht in jenen Stall,
Wo sonsten Ochs und Esel stehn.

Maria
O angenehmer Freudenstall!
Komm, Joseph, komm, wir wollen gehn.

Joseph:
Herr Wirt, es soll ihn nicht gereu'n,
Daß er uns beide aufgenommen;
Gewiß, wir wollen ehrlich sein,
Er soll die Zahlung gut bekommen.

Sie gehen ab, und damit schließt der erste von den fünf Akten, in die das Stück abgeteilt ist. Im zweiten Akt treten die Hirten auf und empfangen die Verkündigung des Engels, im dritten erscheinen die drei Weisen und unterreden sich mit Herodes, im vierten huldigen erst die Hirten, dann die drei Weisen dem Neugebornen im Stalle zu Bethlehem, im fünften gibt Herodes den Befehl zum Kindermord, der Engel fordert Joseph zur Flucht nach Ägypten auf, und zum Schluß treten noch einmal die drei Weisen und die drei Schäfer auf. Der erste Schäfer spricht:

Habt Ihr das Kindlein auch gesehen?

Der erste Weise:
Ich sah es in der Krippe schön.
Es war so hold, so zart und mild,
Von lauter Sanftmut angefüllt.

Der zweite Weise:
Sein' Wangen glänzten voller Huld,
Voll Liebe, Sanftmut und Geduld.

Der zweite Schäfer:
So wollen wir von hinnen scheiden,
Des großen Gottes Ruhm ausbreiten.

Und nun fängt der erste Schäfer an zu singen und die andern stimmen ein:

Heut schleußt er wieder auf die Tür'
Zum schönen Paradeis;
Der Cherub steht nicht mehr dafür,
Gott sei Lob, Ehr' und Preis.

Friedrich von Bodelschwingh

Ein Weihnachtsabend in Bethel

Es war an einem Weihnachtsabend in einem Haus für epileptische Jungen in Bethel. Ein Strom der Freude ging durch das Haus, so mächtig, wie man es an anderen Orten der Erde kaum erlebt. Das war ein Jubilieren und Musizieren in hundert Tönen zugleich. Am Rande des Zimmers aber ging ein Junge immer auf und ab mit großen Schritten und eigentümlichen Kopfbewegungen. Er wandte sein Gesicht nicht wie die anderen Kinder dem Lichterbaum zu. Er freute sich nicht an den bunten Bildern wie seine Kameraden. Er konnte es nicht, denn der kleine Willy war nicht nur fallsüchtig und schwachsinnig, sondern er war auch blind. Man hätte denken können, daß ihm die Tür zur Weihnachtsfreude ganz verschlossen sei. Aber nein, das war doch nicht der Fall. Er hatte eine Mundharmonika geschenkt bekommen. Darüber hatte er alles andere ringsum vergessen. Unermüdlich wanderte er auf und ab und versuchte zu spielen. Wenn man genau hinhörte, konnte man merken, daß es das Lied sein sollte: „Ihr Kinderlein, kommet!“ Die Töne waren nicht schön, die Harmonie sehr mangelhaft, aber das störte nicht. Ihm schien es die schönste Musik der Erde zu sein.

Plötzlich aber sah ich, wie Willy halt machte und die Harmonika vom Munde nahm. Er lauschte in den hundertstimmigen Lärm hinein, der ringsumher das Zimmer füllte. Er horchte mit gespannter Aufmerksamkeit auf die Töne der anderen Instrumente seiner kleinen kranken Freunde. Nun ging ein Freudenschein über sein schmales Gesicht, und ich hörte, wie er vor sich hinsagte: „Keiner hat eine!“ Er meinte offenbar, keiner außer ihm hätte eine

Mundharmonika bekommen. Das machte ihm den Genuß doppelt groß, und unverdrossen setzte er seine Wanderung fort, hin und her und auf und ab, immer wieder blasend: „Ihr Kinderlein, kommet!“

Nach einer Weile aber sah ich, wie er noch einmal stehenblieb und ein noch viel hellerer Schein über sein blasses Gesicht fuhr. „Danke schön, Christkind!“ sagte er leise, und dann wanderte er blasend weiter. Mir aber war klar geworden, welch Sonnenschein durch die Weihnachtsfreude auf den dunklen Weg des armen Jungen gefallen war. Der kleine Blinde hatte mir wieder gezeigt, was so einfach ist und doch so schwer. Da wird es hell in einem Menschenleben, wo man für das Kleinste danken lernt.

In dulci jubilo

(Lobgesang auf den heiligen Christtag)

Leipziger Gesangb. Anf. des 15. Jahrh.

In dulci jubilo!
Nun singet und seid froh!

Unsers Herzens Wonne
Leit in praesepio
Und leuchtet als die Sonne
Matris in gremio.
Alpha es et O.

O Jesu parvule,
Nach dir ist mir so weh.
Tröst mir mein Gemüte,
O puer optime;
Durch alle deine Güte,
O princeps gloriae,
Trahe me post te!

Ubi sunt gaudia?
Nirgend mehr denn da,
Da die Engel singen
Nova cantica
Und die Schellen klingen
In regis curia.
Eia, wärn wir da!

Eingedeutsche Fassung

Nun singet und seid froh,
Jauchzt alle und sagt so:

Unsres Herzens Wonne
Liegt in der Krippen bloß,

Und leuchtet als die Sonne
In seiner Mutter Schoß.
Du bist A und O.

Sohn Gottes in der Höh',
Nach dir ist mir so weh!
Tröst' mir mein Gemüte,
O Kindlein zart und rein,
Durch alle deine Güte,
O liebstes Jesulein!
Zeuch mich hin nach dir.

Groß ist des Vaters Huld,
Der Sohn trägt unsre Schuld.
Da wir ganz verdorben
Durch Sünd und Eitelkeit,
Hat er uns erworben
Die ewge Himmelsfreud.
Eia, wär'n wir da!

Wo ist der Freuden Ort?
Nirgend mehr denn dort,
Da die Engel singen
Mit den Heil'gen all,
Und die Psalmen klingen
Im hohen Himmelssaal.
Eia, wär'n wir da.

Bogumil Goltz

Ein Weihnachten

Wir bekamen in unserer Kindheit, nach dazumaligem richtigem Brauch, eine ziemlich spärliche Weihnachtsbescherung. Ein illuminierter, grüner Baum mit vergoldeten Äpfeln und Nüssen, ein paar Pfefferkuchen mit wenigen Stückchen Marzipan, Rosinen und Mandeln nicht zu vergessen, und diese Herrlichkeit auf einem von der höheren Töpferkunst erschrecklich schön glasierten Teller ausgelegt; desgleichen ein gleißend karmesinrot oder grasgrün lackiertes Steckenpferd oder ein Dutzend bleierner Soldaten, eine Pfennigtrompete – das war die ganze Rarität. Wer einen Tuschkasten, eine Trommel, wohl gar einen Noahkasten mit Tieren von der überschwenglichen Großmut des heiligen Christus erwischte, der bekam auch dafür keine anderen Spielsachen, wiewohl der Tannenbaum mit den brennenden Lichtern, mit dem funkelnden Knistergold und kostbar geheimnisvoll schimmernden Gold- und Silberschaum keinem fehlen durfte, der einmal des Glückes wert erachtet war, an dem heiligen Weihnachtsabende alle sieben Himmel der Natur- und Kunstwunder, den Märchenhelden gleich zu durchkosten. – Was die seligen Wanderer in dieser Feenwelt und an diesem nur einmal im Jahr erscheinenden Tage handgreiflich im Besitz hatten und de facto mit sich fortnehmen durften, betrug zu Gelde berechnet viel weniger als das Handgeld, das ein erwachsener und modern gebildeter Mensch alle Tage im Jahr dem sogenannten Vergnügen hingeben muß, um sich zuletzt doch überall gelangweilt zu sehen; aber wir Kinder wußten im eigentlichsten Sinne des Wortes kaum wohin mit unsern sieben Sachen. Es waren eitel Schätze, so gar überschwenglich ging uns das Christwunder in die Seele!

Mir für mein Teil schien der helle, lichte Tag durchaus zu profan und ordinär, um die Mysterien der Christ-Geschenke so ohne weiteres grell beglotzen zu dürfen wie jedes andere Ding. Ich verbarg daher vorläufig alles in die finstersten und geheimsten Winkel, die ich aufspüren konnte, und nachdem ich lange hin und her meditiert, wie ich mir wohl irgendein Asyl und ein Allerheiligstes herrichten könnte, um dahinein meine Christschätze zu verwahren, so fiel ich endlich auf ein großes Vogelbauer von Holz. Das ward ganz und gar mit blauem Zuckerpapier beklebt, bis es keinen Lichtstrahl außer durch die Spalte an der zu kleinen Türe einließ, durch diese selbst wurden nun mit größter Sorge und Not alle eßbaren und sonstigen Herrlichkeiten hinein praktiziert, und nachdem alles beisammen war, ward das Ganze mit einem kleinen Messingschlößchen verschlossen. Dieses Werk gab mir dann ein Gefühl von Habe und Besitztum, wie seit der Zeit nimmer etwas anderes, inklusive eines großen, aber verkodderten Ritterguts, das ich zu meinem Elende noch vor meiner gesetzlichen Mündigkeit, als freier Herr und armer Rit-

ter in Bewirtschaftung nahm mit dreiunddreißig Talern Betriebskapital und 10 Reichstalern Kredit.

Der Kasten Noäh war zwar gepackt, aber es galt jetzt ihn in Sicherheit zu bringen, wie ein Gut, auf dessen Köstlichkeit das Begehr eines übermächtigen Feindes seit langem stand!

Das verfinsterte Vogelbauer ward also nach vielem Hin- und Hertragen endlich in einen finstern Winkel des Holzbodens unter das Dach gebracht; aber nur um jeden Augenblick nachgesehn und wo möglich besser verdeckt oder zurechtgestellt zu werden.

Endlich war das notdürftigste Gleichgewicht der Seele wieder erreicht, das Heiligtum ward mit mehr Fassung betrachtet und als Eigentum gefühlt, aber auch weiterhin getreulich bis zum nächsten Weihnachtsfeste konserviert, und nicht ohne Wehmut vor den neuesten Herrlichkeiten in gewisser Beziehung degradiert. Es gab unter andern Weihnachtskostbarkeiten einstmals strahlend blanke, goldgelbe Rechenpfennige, von der Größe und Dicke eines doppelten Friedrichsd'ors. Das war ein Anblick, das war mal ein Besitz! Das köstliche Metall mit einem Gleiß wie eitel Gold! Was ging der Seele alles in diesem Goldgelde auf! Nie ist ein Steffens oder Goethe so vom Naturgeist berauscht worden, nie ein Bergmann im geheimnisvollen Schacht beim Anblick lauter gediegener Goldstufen so vom Erdgeist ergriffen, vom Metallreiz galvanisiert worden, wie meine arme Weihnachtsseele von diesen massiven, goldlügenden Spielmarken und Bronzepfennigen. Stundenlang konnte ich im abgelegensten Winkel niedergehockt zubringen und mich den Gesichten, den Empfindungen einer unergründlichen Wunderwelt überlassen, zu der mir jenes köstliche Metall gleichsam die Brücke schlug.

Ludwig Thoma

Heilige Nacht

So ward der Herr Jesus geboren
Im Stall bei der kalten Nacht.
Die Armen, die haben gefroren,
Den Reichen war's warm gemacht.

Sein Vater ist Schreiner gewesen,
Die Mutter war eine Magd.
Sie haben kein Geld nicht besessen,
Sie haben sich wohl geplagt.

Kein Wirt hat ins Haus sie genommen;
Sie waren von Herzen froh,
Daß sie noch in Stall sind gekommen.
Sie legten das Kind auf Stroh.

Die Engel, die haben gesungen,
Daß wohl ein Wunder geschehn.
Da kamen die Hirten gesprungen
Und haben es angesehn.

Die Hirten, die will es erbarmen,
Wie elend das Kindlein sei.
Es ist eine G'schicht für die Armen,
Kein Reicher war nicht dabei.

Wilhelm von Kügelgen

Erinnerungen an Weihnachten in Dresden

Wir arbeiteten und spielten uns in den Spätherbst und Winter hinein, bis die Weihnachtszeit sich mit ihrem wunderbaren Treiben nahte und auch unsere Beschäftigungen mit dem Stempel des Geheimnisses bezeichnete. Das gemeinschaftliche Spielen hatte nun ein Ende, jeder kramte und kleisterte nun für sich, und keiner durfte hinsehen, was der andere machte. Zu letzterem verpflichtete man sich durch Eide, die sehr leicht zu halten waren, da jeder, genügend von seinem eigenen Werk erfüllt, wenig Neigung hatte, von dem anderen Notiz zu nehmen oder etwas davon zu erwarten. Auch mag sich der alte Satz, daß Geben seliger als Nehmen sei, am meisten in den gegenseitigen Geschenken bewahrheiten, die sich Kinder machen, deren Gaben außer dem Gefühlswert, den jedoch nur der Geber damit verbindet, nicht den geringsten Wert zu haben pflegen, wie denn auch der Empfänger immer sicher ist, daß jener sich das Ding gewißlich nicht vom Herzen gerissen hat, sondern selber nicht gebrauchen konnte.

Wo nun die eigene Kunstfertigkeit nicht ausreichte oder es an Material fehlte, kauften wir das Fehlende auf dem Weihnachtsmarkt, der in Dresden nach einem eigentümlichen Backwerke der Striezelmarkt genannt wird. Acht Tage vor dem Feste pflegte sich der Dresdener Altmarkt mit einem ganzen Gewimmel höchst interessanter Buden zu bedecken, die abends erleuchtet waren und große

Augenlust gewährten. Das Glitzern der mit Rauschgold, mit bunten Papierschnitzeln und goldenen Früchten dekorierten Weihnachtsbäume, die hellerleuchteten kleinen Krippen mit dem Christuskinde, die gespenstischen Knecht Ruprechts, die Schornsteinfeger von gebackenen Pflaumen, die eigentümlich weihnachtlichen Wachsstockpyramiden in allen Größen, endlich das Gewühl der Käufer und höfliche Locken der Verkäufer, das alles regte festlich auf.

Hier drängten auch wir uns des Abends gar zu gern umher, schwelgend in dem ahnungsreichen Dufte der Tannen, der Wachsstöcke, Pfefferkuchen und Striezeln, die in einer den Wickelkindern entlehnten Gestalt, reichlich mit Zucker bestreut, vor allen zahlreichen Bäckerbuden auslagen und Löwenappetit erregten. Nach genauester Prüfung alles Vorhandenen kauften wir dann einige kleine grüne oder rote Wachsstockpyramiden auf Kartenblätter gewickelt, das Stück zu einem Pfennig, sogenannte Pfefferkuchenzungen zu demselben Preis oder ein paar Bogen bunten Papiers, um unsere Privatbescherung damit auszustatten.

Inzwischen konnten wir in unserem Eifer den vom Kalender angegebenen Zeitpunkt nie ganz erwarten und fingen schon an vorhergehenden Abenden an, in Alkoven oder andren verdachtlosen Winkeln unsern Kram geschmacklos aufzustellen, zündeten einige Wachsstockschnittchen dabei an und überraschten uns dann gegenseitig unaufhörlich, bis der wahre Heilige Abend herankam und uns alle überraschte.

In dem geräumigen Wohnzimmer meiner Mutter stand ein schönes Bild, das, auf einigen Stufen erhöht, den mittleren Teil der Hauptwand fast bis zur Decke füllte. Es war dies eine Kopie des berühmten Dresdener Raffael, die mein Vater unlängst vollendet und der Mutter geschenkt hatte. Diese Kopie wurde damals dem Originale gleichgestellt. Es schien dasselbe, nur ohne die Mängel, welche Zeit und frühere Verwahrlosung hinzugetan hatten. Große Summen waren schon vor der Vollendung dafür geboten worden, allein mein Vater wollte sich nicht davon trennen; es sollte das Schutzbild seines Hauses werden und unter dem himmelreinen Auge dieser Mutter Gottes sollten seine Kinder heranwachsen. Auch knüpften sich sehr selige Kindererinnerungen an dieses Bild, unter dem wir saßen und das ich anzublicken pflegte, wenn die Mutter am Sonntagmorgen aus der Heiligen Schrift vorlas und uns aufmerken lehrte auf die Worte unseres Erlösers. Seinen vollen Zauber entfaltete es indessen erst am Weihnachtsabend, wenn die vielen Kerzen brannten und das magisch beleuchtete, wie von innerem Licht durchglühte Bild zu leben schien.

Dieses herrlichen Anblicks erfreuten wir uns zuerst im Jahre 1809, da Volkmanns und Senff die ersten Weihnachten mit uns verfeierten. Die ganze kleine Gesellschaft schien die Augen nicht wieder abwenden zu wollen, und fast hätte es notgetan, uns Kinder zu erinnern, daß es heute noch andere Interessen für uns gab.

Unterdessen wir uns nun unseren Tischen nahten und die Herrlichkeiten in Augenschein nahmen, mit denen man uns beschenkt hatte, wurde Senff vermißt. Man hörte aber, daß er gebeten habe, ihm nicht zu folgen, und siehe da! – als die Kerzen des Lichterbaumes im Ersterben waren, da flogen plötzlich die Flügeltüren auseinander und ein Lichtmeer strahlte uns entgegen. Senff hatte den Fußboden des großen Vorsaales dicht versetzt mit Hunderten von kleinen Lampen, die er aus Nußschalen gebildet und zu einem riesigen Halbmond vereinigt hatte. In die Höhlung dieses Türkensterns, der wie Pontius ins Credo in unseren Weihnachtsabend paßte, hatte er die kunstvoll gefertigten Geschenke aufgestellt, die er für uns Kinder gearbeitet hatte: für mich einen Prachtschild mit silbernem Adler, für Alfred einen nicht minder schönen Löwenschild. Der Effekt des Ganzen war sehr überraschend, doch noch nicht genügend für Senffs Erfindungsgabe.

Als man sich satt gesehen, schlug der ideenreiche Künstler der Gesellschaft vor, ihm nach dem Hinterhause zu folgen. Dort befand sich ein zweiter Vorsaal, der zu den Gemächern meines Vaters führte, und hier hatte Senff auf der Diele aus kleinen von Papier gemachten Häusern Palästen und Moscheen die Stadt Konstantinopel aufgebaut. Man konnte nichts Saubereres sehen als diese Papierstadt. Dichtgestreuter weißer Sand bezeichnete das Land, blauer das Meer, das von kleinen Schiffen belebt war.

Nachdem nun Senff eine skizzenhafte Erklärung der hervorragendsten Punkte gegeben, bemerkte er, daß Konstantinopel häufig abzubrennen pflege, und damit legte er einen Zunder unter das erste Haus der Vorstadt Pera. Bald brach die Flamme aus, ergriff das nächste Gebäude und die ganze Straße, verzweigte sich nach anderen Straßen, sprang in die Brunnen, die mit Spiritus gefüllt waren, und verbreitete sich über die ganze Stadt. Zuletzt wurde das Serail ergriffen, dessen zahlreiche Türmchen als Miniaturfeuerwerk aufsprühten, die Vorstellung mit Knalleffekt beschließend.

Credo: Glaubensbekenntnis / Konstantinopel: alter Name für Istanbul / Serail: Palast des Sultans

Jeremias Gotthelf

Wie Käthi die Weihnacht feiert

Käthi freute sich immer sehr auf diesen Tag, aber wir möchten fast sagen, mit Furcht und Zittern, es war ihr geistiger Lostag. Der Bauer hat viele Lostage im Jahr. Tage, deren Beschaffenheit ihm deuten auf künftige Witterung, den Ertrag der verschiedenen Ernten. So zum Beispiel deuten vom kürzesten Tag weg die ersten zwölf Tage auf die Witterung der zwölf Monate; wenn an Alt- und Neulichtmeß die Sonne scheint, so wird jede Frucht reif, bis in den hintersten Bergwinkel hinein, wenn es am Agathetag schneit, so schneit es noch vierzigmal. Geht am Gregorstag (12. März) der Nordwind, so gibt es eine schlechte Heuernte; ist es am Urbanstag schlechtes Wetter, so ist die Weinernte schlecht, und die Waadtländer schleppen ein Bild, das den heiligen Urbanus vorstellt, im See herum, um ihm seine schlechte Vorsorge einzutränken. Solche Lostage sind eingestreut ins ganze Jahr. Fromme Frauen aber haben einen geistigen Lostag, und das ist Weihnacht. Wenn die zwölfte Stunde der Nacht geschlagen hat oder wenn sie später erwachen durch die Nacht, so schlagen sie die Bibel auf und das Psalmenbuch, legen in beide Zeichen; und wenn der Tag anbricht, lesen sie die aufgeschlagenen Stellen, das Kapitel und die Psalmen, und je nachdem sie lauten, verheißend oder drohend, klagend oder lobpreisend, gehen sie freudig oder zagend ins neue Jahr hinein, Trübes gewärtigend oder Heiteres hoffend. Diese Sitte hatte auch Käthi, und wenn sie in der Nacht die heiligen Bücher aufschlug, erbebte ihr Herz in heiligem Schauer, als ob sie eine Offenbarung empfangen sollte. So hatte sie auch diesmal getan, und als sie am Morgen die bezeichneten Stellen aufschlug, fand sie in der Bibel bezeichnet das siebente Kapitel im Buch Hiob, wo es heißt: „Hat nicht der Mensch eine bestimmte Zeit auf Erden, sind nicht seine Tage wie die Tage eines Taglöhners? Wie sich ein Knecht sehnt nach dem Schatten und ein Taglöhner auf seinen Lohn wartet, also habe ich eitle Monate zum Erbteil bekommen, und mühselige Nächte hat man mir bestellt. Wenn ich mich lege, so spreche ich: ‚Wann werde ich aufstehen?' Und wenn der Abend dahingeflogen ist, so werde ich satt vom Hin- und Herwälzen bis in der Dämmerung. Mein Fleisch ist angezogen mit Würmern und Schollen des Staubes; meine Haut ist aufgerissen und zerflossen. Meine Tage sind leichter denn ein Weberspul und vergehen ohne Hoffnung. Gedenk', daß mein Leben ein Wind ist und daß meine Augen nicht wiederkommen werden, zu sehen das Gute. Und daß mich auch das scharfsichtigste Auge nicht mehr sehen wird, ja, wenn auch deine Augen nach mir sehen werden, so werde ich nicht mehr sein. Eine Wolke vergeht und fährt dahin; also, wer ins Grab hinunterfährt, kommt nicht wieder herauf. Er kommt nicht wieder in sein Haus, und sein Ort kennt ihn nicht mehr. Darum will auch ich meinem Munde nicht wehren, ich will reden von der Angst meines Geistes, ich will klagen von der Betrübnis meiner Seele. Bin ich denn ein Meer oder Walfisch, daß du mich also verwahrest? Wenn ich spreche: ‚Mein Bett wird mich trösten, mein Lager wird von meiner Klage etwas benehmen', so erschreckst du mich mit Träumen und betrübst mich mit Geschichten, daß meine Seele wünscht, daß ich erhängt werde, und den Tod mehr als mein Gebein. Ich verachte das Leben, ich werde nicht ewiglich leben. Höre auf von mir, denn meine Tage sind eitel. Was ist der Mensch, daß du ihn groß achtest, daß du dich mit ihm bekümmerst? Und daß du ihn alle Morgen heimsuchst, daß du ihn alle Augenblicke prüfst? Wie lange willst du dich nicht von mir wenden, wie lange nicht von mir ablassen? Habe ich gesündigt, was soll ich dir dann tun, o du Menschenhüter? Warum machst du mich zum Zweck, auf welchen du anlaufest, und bin mir selbst eine Last? Und warum vergibst du mir meine Übertretung nicht und nimmst nicht weg meine Missetat? Denn also würde ich nun in der Erde liegen, und wenn du mich schon früh suchtest, so würde ich doch nicht da sein."

So las Käthi, und ihrer Seele ward bange. Also sollte die Hand Gottes noch schwerer auf ihr liegen, bis sie zu sterben wünsche, ihr einziger Trost der sei, nicht mehr zu sein. Was wohl kommen werde, dachte sie, ob's der Hunger sei oder Johannesli sterben müsse oder eine grausame Krankheit sie überfalle? So dachte sie und weinte sehr, aber stille, daß Johannesli nicht erwachen möchte. Da dachte sie an das Psalmenbuch, daß da vielleicht ein Trost für sie sein möchte; sie streckte ihre Hand danach aus; aber sie zitterte sehr, daß sie die Stelle fast nicht finden und aufschlagen konnte. Endlich schlug das Buch auseinander, und vor ihr lag der zweiundvierzigste Psalm, und in Angst zuckte ihr Herz, denn sie las:

Ich erhebe meine Seele
Mit Verlangen, Gott, zu dir,
Wie nach einer Wasserquelle
Ein Hirsch schreit mit Begier.
Nur nach dir, o Lebensgott,
Dürstet sie in ihrer Not.
Ach, wann werd ich dahin gehen,
Wo ich kann dein Antlitz sehen?

Meine Nahrung ist das Klagen
Und das Weinen. Mir zum Spott
Hör ich meine Feinde fragen:
„Wo ist er, wo ist dein Gott?"
Traurig denk ich an die Zeit,
Da ich mich in Gott erfreut;
Da ich danken ging, den Herren
Mit den Frommen zu verehren!

Seele, was willst du dich kränken
Und voll banger Unruh sein?
Hoff' auf Gott, er wird dir schenken
Seines Trostes Gnadenschein.
Hoff' auf ihn mit Zuversicht,
Denn sein holdes Angesicht
Gibt dir Freude, Heil und Leben!
Du wirst ihn mit Lob erheben.

Mein Seele ist betrübet,
Doch ich denke stets an dich,
Gott, den meine Seele liebet,
Siehe doch mit Gnad' auf mich!
Wenn das Elend mich umringt,
Wenn das Unglück auf mich dringt,

Christrose

Will ich gläubig zu dir beten,
Du, o Gott, wirst mich erretten.

Zu dir ruf' ich nie vergebens;
Deine Güte, deine Macht
Will ich rühmen, Gott des Lebens,
Und dich preisen Tag und Nacht.
Wie, vergissest du mich gar?
Soll ich trauern immerdar,
Wenn die Feinde spottend sagen:
„Ist dein Gott auch zu erfragen?"

Meine Seele, sei nur stille,
Bleib getrost und zage nicht!
Hoff' auf Gottes Gnadenfülle
Und sein liebreich Angesicht!
Du wirst in der Ewigkeit
Gott und seine Freundlichkeit,
Seine Hilf- und Liebesproben
Einst mit frohem Danke loben.

So las sie, und ihr Herz bebte fort; doch rieselte durch die bittere Angst ein süßer Trost, daß, was kommen möge, Gott bei ihr bleiben und alles zum Besten lenken werde, so daß ihre Seele wieder froh werden und Gott loben und preisen könne, daß er sie so geführt und nicht anders. Und sie betete innig zu Gott und dankte ihm für alles Gute, so er ihr bis dahin erwiesen, und bat, daß der Kelch nicht zu bitter sein oder an ihr vorübergehen möge, „doch nicht mein Wille geschehe, sondern dein Wille!“, daß, komme was da wolle, keine Kreatur, keine Drangsal, keine Not sie von seiner Liebe scheiden möge, sondern daß sie ihrem Heiland eigen bleibe.

Johannesli erwachte, während das Licht noch brannte; die Weihnachtsfreude hatte ihn geweckt. Die glücklichen Kinder, sie werden durch Freude und freudige Erwartungen aufgeweckt, das Alter durch Bangen und Kummer. Wer erinnert sich nicht an die goldenen Tage, wo er nicht schlafen konnte, weil am Morgen Bescherung war, eine kleine Reise bevorstand oder etwas Neues ins Leben trat! Das waren die Tage, wo die Menschen uns noch nicht Spießruten jagten durch Examen, Gott es noch nicht nötig fand, uns zu examinieren, ob wir fromm und standhaft genug für das ewige Leben seien. Freilich war die Bescherung, die Johannesli zu hoffen hatte, nicht groß, nicht viele Kreuzer kostete sie; aber auf die Größe, auf die Kostbarkeiten kommt es nicht an, ob die Freude groß oder klein sei, sondern auf das Gemüt, welches sie empfängt, so wenig als das sogenannte Glück bedingt wird durch sogenannte große Glücksgüter. Das wahre Glück, welches das Wasser nicht nimmt, der Hagel nicht verhagelt, hat einen ganz andern Grund. Splendide, große stolze Herren und Damen sieht man dick in Palästen und auf Schlössern; aber glücklich, he – das ist etwas anderes! Gar mancher Herr mit sieben Sternen auf der Brust und gar manche Dame, splendid und elegant vom Teufel, rauschen daher, als ob die Glücksgöttin ihre Patin wäre, und machte der Schönlein ihnen ein Loch ins Herz, so täte lauter Gift und Galle herausspritzen und kein einzig Tröpflein Glück und Friede. „Chlei Ding freut d'Ching", sagt das Sprichwort. Wohl denen, welche in ihren Kindern den Sinn bewahren, daß kleine Dinge sie freuen, daß auch sie freut, was die Kinder freut; denn den Kindern gehört das Himmelreich, und wenn wir nicht wie sie werden, so haben wir nur teil an der Welt, und die Welt ist eng, und der Sinn, der die Welt liebt, ist unersättlich und findet kein Genügen, und wo kein Genügen ist, da ist kein Glück, da ist keine Freude. Was aber Johannesli für eine Freude hatte über seine Bescherung, so wird sie wirklich selten gefunden auf Erden. Die Bescherung bestand aus acht Nüssen, die einen Kreuzer gekostet hatten, einem bezuckerten Schäfchen, dessen Schwanz ein Pfeifchen war, es kostete zwei Kreuzer, einem Pfefferkuchen für zwei Kreuzer, summa summarum fünf Kreuzer; dabei lag noch ein Semmelring, sogenannter Weihnachtsring, den die Bäckerin Käthi geschenkt hatte. Das war eine unendliche Freude, ein Glück über alle Worte, und auch Käthi nahm teil an diesem unendlichen Glück, während immerfort Tränen ihr über die Backen rieselten und sie denken mußte:

„Ach Gott, du armes Bubi, wenn du wüßtest was ich, und wo bist du wohl übers Jahr?"

Als der erste Rausch des Kleinen vorüber war, der graue Tag durch die Fenster guckte, rief der Kleine: „Groß-müetti, habe dir auch was, rate mal!" Aber die Großmutter konnte nicht raten, da holte der Kleine in großem Triumph zwei Eier, die in der Großmutter Abwesenheit gelegt worden waren und welche er versteckt hatte, um ihr auch eine Freude zu bereiten. „Sieh, Großmüetti, sieh, zwei Eier, und wie schöne und wie große! Daraus machst du heute Eierbrot und Kaffee, und dann kannst den Leuten sagen, daß ich dir auch das Weihnachtskindlein habe kommen heißen."

Ach, wie manches Kind bittet so innig: „Vater, laß mir doch das Weihnachtskindlein kommen!", und wie manches Kind danket innig, daß ihm dieser Wunsch erfüllt worden, und die Eltern freuen sich der Freude der Kinder, und ihr Gewissen rühmet sie, daß sie den Kindern gute Eltern sind, so viele Freuden ihnen bescheren. Aber Leute, klebt nicht am Zeichen, treibt nicht Kindisches, gedenket an das, was das Zeichen bedeutet, und an das Himmelreich, das vom wahren Weihnachtskindlein den Kindern beschert wurde und welches Vater und Mutter ihren Kindern öffnen sollen, das wahre Weihnachtsgärtlein, in dessen Mitte der Tannenbaum voll Lichter und ohne Schlange. Das Weihnachtskindlein kommen heißen in Zuckergebäcken und buntem Spielzeug und das wahre Weihnachtskindlein, das vom Himmel kam und zum Himmel führt, verleugnen, den Kindern es verbergen, goldene Schäfchen bescheren und um das Lamm, welches der Welt Sünden trug, sie betrügen, heißt das nicht den Kindern Steine, Schlangen bieten, Brot und Fische ihnen vorenthalten, mit Kindischem sie kindisch machen, die Augen blenden für das Ewige, den Stamm verstümmeln, der zum Himmel wachsen soll, zum Zwergbaume, der nicht von der Erde will? Das Weihnachtskindlein kommen lassen und die Kindlein nicht weihen in der heiligen Nacht dem ewigen Heiland, der um ihretwillen ein Kind geworden, das heißt, geblendet und kindisch geworden zu sein, die Augen versengt zu haben an der Afterweisheit des Tages, wie die Mücken die Flügel am Licht versengen, dasselbe für die Sonne haltend, die sie geboren.

So war es aber bei Käthi wirklich nicht, sondern sie mußte dem Kind erzählen vom rechten Weihnachtskindlein, das in Bethlehem geboren worden in einem Stall und gelegt ward in eine Krippe, und wie die Engel des Himmels den Hirten es verkündet und die es angebetet hätten und die Engel gesungen in der Klarheit des Himmels das himmlische Lied: „Ehre sei Gott in der Höhe, Friede auf Erden und den Menschen ein Wohlgefallen!“ Wie dann die Weisen aus dem Morgenland gekommen, der Melchior, der Balthasar und der Kaspar, mit Kamelen und Elefanten und ganz schwarzen Mohren, und Gold, Weihrauch und Myrrhen gebracht und das Kindlein auch angebetet hätten. Wie ihnen dann ein Engel im Traum erschienen, vor Herodes sie gewarnt hätte, sie schnell in ihr Land geeilt, und wie Joseph auch gewarnt worden durch einen Engel und schnell ein Eselein gekauft hätte und mit der Mutter und dem Kind geflohen sei ins Ägypterland, wo früher die Kinder Israel als wie in einem Diensthaus gewohnt hätten viele hundert Jahre lang. Und wie dann der grausame, gewaltige König Herodes von Jerusalem gekommen sei mit all seinen Soldaten und das Kindlein gesucht, welches der neugeborene

König der Juden sein sollte, und wie er, da man es ihm nicht gezeigt, weil es nicht mehr da war, alle Kindlein habe töten lassen in und um Bethlehem, und wie ihn darauf eine schreckliche Krankheit elendiglich zu Tode gemartert, weil Gerechtigkeit im Himmel sei.

So erzählte die Großmutter, und Johannesli weinte fast vor Zorn und Wehmut und meinte, wenn er dabei gewesen, so wäre es nicht so gegangen, er hätte dem bösen König den Kopf abgeschlagen und den kleinen Heiland zum König gemacht, daß er nicht nach Ägypten hätte fliehen müssen und bös' haben dort und zimmern nachher. So verfloß der Morgen, da Käthi diesmal schlechten Weges wegen nicht in die Kirche sich wagte und ja auch den Heiland zu Hause hatte und nach ihrem Vermögen mit dem wahren Christkinde das Kind zu bescheren suchte. Auch war wohl der Gedanke im Hintergrund, sie wollten beieinander sein, solange sie könnten: Es wisse kein Mensch, wie lange es währe, sie habe Ursache zum Glauben, nicht mehr lange: und wenn es auch nicht im Februar

sei, so sage das Sprichwort: „Was der Hornung nit will, das nimmt der April.“ In ganz eigener Weichheit durchlebte Käthi den Tag: es war ihr immer, als müsse sie noch etwas Besonderes erleben, und als nichts kam, war es ihr wie einem, der noch jemanden erwartet; sie durfte nicht einschlafen aus Furcht, sie möchte es dann nicht hören, dann nicht bereit sein. Aber es ging Käthi wie vielen: Wenn man erwartet, kommt nichts, während das Unerwartete unverhofft kommt.

chlei: klein / Ching: Kinder

Max von Schenkendorf

Weihnachtslied

Brich an, du schönes Morgenlicht!
Das ist der alte Morgen nicht,
Der täglich wiederkehret.
Es ist ein Leuchten aus der Fern',
Es ist ein Schimmer, ist ein Stern,
Von dem ich längst gehöret.

Nun wird ein König aller Welt,
Von Ewigkeit zum Heil bestellt,
Ein zartes Kind geboren.
Der Teufel hat sein altes Recht
Im ganzen menschlichen Geschlecht
Verspielt schon und verloren.

Der Himmel ist jetzt nimmer weit,
Es naht die sel'ge Gotteszeit

Der Freiheit und der Liebe.
Wohlauf, du frohe Christenheit!
Daß jeder sich nach langem Streit
In Friedenswerken übe.

Ein ewig festes Liebesband
Hält jedes Haus und jedes Land
Und alle Welt umfangen,
Wir alle sind ein heil'ger Stamm,
Der Löwe spielet mit dem Lamm,
Das Kind am Nest der Schlangen.

Wer ist noch, welcher sorgt und sinnt?
Hier in der Krippe liegt ein Kind
Mit lächelnder Gebärde.
Wir grüßen dich, du Sternenheld!
Willkommen, Heiland aller Welt!
Willkommen auf der Erde!

Zimtsterne

8 Eiweiß, 500 g Puderzucker, 500 g gemahlene Mandeln, $^1/_2$ Zitrone, 1 gestrichener Eßlöffel Zimt, etwas Grießzucker zum Auswellen.

Das zu steifem Schnee geschlagene Eiweiß wird mit Puderzucker und Zitronensaft 20 Minuten gerührt. 8 Eßlöffel davon abnehmen und für die Glasur beiseite stellen. Die übrige Masse mit Zimt und Mandeln mischen, den Teig auf Zucker einen Zentimeter dick auswellen. Sterne ausstechen, glasieren und auf einem mit Pergament oder Backpapier belegten Blech bei schwacher Hitze schön gelb backen.

Victor Blüthgen

Das vertauschte Weihnachtskind

Klein Elsbeth war fünf Jahre alt und hatte es recht gut auf der Welt, denn erstens brauchte sie noch nicht in die Schule zu gehn, zweitens hatte sie in der schönen, großen Wohnung der Eltern ein eigenes Zimmerchen für sich, das voll niedlicher Möbel war, darunter ein Schrank ganz voll Spielsachen, und drittens hatte sie immer Unterhaltung, nämlich ein Fräulein, das immer bei ihr war und sich mit ihr beschäftigte, weil Papa meistens im Geschäft war und Mama viel schlafen und Besuche machen mußte. Wenn aber recht schönes Wetter war, durfte der Kutscher anspannen, und dann fuhr sie mit Fräulein spazieren.

Na, der Kutscher! Den mochte sie zu gern. Der war immer so spaßig, und wenn er Besorgungen gemacht hatte, brachte er ihr immer was zu naschen mit.

Ihr einziger Kummer war, daß sie kein Brüderchen hatte, so eine richtige lebendige Puppe. Im ganzen Hause war sie das einzige Kind, auch Doktor Krauses im oberen Stock, die noch nicht lange eingezogen waren, hatten keine Kinder. Aber lieb war die Frau Doktor, Elsbethchen durfte manchmal zu ihr hinaufgehen mit Fräulein, und dann spielte die Frau Doktor ganz richtig mit ihr, als wenn sie auch ein kleines Mädchen wäre.

Weihnachten kam heran, und eines Abends erschien – rate mal wer? Der Knecht Ruprecht.

Fräulein hatte schon vorher gesagt: „Wo nur der Knecht Ruprecht bleibt? Kommen wird er sicher. Wir müssen uns nur überlegen, was wir uns zu Weihnachten wünschen, damit wir ihm das sagen können."

Das war nun eine wichtige Sache. Es war denn auch eine ganze Liste zusammengekommen, Fräulein hatte alles aufgeschrieben, und Elsbeth hatte ihren Namen und die Straße und Hausnummer drunter schreiben müssen, Fräulein hatte ihr die Hand geführt.

Und nun klopfte es vor der Tür, gerade, als Fräulein das Märchen vom ehrlichen Laubfrosch erzählte, und die Tür ging auf, und herein kamen Äpfel, Nüsse und eingewickelte Bonbons und hinterher der Ruprecht. Er brummte wie ein Bär durch seinen weißen Bart und sprach beinah so wie Heinrich, der Kutscher, Elsbeth mußte beten, und dann sollte sie sich etwas zu Weihnachten wünschen. Da holte Fräulein den Zettel für Elsbeth und auch ihren eigenen, und der Ruprecht ging damit ab.

Elsbeth war ja nun sehr befriedigt, und Fräulein half mit auflesen; auf einmal aber schrie Elsbeth: „Fräulein, Fräulein –!"

„Was denn?"

„Ich habe was vergessen."

„Was hast du denn vergessen?"

„Ich will ja ein kleines Brüderchen haben, das ist die allergrößte Hauptsache. Hole doch den Ruprecht noch einmal!"

„Schade, der ist aber schon weit fort. Weißt du was? Wir schreiben an ihn. Die Post weiß gewiß seine Adresse; er wird wohl mehr Briefe bekommen."

Das war ein Trost. Fräulein nahm Papier und Feder, und Elsbeth mußte diktieren.

„Lieber Knecht Ruprecht! Entschuldigen Sie, wenn ich störe" – so sagte nämlich Fräulein immer zur Mama – „ich wünsche mir am allermeisten ein kleines Brüderchen, bitte, bitte! Es grüßt Sie Ihre Elsbeth."

„Die Adresse schreibe ich dazu", sagte Fräulein, „und die auf das Kuvert auch."

„Die Marke darf ich lecken, nicht?"

„Für den Ruprecht braucht's keine."

Aber Elsbeth wollte lieber sichergehen und ließ nicht nach, bis eine Marke aufgeklebt war; und nachher war sie sehr energisch dagegen, daß Minna, das Stubenmädchen, den Brief in den Briefkasten trug, Fräulein mußte mit ihr über die Straße gehen und sie heben, so daß sie den Brief selber einstecken konnte.

Fräulein lachte heimlich. Der Briefkasten gehörte nämlich nicht der Post, sondern einem großen Kohlengeschäft. Die Leute würden sich dort schön wundern!

Darauf gingen die beiden wieder Äpfel, Nüsse und Bonbons zusammenlesen.

Der Tag zu Heiligabend war gekommen und Klein Elsbeth in wahrem Fieber vor Erwartung. Das Brüderchen mußte doch sicher kommen; bis jetzt hatte der Weihnachtsmann immer alles gebracht, was sie sich gewünscht hatte. Wenn bloß der Brief richtig angekommen war!

Papa und Mama wußten natürlich von dem bevorstehenden Familienzuwachs. Elsbeth war anfangs dafür gewesen, sie zu überraschen, aber sie hatte doch auf die Dauer ihr Geheimnis nicht bei sich behalten können. Und Mama hatte gesagt: „Es ist nur gut, daß ich es weiß, da muß ich doch Steckkissen und Windeln instand setzen."

„Aber das sage ich dir, Mama, es ist meins!" hatte Elsbeth sehr entschieden gesagt. „Daß du mir's nicht etwa nachher fortnimmst und sprichst, es wäre deins!"

„Ei, wo werde ich denn", hatte Mama geantwortet.

Nun war's draußen dunkel, in der Gegend des Wohnzimmers allerlei Getrappel und Gemunkel. Elsbeth, die atemlos mit Fräulein in ihrem Zimmerchen wartete, hörte es und trippelte wie ein Irrlicht herum vor Ungeduld. Draußen läuteten die Glocken. Und endlich klingelte es.

„Fräulein, schnell –!"

Da war die Weihnachtsstube, mit Papa und Mama und dem Weihnachtsbaum und lauter Herrlichkeiten auf Tischen und Stühlen. Und die Eltern beide lachten ganz glücklich: „Sieh doch dort, Elsbethchen, das ist deins, was der Weihnachtsmann dir gebracht hat."

Aber die großen Kinderaugen von Klein Elsbeth suchten, suchten, und das Gesichtchen wurde immer kläglicher: „Wo ist denn das Brüderchen?"

„Ja, denke dir", sagte Mama, „das ist nicht gekommen!"

Aus Elsbeths Augen kullerten die Tränen.

„Der Ruprecht!" nickte sie. „Das ist schon so einer. Jetzt freue ich mich beinah gar nicht."

„Ja", meinte Papa, „wir müssen ihn nächstes Jahr einmal fragen, ob er denn deinen Brief nicht bekommen hat."

Nun half da ja nichts; Elsbeth mußte sich mit den andern Sachen zufrieden geben, und das ging ja auch, denn sie waren wirklich sehr schön.

Nachher wurden der Friedrich und das Stubenmädchen und die Köchin und die Jungfer von Mama gerufen, die bekamen auch ihr Teil. Die Köchin kam zuletzt und war ganz aufgeregt und sagte: „Gnädige Frau, bei Doktors oben ist ein kleiner Junge angekommen."

Klein Elsbeth stieß einen Schrei aus. „Ein kleiner Junge? Mama, Mama, das ist meiner. Der ist falsch abgegeben!"

Und mit blitzenden Augen stand sie vor der Mutter, ganz Aufregung.

„Ja, das kann man doch nicht wissen“, sagte Mama bedenklich und blinzelte zu Papa hin.

„Doch“, rief Elsbeth, „ich habe ihn doch bestellt, Doktors brauchen doch gar keinen. Bitte, bitte, schicke doch hinauf und laß ihn holen. Tante Doktor gibt ihn mir gewiß, das weiß ich. Ich habe ihr auch erzählt, daß ich ein Brüderchen bestellt habe.“

Die Köchin und die Zofe und das Stubenmädchen lachten, aber Papa sagte ernsthaft: „Na, heute wollen wir's nur oben lassen, es wird natürlich sehr müde sein und erst mal ordentlich ausschlafen wollen.“

„Aber ich will's doch sehen!“ rief Elsbethchen. „Fräulein, komm doch nur mit, wir wollen hinaufgehen.“

„Heute nicht, sei artig, Elsbeth“, entschied Mama.

Elsbeth stieß ein Schluchzen aus und stampfte mit dem Fuße auf. „Ihr seid schlecht – ganz schlecht seid ihr . . .“

„Elsbeth –“ sagte Papa mit strengem Ton; den kannte sie schon, da war nicht gut Kirschen essen mit ihm. „Unartigen Kindern nimmt der Weihnachtsmann alles wieder weg, das weißt du. Natürlich das Brüderchen auch.“

Sie ging zu ihren Sachen, weinte noch eine Weile still vor sich hin . . .

„Morgen ganz früh gleich gehn wir hinauf, nicht?“ sagte sie zu Fräulein, als die sie zu Bett brachte.

„Ja freilich.“

Sie lag noch lange mit offenen Augen, lächelte manchmal glückselig . . .

In aller Frühe klingelte es bei Doktors. Als das Mädchen öffnete, stand Klein Elsbeth da, hochrot im Gesichtchen, sagte gar nicht „Guten Morgen“, sondern bloß sehr bestimmt: „Ich will mein Brüderchen sehen. Es gehört nämlich mir."

Sie war dem Fräulein durchgegangen, das noch mit Haarmachen zu tun hatte.

„Das ist deins?" fragte das Mädchen erstaunt. „Ich denke doch, das ist der Frau Doktor ihres."

„Nein, das habe ich mir bestellt, es ist bloß falsch abgegeben. Und ich will mir's holen."

„Na, das glaube ich nicht, daß sie dir das herausgeben", meinte das Mädchen. „Ich will mal den Herrn fragen, ob du es sehen darfst, es wird gerade gebadet."

Sie ging fort, und statt ihrer kam der Doktor. „Morgen, Elsbethchen. Na, willst du's sehen? Dann komm mit. Aber es ist richtig unseres, verlaß dich drauf."

„Jawohl, ihr wollt mir's jetzt bloß nicht geben. Ich habe mir's bestellt und ihr nicht!"

„Doch, wir haben auch eins bestellt."

„Aber Elsbethchen!" rief's unten, und Fräulein kam mit halbgemachtem Haar die Treppe heraufgeflogen.

„Du lügst!" rief die Kleine in leidenschaftlicher Erbitterung. „Du sagst bloß so. Und jetzt will ich's gar nicht sehen ..."

„Entschuldigen Sie das Kind, Herr Doktor", sagte Fräulein. „Meinen herzlichen Glückwunsch! Es ist so ein merkwürdiger Zufall ..."

Elsbethchen war schon auf der Treppe, und jetzt war Fräulein bei ihr und meinte: „Wir schreiben noch einmal an den Ruprecht, da werden wir ja erfahren, wem es gehört."

„Ja, aber gleich", nickte Elsbeth entrüstet.

Nun saßen sie – sie hatten noch gar nicht gefrühstückt; die Eltern lagen noch zu Bett – und Elsbeth diktierte, und Fräulein schrieb:

„Lieber Knecht Ruprecht! Ich bin sehr traurig . . .“

Auf dem Korridor ging die Klingel. „Das wird die Post sein“, sagte Fräulein und legte die Feder nieder, „ich will erst einmal nachsehn.“

Sie ging und kam wieder mit dem Postboten, der trug eine große Kiste, nickte Elsbethchen zu und meinte schmunzelnd: „Da kommt was für das Fräuleinchen.“ Und Fräulein las auf der Begleitadresse und rief: „Elsbethchen, da steht: ‚Absender: der Weihnachtsmann‘; da bin ich neugierig. Ich will gleich Werkzeug holen und öffnen.“

Es stand aber auch etwas blau gestempelt auf der Adresse, davon sagte sie nichts, das hieß nämlich: Schucker und Kompagnie, Kohlenhandlung.

Die Neugier, ehe die Kiste geöffnet war und ausgepackt wurde! Erst viel Holzwolle; und dann: eine Puppe, so groß, wie Elsbethchen noch keine gehabt – ein kleiner Junge!

„Ja, was ist denn das?“ kopfschüttelte Fräulein und nahm einen Brief aus einem Kuvert, das dabei lag. Und dann schrie sie: „Denke doch nur an, der Weihnachtsmann schreibt an dich:

‚Liebes Elsbethchen! Der Knecht Ruprecht läßt dich schön grüßen. Er hat mir gesagt, du hättest dir ein richtiges lebendiges Brüderchen gewünscht. Aber die sind das Jahr schlecht geraten, und ich mußte erst den Leuten eins bringen, die schon voriges Jahr eins gewünscht und nicht gekriegt haben. Da hatte ich für dich keins mehr übrig und schicke dir dafür noch ein extragroßes, das zwar nicht lebendig, aber sehr schön ist. Es grüßt dich der Weihnachtsmann.‘“

„Dann ist’s doch richtig“, sagte Elsbethchen betreten, „es gehört Doktors. Ich freue mich gar nicht.“

Der Kohlenhändler, der den Brief an den Knecht Ruprecht in seinem Briefkasten gefunden, hatte sich den Spaß gemacht; davon aber erfuhr Elsbethchen nichts.

Noch am selben Tage aber war sie bei Doktors und besah das Brüderchen. Es war ein kleines, schrumpliges Ding und quäkte gräßlich. Ganz krebsrot und häßlich sah es aus.

„Weißt du“, sagte sie zu Fräulein, als sie von Doktors die Treppe hinuntergingen, „jetzt ist mir's doch lieb, daß ich das Brüderchen nicht gekriegt habe; das, was mir der Weihnachtsmann geschickt hat, ist viel hübscher und auch viel artiger. Das andere können Doktors behalten.“

Christliche Darstellung der glorreichen Geburt Jesu Christi

Szenen eines Weihnachtsspiels aus Peilstein, aufgeschrieben und aufgeführt in Prachatitz in Böhmen

I. Akt

Zimmer. Hintergrund.

Der Engel:

Ehre soll Gott in der Höhe sein
Und Friede den Menschen insgemein,
Die eines guten Willens sind
Zu Ehren des neugebornen Kind.
Euch Adamskindern zu Nutz und Frommen
Ist arm und nackt auf die Welt es gekommen,
Ihr wäret alle verdammt und verlorn,
Doch jetzt wird gestillt der göttliche Zorn;
Ihr sollet erlöst von der ewigen Pein
Nun wieder die Erben des Himmels sein.
Wohlan, ihr Menschen, vernehmt mit Andacht,
Wie Gott, der Erbarmer, das Opfer gebracht;
Wie selber er Mensch ist geworden,
Wie die Bosheit versucht, ihn zu morden,
Und wie ihn die Allmacht gerettet.
Vernehmt, wie, vom Teufel gekettet,
Herodes die Hölle sich frevelnd erwirbt,
Wie er verzweifelt, verendet und stirbt;
Vernehmt hingegen, wie tief und klar
Der Glaube der armen Hirten war;
Vernehmt, wie gläubige Weisen
Den göttlichen Heiland preisen;

Auch Josef bewundert, den heiligen Mann,
Vor allem aber, was Gott getan,
Indem er die zarte Jungfrau erwählt
Zur Mutter des Heilands, dem Retter der Welt.

2. Auftritt

König Herodes
geht körperlich auf und nieder, bleibt bei einzelnen Sätzen gegen das Publikum gewendet stehen:

Augustus, Roms erlauchter Kaiser, hat
Mich auserwählt, daß ich an seiner Statt
Judäas königliches Szepter führe
Und streng das ganze Land regiere.
Auch ist mir von ihm befohlen worden,
Daß ich von Süd, Ost, West und Norden
Das ganze Volk, die Alten und die Jungen,
Mann und Weib und auch die Leute fremder Zungen,
Sollte schätzen lassen und beschreiben
Nach Namen und Geschlechten, Stand und Treiben.
Wofern sich einer nun verfehlet
Und irgendwie die Wahrheit verhehlet,
Dem soll es kosten, Geld und Gut,
Am Ende gar auch Leib und Blut.
Dies alles sei allen vorhergesagt,
Damit niemand den Frevel des Ungehorsams wagt.
Werdet ihr euch aber meiner Gewalt ergeben,
So sollt ihr unter mir in Fried' und Freuden leben.
Es soll mir auch, das sei bei Gott geschworen,
So lang ich leb' auf dieser Erden,
Kein jüdisches Kind als König geboren
Und mir zum Trotz erzogen werden.
Ich sag dir das, verräterisches Geschlecht,
Du kennst den König Herodes nicht recht;
Doch bei der Sonne und allen Sternen,
Du sollst ihn noch kennenlernen!

Ab. Vorhang fällt.

II. Akt

3. Auftritt

Josef und Maria gehen auf und ab, dann bleiben beide stehen. Felsenhintergrund.

Josef:

Maria, du vertrautes Weib,
Hör an die Wort' und dabei bleib.
Ich kann es nicht verschweigen,
Sondern ich muß dir's auch anzeigen,
Daß vom Kaiser ein Gebot zur Hand
Ausgegangen ist durchs ganze Land,
Nämlich daß sich jeder Mann
Solle beschreiben und schätzen dann.
So wär wohl das einmal Recht,
Die wir vom Haus und Davids Geschlecht,
Uns solcher Schätzung nicht überheben,
Dieweil wir unter dem Kaiser leben.
So wollen wir in Gottes Nam'
Hinauf gen Bethlehem gan
Und uns beschreiben und schätzen dann.
So wollen wir ziehen unsere Straßen;
Gott der Herr wird uns nicht verlassen
Und uns an jedem Ort
Beschützen fort und fort.
Maria, bekümmere dich nicht zu sehr,
Ich will schon schauen um eine Nachtherberg.
Denn ich allda hab gute Freund,
Die werden uns schon behalten heunt;
Wenn sie uns nur werden kennen,
Sie werden uns gleich zur Herberg' aufnehmen,
Sie werden uns geben ein saubres Zimmerlein,
Damit wir uns können erquicken fein.

Bleib bei dem Esel und bei dem Rind,
Hab acht, daß es dich verletzet nicht.
Ich will gleich gehen und schauen hinein,
Damit wir eine Herberg' haben allein.

Er geht zur Türe, klopft an und spricht:
Holla! Holla!

4. Auftritt

Der Wirt ganz stolz und mit scharfer Stimme geht auf und ab und spricht:
Wer da? Wer seid ihr?

Josef:
Ach, lieber, frommer Herr,
Ich bitt, gebt uns heut Nachtherberg.
Wir nehmen vorlieb an einem schlechten Ort,
Ich bitt euch, jagt uns nicht fort.

Wirt:
Mir sein willkommen andre Leut',
Mir ist zu ärmlich euer Kleid,
Von euch hab ich einen schlechten Gewinn,
Drum sucht euch Herberg und geht hin! *geht ab.*

Nachdem der Wirt abgegangen ist, geht Josef zu Maria und sagt:
Ach Gott, ach Gott, laßt's euch erbarmen,
Wie ungern behaltet man die Armen!
O Bethlehem, o Bethlehem, wie bist du so hart,
Daß du uns nicht aufnimmst eine einzige Nacht!
Dann ich allda bin worden geboren,
Jetzt bin ich schon abgewiesen worden.

Kein Freund will mich mehr kennen,
Keiner will mich zur Herberg aufnehmen.
Ich suche und bitte den ganzen Abend und spat
Um eine Herberg in der ganzen Stadt
Und hab noch keine bekommen.
Ach, wenn sich tät nur einer erbarmen
Über uns Verlassenen und Armen!
Ich will in Gottes Namen gehn
Und nochmal schauen hinein,
Damit man uns möcht behalten heut'.

Er geht zur Türe, klopft und spricht:
Holla! Holla!

Der Wirt kommt noch schärfer als das erste Mal und sagt:
Wer da? Wer seid Ihr?

Josef:

Ach, lieber, frommer Herr,
Ich bitt euch durch Gott noch mehr,
Erbarmt euch unser in dieser Not
Und gebt uns doch ein Ort.

Der Wirt:

Ich glaub nicht, daß ihr seid gescheit,
Groß Wunder es mich nimmt,
Daß ihr anklopft und seid so gering,
Ihr loses Bett'lgsind.
Mein Haus ist mit Leuten zu voll,
Drum bin ich eben so toll.
Schert euch weg von meiner Tür.
Er stößt den Josef hinweg.
Für euch gibt's keine Herberg hier! *Geht ab.*

Josef:

O Gott, nun ist es ganz und gar mit uns schon aus,
Weil ich in der ganzen Stadt nicht find ein Haus,
Worin wir nur eine einzige Nacht
Eine Herberg mögen haben. Sei es Gott geklagt!
Und weiß auch jetzt kein andres Mitt'l mehr,
Als weil wir aller Hilf sein leer,
Müssen da liegen auf freien Gassen.
O Gott, sieh an, wie sie uns tun hassen!
Einen stinkenden Stall weiß ich noch offen,
Der läßt uns noch Unterkunft hoffen.
Mir ist nur um die zarte Jungfrau rein,
Daß sie so schlecht bewillkommt soll sein.

Der Vorhang fällt.

III. Akt

Waldgegend. – Die drei Hirten, der erste geht voraus und spricht:

I glaub nöt, daß no elenderni Leut
Gfund'n wer'n zu dieser Zeit,
Die also leb'n in Angst und Not
Und können ihnen kaum erwerb'n das tägliche Brot.
Tag und Nacht hab i koa Rua,
Das richten mir all's die elendigen Wölfe zua
Und sonst a no wilde Tier. –
Mir gedunkt, i hab mein Bruedern g'spürt.

Der zweite Hirt kommt heraus und sagt:

So kann's denn wohl sein.

Der erste Hirt:

Wenn ich glei wach alle Zeit,
So faihlt's bei meim Bruedern weit.

Der dritte Hirt kommt heraus und sagt:
Faihlt's denn bei ihm so weit?

Der erste Hirt:
Freili, Freili. I will blas'n laut zum ersten Mal.
Er blast in sein Horn.
Das muß klingen über Berg und Tal.
Trauta Gsöll merk auf mein Horn,
Das macht den Wölfen an großen Zorn.
Blas a gegen mir zum andern Mal,
So bleibt koa Wolf in diesem Tal.

Der zweite Hirt:
So blas ich als Jägermann
Aufs best, als ich's g'lernt han. *(Er bläst.)*
Und treib daraus a groß Geschrei,
Dös macht den Wölfen Angst dabei.
Weichet, weichet von meiner Schafenherd,
Damit mir keines gefangen werd.
So bleibt mein Vieh in Gottes Fried',
Und derf auch keiner blasen nit.
Laß dich du a hör'n, mei liaba Gspan,
So bleibt kein Wolf in dieser Plan.

Der dritte Hirt:
Vor Zittern blas i a mei Horn,
Das tut den Wölfen an großen Zorn.
Er blast, es geht aber nicht, sagt dann:
Gspan, mir gedunkt, du hast mir a Bosheit getan,
Weil i mei Horn ganz und gar nit blas'n kann;
Mein Blas'n is so ganz und gar nichts wert,
So lang ich hürt jetzt diese Herd.
Die Himmelsröt, die zeigt uns auch was an,

Daß ich's nicht verstehen kann.
Die Wolken verschwärzen ganz und gar
Und um uns wird's so hell und klar.
Möcht ich nur wiss'n, was das Ding bedeut.
Nàmla, Nàmla, hat's jetzt a kalti Zeit,
Um d'Weihnachten hat's a grimmige kalti Nacht,
Meine Gspan, das sei betracht.

Gesang unter der Szene.
Der erste Hirt:
Gspan, mir gedunkt, i hör an Engel singa;
Möcht is nur wiss'n, was er uns für a Freud wird bringa.

Der zweite Hirt:
Hörst, Gspan, bist du nit a narrischa Man,
Weißt du nit, daß zu dieser Zeit
Die Engeln hab'n a bsundre Freud?
Glaubst du nöt, daß wir auf dieser Erden
Mit unserm Tun können a selig werden?

Der erste Hirt zu dem zweiten:
Wenn wir ihm nur tun darnach.

Der dritte Hirt:
Ihr hört auch nicht auf von engan Dischpatiern,
Vor Költn möcht i schier erfriern;
Mich friert in meine Händ und Glieder,
Vor Költn leg'n wir uns alle drei hier nieder.

Der zweite Hirt:
So folgen wir dir und deiner Lehr,
Vor Költn leg'n wir uns alle drei hier her.
Sie legen sich alle drei. Der Vorhang bleibt offen.

Der Engel kommt und spricht:
Hirten, Hirten, Hirten, ihr Hirten!
Schreckt nicht all zur Hand.
Denn ich bin ein Bot' von Gott gesandt,
Verkündige euch eine neue Mär,
Daß geboren ist Christus der Herr
Zu Bethlehem in einem Stall,
Dort wird er haben seinen Saal. *Geht ab.*

Nach einer Pause weckt der erste Hirt den zweiten auf und sagt:
Lümml, Lümml, los, schau, was fällt vom Himmel,
Sung so sehr, daß ich erwacht.

Der zweite Hirt:

O mein Gspan, es ist noch viel zu tief in der Nacht,
Du laßt mir a sogleich koa Ruah,
Daweil geht mir a Schlafel zua.
I glaub, es wurd dir a nöt gfalln,
Wenn man dich tät meist erschalln,
Von dem Schlaf tät aufwecka.
I mueß mi, bei Gott, nu a weng strecka.

Der dritte Hirt:

Auf, auf, ihr Gspan, und folgt mir dann;
Nach Bethlehem wollen wir gan,
Gleich den neugebornen Heiland zu sehn.
Aus ganzem Herzen will ich mich freun,
Gott wird uns allen gnädiglich sein.
Sie stehen auf.

Der zweite Hirt:

Freili, freili, es kann kein Zweifel sein,
Nur schnell nach Bethlehem hinein.

Der Vorhang fällt.

trauta Gsöll: trauter Geselle, lieber Gefährte / die Plan: freier Platz, Ebene, Au / erschalln: aufschrecken

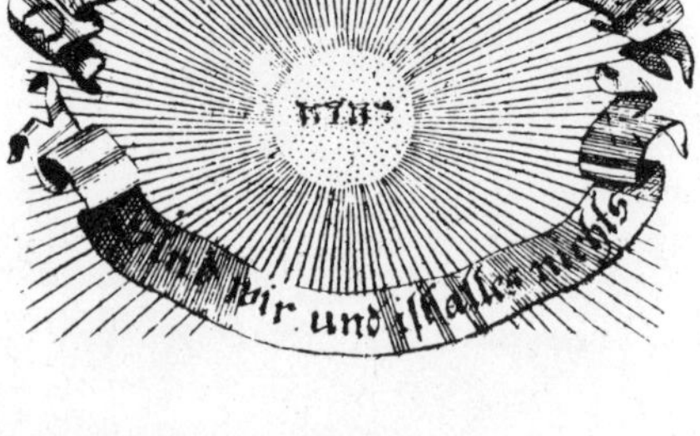

Hermann Kurz

Der Weihnachtsfund

Eine Erzählung aus dem schwäbischen Volksleben

In einer Christnacht verlassen in einem schwäbischen Gasthaus zwei Knechte ihren Dienst: der bei allen unbeliebte, aus der Stadt stammende Alex und der allseits beliebte Erhard. Erhards Weggang wird nicht zuletzt dadurch hervorgerufen, daß die Magd Justine seinen Heiratsantrag abgelehnt hat, obwohl sie ihm offensichtlich sehr zugetan ist.

In derselben Nacht finden arme Schustersleute vor ihrer Tür ein ausgesetztes Neugeborenes. Trotz ihrer Armut und ihres Kinderreichtums behalten sie das Kind und ziehen es wie ein eigenes auf.

Es waren sieben Jahre vergangen, und im roten Löwen wurde längst nicht mehr von dem auf die Wanderschaft gegangenen Knechte gesprochen, dessen Andenken durch Erlebnisse, Kriegsdrangsale und Schicksalswechsel nur in einem Herzen nicht zum Schatten geworden war. Wiederum war der Tag vor Weihnachten gekommen. Ein trüber Regenhimmel, unter dessen Einfluß der Schnee schmolz, ließ ihn vorgerückter erscheinen, als er in Wirklichkeit war, und schon am frühen Nachmittage zogen die Schatten des Abends herein. Gleichwohl waren in der großen Stube, die vor sieben Jahren den Schauplatz einer fröhlichen Weihnachtfeier gebildet hatte, keine Anstalten getroffen, welche das Herannahen des Heiligen Abends verkündigten, den man doch zu begehen pflegt, sobald die Tageszeit das Anzünden der Lichter am Baum gestattet. Der Löwenwirt, gealtert und abgemagert, saß allein in der leeren Stube am Tische und hatte eine alte Postille vor sich liegen; seine Aufmerksamkeit war jedoch nicht auf das Buch gerichtet, denn er saß zurückgelehnt und hing, vor sich hinblickend, freudlosen Gedanken und traurigen Erinnerungen nach.

Ein Hufschlag ließ sich auf der Landstraße mit jenen hellen Zwischenlauten vernehmen, welchen man anhören konnte, daß schon die Steine aus der Schneelage hervorstachen. Der Löwenwirt horchte, als der rasche Trab sich näherte, gewohnheitsmäßig auf, obgleich er seit geraumer Zeit nur gewöhnt war, die Gäste an seinem Hause vorüberziehen zu sehen. Diesmal aber schien es wirklich auf den vergessenen Roten Löwen abgesehen zu sein, denn die Hufschläge wurden kürzer, bogen gegen das Haus ein, und gleich darauf hörte er das Pferd in der Einfahrt unter dem Fenster ungeduldig, als ob es Einlaß begehre, scharren. Er lauschte noch einen Augenblick, ob der halberwachsene Knecht, der jetzt an der Stelle des zahlreichen Gesindes zur Besorgung von Stall und Feld ausreichte, in die Einfahrt gelaufen komme; dieser aber war so wenig als sein Herr daran gewöhnt, Gästen entgegen zu eilen, und da er ihn nicht hörte, so ging er selbst hinab, um das Pferd in Empfang zu nehmen. Der Reiter war inzwischen abgestiegen, eine kräftige Gestalt in knapper rheinischer Tracht; der geübte Blick des Wirtes erkannte den Fremden an seiner resoluten Haltung und an dem goldnen Uhrgehänge für einen Mann, der in der Welt herumgekommen sein und etwas vor sich gebracht haben müsse. Derselbe fragte kurz, ob er hier ein Nachtquartier finden könne. Der Löwenwirt bejahte die Frage und ergriff das Pferd, einen stattlichen Falben, am Zügel, um es in den Stall zu führen. Der Fremde ließ dies jedoch nicht zu, sondern brachte sein Tier selbst nach dem Stalle, den er ohne

Befragen zu finden wußte, und gab dem Wirt inzwischen seinen Mantelsack zu tragen, dessen Gewicht demselben die Richtigkeit seiner Beobachtungen zu bestätigen schien. Ohne eine Hilfe zu gestatten, nahm der Gast dem Pferde Zaum und Sattel ab, befestigte es leicht an der Krippe und schüttete ihm das Futter vor, das der herbeigerufene junge Knecht in Eile brachte; alle diese Verrichtungen geschahen mit flinker Hand, als ob er sachmäßig in ihnen bewandert wäre. Dann ging er mit dem Wirt in die Stube hinauf und sah ihn unterwegs zuweilen lächelnd an, ohne ein Wort zu reden. In der Stube legte er die Mütze auf eine Bank, zog den Überrock aus, trat vor den Wirt hin und fragte, unter seinem Schnurrbart freundlich hervorlächelnd: „Nun, wie steht's im Roten Löwen?"

„Nicht besonders", antwortete der Wirt. „Ist der Herr hier bekannt?"

„Ich sollt's wohl denken", erwiderte der Gast. „Bin freilich lang nicht dagewesen. Eure Kinder werden fast großgewachsen sein."

Der Wirt schüttelte traurig den Kopf. „Das große Sterben", sagte er, „hat ihnen fürs Wachsen getan, einem nach dem andern; wir haben ein österreichisch Lazarett in der Gegend gehabt."

„Alle tot?" rief der Fremde wehmütig. „Die blühenden Kinder! Wie lang hab' ich mich auf diesen Besuch gefreut, und muß jetzt so traurige Neuigkeiten vernehmen!"

Der Löwenwirt sah ihn wiederholt aufmerksam an, konnte sich jedoch in dem unbekannten Gesichte nicht zurechtfinden.

„Aber Eure Frau ist doch noch am Leben?" hob jener wieder zu fragen an.

„Sie lebt, aber seit der Zeit ist sie kränklich."

„Und der alte Philipp?"

„Der hat den Krieg nicht mehr erlebt. Er ist schwach worden und ist ausgelöscht wie ein Licht. Ich hab' ihm selber die Augen zugedrückt."

Der Fremde fragte Namen für Namen nach den andern Knechten und Mägden. Sie waren nicht mehr im Hause. Der Wirt verwunderte sich höchlich über die Vertrautheit des Gastes mit den Verhältnissen des Hauses und zerbrach sich vergebens den Kopf, wer er sein möge.

Der Fremde schwieg eine Zeitlang, und eben wollte der Wirt fragen, was dem Herrn gefällig sei, als dieser wieder anhob. „Und die Justine?" fragte er mit etwas befangener Stimme: „Die ist wohl schon lang verheiratet."

Dieser befangene gepreßte Ton klang dem Wirt bekannt. Er faßte den Gast schärfer ins Auge und ein Freudenstrahl flog über sein abgehärmtes Gesicht. „Der Erhard!" rief er, ihm die Hand entgegenstreckend. „Du loser Schelm, dein Schnurrbart ist Schuld, daß ich dich nicht gleich erkannt hab'. Warum bist denn so lang fortgewesen und hast gar nichts von dir hören lassen? Erzähl' mir nur gleich wie dir's gangen ist und wie du lebst und was du treibst. Aber ich werd' nicht mehr du zu dir sagen dürfen, denn ihr seid ja ein vornehmer Herr worden."

„Mit dem Du wollen wir's beim alten lassen, Meister", erwiderte Erhard, indem er ihm herzlich beide Hände schüttelte. „Erzählen will ich Euch auch, so viel Ihr wollt, nur sagt mir zuvor, wo die Justine ist und wie's ihr geht."

„Es scheint, alte Liebe rostet nicht", bemerkte der Löwenwirt lächelnd. „Die Justine ist nicht weit, sie ist immer noch bei uns, ist immer noch zu haben, und du wirst sehen, daß sie sich in der langen Zeit gar nicht verändert hat."

„Und meint Ihr", sagte Erhard, „sie habe auch ihren Sinn nicht geändert? Denn wenn sie noch so denkt, wie vor sieben Jahren, so kann ich wieder abziehen wie ich damals abgezogen bin."

„Ist's denn wahr?" rief der Löwenwirt. „Ich kann's schier nicht glauben. Das heiß' ich eine standhafte Treue, die muß ihr doch das Herz weich machen. Zwar hab' ich ihr nicht hineingesehen, aber es gibt kein besseres in der Welt. Damals ist sie eben noch zu jung gewesen. Jetzt wird sie's eher schätzen können, was ein treues Gemüt wert ist, und da sie Verstand hat, so wird sie auch das Zeitliche anschlagen und wird ihr Glück nicht zum zweitenmal von sich stoßen. Was mein Weib Augen machen wird, daß es mit dem Mädle so hoch hinaus soll! Aber ich bin überzeugt, sie schickt sich in jeden Stand. Wie ist denn nur mein Erhard zu dem Reichtum kommen?"

„Der Reichtum ist zu zählen", bemerkte Erhard, „doch darf ich zufrieden sein. Die Sache ist bald erzählt. Draußen wird einem das Leben in manchen Dingen leichter als bei uns. Im Anfang zwar hat es nicht den Anschein gehabt, daß ich's weit bringen sollte; ich bin von einem Dienst in den andern geraten, und nirgends hat mir's gefallen wollen. Erst mit dem Krieg, wie der ausgebrochen ist, hat mir das Glück geblüht. Da wandr' ich eines Tags auf der Straße, ledig und herrenlos, aber nicht sorgenlos, in Staub und Sonnenhitze, und hab' großes Heimweh nach dem Roten Löwen gehabt. Auf einmal kommt eine Kalesche hinter mir her, nicht besonders schön von Aussehen, aber zwei tüchtige Braunen davor, und eine schmächtige Figur darin, mit scharfem, spitzigem Gesicht. Der fragt, woher des Wegs, und dies und das, besinnt sich eine Weile und heißt mich dann einsteigen. Ich hab' mich gleich nützlich zu erweisen gesucht und hab' ihm die Zügel abgenommen; wie er sah, daß ich das Handwerk verstehe, ließ er sich's gefallen. Im Fahren gab dann ein Wort das andere, und ich merkte bald, daß er mir auf den Zahn fühlte. Zuletzt machte er mir den Vorschlag, in seinen Dienst zu treten, und ich tat's. Er war Lieferant und machte große Geschäfte. Er sah bald, daß er mir vertrauen konnte, und ließ mich immer höher steigen, während er sich von den Mühseligkeiten zurückzog, denn er war sehr gebrechlich, ein rastloser Geist in einem elenden Körper. Zuletzt gab er nur noch den Kopf her, ich die Hände und Füße und was man sonst von den fünf Sinnen zu Unternehmungen braucht. Die Geschäfte gingen aufs beste, und es wurde unermeßliches Geld verdient. Es ist nicht zu sagen, was bei solchen Unternehmungen, wenn sie einmal ins Große gehen, und vollends in Kriegsläuften, herauskommt, ohne daß man der Ehrlichkeit den Rücken zu wenden braucht. Denn das hat mir an meinem Herrn besonders gefallen: er hielt streng auf Treu' und Glauben, war zu stolz für gewisse Kniffe und setzte seinen Ehrgeiz darein, lauter solide Ware zu liefern. Wo er einmal bekannt war, da zahlte man ihn, ohne zu markten, und gönnte ihm seinen Teil Gewinn. Eines Tages, ich kam eben von einem glücklichen Handel zurück und berechnete ihm den Ertrag, da stellte er mir vor, er wisse nicht, wie lange er noch leben werde, Kinder oder sonst Verwandte habe er nicht, mir könne er nicht zumuten, daß ich meine Kräfte in der Art, wie ich sie für ihn verwende, in einem fremden Interesse zusetzen solle, und er halte es deshalb für das Beste zwischen uns, mich zu seinem künftigen Erben zu erwählen und gleich jetzt als Teilhaber in sein Geschäft aufzunehmen; er habe sich immer einen solchen Gehilfen gewünscht und habe schon damals solche Gedanken gehabt, wie er mich von der Straße aufgelesen habe. Ihr könnt Euch denken, daß ich nicht nein sagte. Aber ich hab' heiße Tage mit ihm verleben müssen. Er hatte etwas von der Natur eines Spielers: nicht aus Habsucht, sondern lediglich aus Lust an großartigem Spekulieren trieb er seine Spekulationen so hoch, daß es mir schwindelte, und dieser fieberhafte Drang seines ewig unruhigen Geistes wurde mit der Zeit immer stärker. Ich machte ihm Vorstellungen, aber vergebens, denn er war heftig und gewalttätig, auch konnte ich wohl merken, daß seine Leidenschaft eigentlich aus seiner Krankheit entsprang, denn wenn er ein Unternehmen verfolgte, so jagte eine fliegende Hitze nach der andern über sein Gesicht. Ich betrachtete ihn als meinen Vater und sagte mir: Du gehst mit ihm durch dich und dünn; wenn's bricht, so bist du wieder, was du gewesen bist. Wir erlitten schwere Schlappen, und da er immer eigensinniger wurde, so ließ sich der Ausgang vorhersagen; aber eine galoppierende Schwindsucht bewahrte ihn vor dem Unglück, seine Entwürfe und seine gewagten Pläne zunichte gemacht zu sehen. Ich begrub ihn als meinen Wohltäter und konnte eben noch die Trümmer eines ungeheuren Vermögens retten, die für mich ausreichen, um nach einem unruhigen Leben, voll Anstrengungen und Gefahren aller Art, in der Heimat ein friedliches Haus, etwas größer als eine Hütte, aufzuschlagen und meine Tage in einer Tätigkeit hinzubringen, die mich frisch erhält, aber auch zu Atem kommen läßt. Leider scheint es mir bei Euch, nach allem, was ich in den paar Minuten beobachtet habe, nicht so zu stehen, wie ein alter Freund dem andern wünschen mag."

„Nein", antwortete der Wirt. „Was den einen reich macht, das macht den andern arm. Mir hat der Krieg so viel genommen, daß ich in diesem Augenblick nicht weiß, ob ich mit meiner Frau in unsrem Eigentum sterben werde. Die Truppendurchmärsche von Freund und Feind, das einemal hin und das anderemal wieder zurück, was haben die nicht alles verschlungen? Dann sind Bürgschaftsschulden dazukommen, die einem gemeiniglich den Hals brechen. Drangsaliert und ausgezogen, haben die Schuldner nicht mehr zahlen können, ich kann ihnen nicht einmal feind drum sein, und da hab' eben ich als Bürg' Haar' lassen müssen. So ist ein Gut ums andre in fremde Händ' gewandert, bis fast alles verkauft gewesen ist. An der Wirtschaft hab' ich mich nicht erholen können, denn der Krieg hat allen Verkehr auf andre Bahnen getrieben und selten kehrt ein Gast mehr im Roten Löwen ein. Mag sein, daß mir auch in dem Sturm die Kraft ausgangen ist, um in meinen alten Tagen noch etwas Neues anzufangen. Natürlich ist das Gesind' in dem leeren Haus überflüssig geworden, und hat sich eins ums andre einen bessern Dienst gesucht. Nur die Justine hat ausgehalten; sie nimmt schier keinen Lohn, pflegt meine Frau und hat sich an uns einen Stuhl im Himmel verdient. Ja, Erhard, so geht's; der Menschen Schicksal ist verschieden. Auf eine Art bin ich eigentlich auch Lieferant gewesen: zuerst meine Kinder und dann mein Vermögen hab' ich dem großen Kriegsdrachen liefern und herausgeben müssen, und so bin ich jetzt ein gelieferter Mann."

„Könnt' ich Euch nur die Kinder wiedergeben", sagte Erhard, „um das andre wär' mir's nicht leid. Ihr habt mir einmal Euren Arm angeboten, und das Anerbieten ist mir heut noch so viel wert, wie wenn ich Gebrauch davon gemacht hätte: jetzt ist's an mir, daß ich Euch den meinigen biete. Was ich habe, ist nach hiesigem Maßstab für uns beide genug. Ich bin, wie Ihr Euch denken könnt, noch nicht fest entschlossen, wo ich mich niederlassen soll. Aber auf jeden Fall kann ich Euch entweder so viel vorstrecken, daß Ihr Eure Güter wieder erwerben könnt, oder wenn Ihr Euch lieber zur Ruhe setzen mögt, kauf' ich Euch den Löwen ab, natürlich mit dem Beding, daß Ihr drin wohnen bleibt, gebe die Wirtschaft auf und kaufe das umliegende Feld. Über das alles reden wir gemächlich und richten's ein, wie's Euch am liebsten und bequemsten ist. Aber jetzt tut mir den Gefallen, rufet mir die Justine und lasset mich mit ihr allein. Saget ihr bloß, sie solle einem Gast einen Schoppen Wein bringen."

„Ich will derweil zu meiner Frau gehen", sagte der Löwenwirt. „Sie hat sich ein wenig niedergelegt, und wird jetzt wieder wach sein."

Er führte ihn in das größte und schönste seiner Gastzimmer und bat ihn, sich's bequem zu machen. Die beiden Männer drückten einander noch einmal die Hände, und der Wirt verließ den Gast, der aufgeregt in der Stube auf- und abging. Nach einer Weile hörte er leise Schritte und zog sich in die dunkelnde Ecke zu dem Tische zurück, auf welchem er in seinen Dienstjahren manchmal ein Essen oder einen Trunk für Fremde aufgetragen hatte.

Justine trat herein und grüßte, ohne dem Fremden mehr als einen flüchtigen Blick zu schenken, während Erhard mit Herzklopfen seinen Augen das Wiedersehen in vollen Zügen gönnte. Der Löwenwirt hatte die Wahrheit gesagt: Die sieben Jahre waren spurlos an ihr vorübergegangen, und das gereifte, verständige Aussehen, durch das sie sich schon in früher Jugend von andern Mädchen unterschieden hatte, ließ sie jetzt kaum älter erscheinen als sie damals schon erschienen war, denn das bräunlich blasse Gesicht hatte die Frische der Jugend behalten; ja, sie kam dem ausgebildeteren Blicke des Beschauers schöner vor, weil sie um die Hüften etwas schlanker geworden war, so daß die überkräftige Fülle der Gestalt durch die Schule des Lebens gemodelt aussah, was zu den dunkler gewordenen Haaren und der ergebungsvollen Ruhe der blauen Augen in gutem Einklange stand. Erhard fragte sich, ob sie wohl in dieser langen Zeit an ihn gedacht, ob sie sich nicht nach ihm gesehnt, ob sie nie das Wort, das ihn fortgetrieben, bereut habe. Sie hatte sich ihm inzwischen genähert und stellte den Wein auf den Tisch. Er kleidete die Erregung des Augenblicks in einen Scherz und erlaubte sich den Arm um ihren Leib zu schlingen, wie mancher Gast in keckem Mut bei einer Kellerschönen zu tun pflegte. Sie entschlüpfte ihm behend mit einer gleichmütigen Miene, die ihm zu sagen schien, die Vertraulichkeit möge wohl nach seinem Geschmacke sein, aber nicht nach ihrem.

„So spröd, Jungfer?“ sagte er.

Ob nun der bebende Ton, der schlecht zu dem Scherze paßte, besonders geeignet war, an die Stimme zu erinnern, die in jenen Abschiedstagen so befangen und gedrückt geklungen hatte, oder ob sie seine Stimme unter allen Umständen erkannt haben würde, sie fuhr zusammen, sah ihn mit weit offenen Augen an, und ihr Gesicht bedeckte eine dunkle Glut, die sich bis in die Stirne und den Hals verbreitete.

„Kennst du mich nicht mehr, Jungfer?“ setzte er hinzu.

„Hätt' ich dich angesehen, so hätt' ich dich gleich erkannt“, sagte sie. „Du bist's, Erhard?“

„Ich bin's.“

Zaghaft ergriff sie die dargebotene Hand, aber in dem Drucke, den sie ihm erwidernd gab, glaubte er ein volles Herz zu empfinden.

„Ich darf aber nicht mehr du sagen“, setzte sie hinzu, indem sie einen schwachen Versuch machte, die Hand zurückzuziehen.

„Warum nicht?“ fragte er, ihre Hand festhaltend.

„Zu einem verheirateten Mann schickt sich's nicht“, erwiderte sie.

„Ich bin nicht verheiratet“, sagte er.

Sie schrak zusammen, und die Ahnung dessen, was nun kommen würde, drückte sich, während sie zurücktrat, in ihren ängstlich verworrenen Zügen aus.

„Im Gegenteil“, fuhr er fort, „alle Bekanntschaften und Erfahrungen mit den Weibern in diesen sieben Jahren haben bloß dazu gedient, mich zu überzeugen, daß es nur eine gibt, mit der ich leben kann. Ich will gleich Trumpf ausspielen, denn Herz ist Trumpf. So hart du mir's gemacht hast, Justine, so hab' ich dich noch seit unsrem Abschied beständig im Herzen getragen, und da bin ich jetzt und will dich fragen, ob du mich abermals gehen heißen kannst.“

Ein Zittern hatte sich während dieser Worte Justinens bemächtigt; es überflog ihren ganzen Körper und sie bebte zuletzt so heftig, daß sie sich setzen mußte. Sie schlug die Hände vor das Gesicht und begann zu schluchzen.

„Du gibst mir keine Antwort?“ fragte er.

Sie schwieg und schluchzte lauter.

Auch er schwieg eine Weile und sah dem rätselhaften Benehmen zu, dann rückte er sich einen Stuhl zu dem ihrigen, setzte sich zu ihr und hob an: „Justine, vor sieben Jahren bin ich ein Kind gewesen und bin von dir fortgelaufen wie ein Narr, statt dich vernünftig zu fragen, was dir im Kopf stecke. Heut bin ich kein Kind mehr, die Welt hat mich erzogen und gebildet, heut wirst du mich nicht so leicht mehr los. Justine, ich will dir was sagen“ – er zog ihr sanft die Hände von dem in Tränen gebadeten Gesicht – „du hast nichts gegen mich gehabt, wie ich damals in meiner Einfalt gemeint hab', im Gegenteil, du hast mich lie gehabt und hast mich heut noch lieb, ich hab's lang gewußt, und jetzt, seit diesem Wiedersehen, weiß ich's ganz gewiß. Komm und leugne mir's einmal. Sag nein.“

Sie schwieg und suchte ihr Gesicht wieder zu bedecken, aber er ließ ihre Hände nicht los, und ihre Augen suchten vergebens eine Zuflucht.

„Keine Antwort ist auch eine Antwort", fuhr er fort. „Was hast du also nun für einen Grund, daß du nicht einwilligen willst, mein Weib zu werden? Es muß was Besondres sein. Du bist es mir und dir schuldig zu sagen, was zwischen uns steht, und ich weiche nicht von dannen, bis ich's weiß. Sieh mich an und sag mir, was du hast."

Sie starrte mit den geröteten Augen vor sich hin. „O Gott!" rief sie endlich, „wie schwer bin ich gestraft, daß ich diese Pein zum zweitenmal durchmachen muß!"

„Wie kann dir das eine Pein sein!" rief er beinahe zornig und ließ nicht ab in sie zu dringen, bis sie endlich ausrief: „Auf meinen Knien bitt' ich dich" – und wirklich Miene machte, sich vor ihm auf den Boden zu werfen und ihn um die Zurücknahme seiner Werbung anzuflehen. Er faßte sie bei den Armen, um sie daran zu verhindern, und nun entstand ein leidenschaftliches Ringen, welches damit endigte, daß er sie fest in seine Arme schloß. Ermattet ruhte sie an seiner Brust, aber sie hielt das Angesicht abgewendet und er vermochte keinen Blick von ihr zu gewinnen.

„Dein Herz hat sich auf den ersten Blick verraten, schließ mir's nicht wieder zu!" bat er.

Sie gab keine Antwort.

„Justine, hast du mich denn nicht lieb?" rief er schmerzlich.

„Eben weil ich dich lieb hab'" – antwortete sie leise, ohne den Satz zu vollenden.

„Weil du mich lieb hast, schickst du mich von dir fort?" sagte er kopfschüttelnd. „Die Nuß kann ich nicht aufknacken."

Da sie abermals in ihrem Schweigen verharrte, so fuhr er fort: „Du begehst eine Schlechtigkeit an dir und mir, wenn du mir dein Herz nicht öffnest."

„Nein", antwortete sie, „eine Schlechtigkeit wär's, wollt' ich dir angehören, so wie ich bin."

„Ich lass' dich nicht!" rief er.

„Es kann nicht sein!" stammelte sie mit einer Stimme, welcher der Atem auszugehen drohte.

„Warum nicht?" rief er.

„Weil ich deiner nicht wert bin!" antwortete sie mit dem Tone der Verzweiflung, indem sie sich loszureißen suchte.

Er lachte überlaut und hielt sie in seinen Armen fest. „Das ist mir eine neue Sitte!" sagte er. „Sich selbst taxieren, gilt nirgends im Handel und Wandel. Was du wert bist, hab ich zu bestimmen. So ist der Brauch! Ein anders wär's, wenn du mir mit der Redensart hättest zu verstehen geben wollen, du scheuest dich vor dem armseligen Mammon, den ich dir mitbringe; aber das glaub' ich nicht von dir."

Sie schüttelte den Kopf.

„Wie kannst du auf den Einfall kommen, du seiest meiner nicht wert?" hob er wieder ab, fort und fort in ihre Verschlossenheit hineinstürmend. „Was sind das für Weiberflausen? Wer dich hört, sollte wahrhaftig meinen, du habest Wunder was auf dem Gewissen."

„Du hast's getroffen", sagte sie leise, und ihr Kopf sank tiefer hinab.

Er trat bestürzt zurück, aber ohne sie loszulassen. „Ist's dein Ernst?" fragte er, durch ihr Benehmen ein wenig in Verwirrung gebracht. „Es kann nicht sein!"

Statt der Antwort suchte sie sich von ihm zu befreien; aber er ließ sie nicht. Ihr Kopf sank noch tiefer über seine

Schultern, und er hatte Mühe, sie zu halten, so schwer lag sie in seinem starken Arm.

Er überwand die Bangigkeit, die in seinem Herzen aufsteigen wollte, denn der felsenfeste Glaube an den inneren Wert des Mädchens, das er unter seinen Augen hatte aufwachsen sehen, besiegte jedes Bedenken. „Justine“, sagte er, „ich würde vergeblich herumraten, aber das weiß ich gewiß, daß du nichts getan haben kannst, was dir nicht zu verzeihen wär'. Der Mensch kommt selten grad' und eben durch die Welt, aber wie viel ihm dabei anzurechnen ist, das hängt von den Umständen ab. Was es auch sein mag, mein Wort hab' ich dir gegeben, und dabei bleib' ich. Versteh' mich wohl, ich sage: was es auch sein mag!"

Sie richtete sich auf und verbarg das Gesicht an seiner Brust. „Noch einen Augenblick", sagte sie, „laß mich hier liegen und dann will ich von dir gehen, denn du hast leichtsinnig in den Tag hinein versprochen."

„Du machst das Ding so arg, daß man Angst bekommen könnte", erwiderte er. „Wohl, so will ich eins ausnehmen, obwohl es zum Lachen ist, bei dir an dergleichen zu denken, aber eben darum verschlägt's ja nichts. Den Fall einer Mordtat will ich ausnehmen, und zwar bloß um dessenwillen, weil du mit einer solchen Last auf dem Herzen weder in dir noch bei mir Ruhe hättest, bis sie abgebüßt wäre, und dann wären wir ja doch getrennt. Denn der Mensch kommt über vieles weg, aber so etwas überwindet er nicht, und auf meinen Reisen hab' ich sogar einmal erlebt, daß eine sonst rohe und verwahrloste Landstreicherin, die ihr Kind ausgesetzt hatte, sich selbst beim Richter angab, weil sie die Gewissenspein nicht ertragen konnte. Aber, wie gesagt, es ist zum Lachen – "

Er wollte weiter reden, als Justine in seinen Armen zusammenzuckend sich gewaltsam losriß, die Hände vor das Gesicht schlug und mit einem dumpfen Schrei in den Stuhl fiel. Erhard erschrak, wie wenn er vom Blitze getroffen wäre, denn dieses auffallende Gebaren, unmittelbar auf die Anführung eines solchen Beispiels hin, schien ein furchtbares Geständnis einzuschließen.

„Justine!" rief er angstvoll, „es ist nicht möglich! Sag nein!"

„Ja! ja!" rief sie unter den bedeckenden Händen hervor.

„Barmherziger Gott!" rief er. „Du – ein Kind ausgesetzt?"

Sie gab keine Antwort, aber ihre Atemzüge folgten sich so rasch, daß er fürchten mußte, sie werde ersticken.

Ein langes, beklemmendes Stillschweigen trat zwischen beiden ein. Als Justine endlich die Hände sinken ließ, hatte sie ein totenähnliches, vergeistertes Aussehen. Auch Erhard war blaß geworden und starrte, den Kopf bis auf die Brust gesenkt, zu Boden.

Justine stand zitternd auf, um das Gemach zu verlassen.

„Das hätt' ich dir nicht zugetraut", sagte er tonlos, bei dem Geräusch aus seiner Betäubung erwachend. „Ein Kind umbringen und auf solche Art! Nein", rief er lebhafter, „es ist nicht wahr, so was hast du nicht tun können."

Sie sah ihn verwundert an und die Empfindung einer unverdienten Anklage schien sie etwas zu beleben. „Wer sagt denn das?" erwiderte sie. „Mein Kind lebt."

Er atmete auf. „Sagst du nicht selber", fragte er, „du habest es gemacht wie jene Landstreicherin, die ihr Kind im öden Feld verschmachten ließ?"

Sie verneinte durch ein stummes Zeichen.

„Aber ausgesetzt hast du es, wie du sagst?"

„Leider Gottes, ja, aber keinen Augenblick verlassen."

„Das ist mir ein Rätsel, doch kann ich's jetzt wenigstens eher glauben als vorhin. Gib dir selbst die Schuld, daß ich dir viel zu viel getan habe."

„O lang nicht genug!" entgegnete sie. „Meine Schuld spricht noch viel lauter zu mir, obgleich sie vor aller Welt verborgen ist."

Erhard schwieg eine Weile, und eine geraume Weile, denn es war nicht mehr noch weniger als menschlich, daß eine Enthüllung der unerwartetsten Art wie diese ihm gewaltig zu schaffen machte. Aber die Liebe so vieler Jahre wurzelte zu fest in seinem Herzen, um sich von dem härtesten Schlage brechen zu lassen, und als Justine demütig und ohne aufzusehen sich wandte, um, wie sie gesagt hatte, von ihm zu gehen, rief er: „Nein, Justine, geh' nicht fort. Laß mir nur ein wenig Zeit, meine Gedanken zu sammeln. Sieh, ich glaub' immer noch das Beste von dir. Es ist gewiß mehr dein Unglück als deine Schuld gewesen. Du magst gefehlt haben, aber etwas Schlechtes hast du gewiß nicht getan. Mein Wort – "

„Du wirst doch nicht glauben, ich nehm' dich beim Wort!" unterbrach sie ihn.

„Nein", erwiderte er, „aber eben das ist mir der beste Beweis, daß ich recht von dir denke. Vertrau' du auch mir, Justine, es kann noch alles zwischen uns gut werden."

Sie schwieg und sah hoffnungslos zu Boden. Er aber ließ nicht nach, bis er ihren Widerstand erschöpft und sie dahin gebracht hatte, ihm ihr schon halb enthülltes Geheimnis vollends ganz anzuvertrauen. Sie holte tief Atem, indem sie sich dazu anschickte, und sah ihn mit einem unbeschreiblich zärtlichen und zugleich vorwurfsvollen Blicke an. „O Erhard", begann sie, „in diesem Augenblick, wo ich den Mund gegen dich auftue, bist du mir der nächste Mensch in der Welt, und doch weiß ich, daß du mir den Augenblick nachher der fernste und fremdeste sein wirst, denn wenn du alles weißt, so ist ein Berg zwischen uns geschoben. Dazu zwingst du mich!"

„Halt!" rief er, „ich will's lieber nicht wissen! mein Glaube an dich – "

„Nein", unterbrach sie ihn, auf einmal ihren Entschluß ändernd, „jetzt muß ich's sagen. Du hast selbst gesagt, ich sei es dir und mir schuldig, und du hast recht gehabt. Ich mag dich nicht gehen lassen, ohne daß du weißt warum, damit dein Herz nicht mehr mit mir hadert. Und deinen Glauben kann ich nicht annehmen, solang er blind ist."

„So laß mich's hören", versetzte er. „Ich kann mir's aber selbst zusammensetzen. Du hast nicht geglaubt, daß ich je wiederkommen würde, und da –"

„Du bist im Irrtum", unterbrach sie ihn. „Meinst du denn, ich hätte vor sieben Jahren nein zu dir gesagt, wenn nicht damals schon das Hindernis zwischen uns gewesen wär'?"

„Höll' und Teufel!" rief er auffahrend, während ihm plötzlich ein grelles Licht aufging. „Also der Alex!"

„Ich hätt' den Namen nicht über die Lippen gebracht", versetzte sie mit dem kalten Tone der völligen Entsagung. „Jetzt weißt du vollends ganz, warum du nichts von mir wollen kannst, zweimal nichts!"

„Justine!" rief er in zornigem Schmerz, „wie hast du mir das tun können, dich an den elenden Menschen wegzuwerfen?"

Sie blieb stehen. „Damals", entgegnete sie sanft, „ist er dir nicht so vorkommen, und den anderen auch nicht. Ich hab's zuerst unter allen herausgebracht, wie schlecht er ist, leider auf meine Unkosten."

„So früh schon also!" rief er, und seine Stimme verriet den Riß, der ihm durch das Herz gegangen war. „Aber es ist wahr", fuhr er, nach einer Weile einlenkend, fort, „ich hab' anfangs auch was auf ihn gehalten, sein einschmeichelndes Wesen hat mich verblendet, und die Verblendung hätte vielleicht noch länger gedauert, wenn nicht – Aber", unterbrach er sich, „wie ist mir denn? Wo hab' ich meine Augen gehabt? Oder tapp' ich jetzt erst recht im Dunkeln? Das Rätsel verwirrt sich immer mehr. Jene kurze, flüchtige Tändelei, die mir den Burschen zuerst verhaßt machte, aber wie ein Schattenspiel vorüberging –"

„Ist ein förmliches, rechtes Verlöbnis gewesen, mit Eid und Ring", fiel Justine ein.

„Jetzt begreif' ich alles! Und er hat seinen Schwur gebrochen?"

„Wie ein Gauner, der nichts von Ehr' und Treu' und Glauben weiß."

„Und doch ist mir's wieder unbegreiflich! Wenn ich zurückdenke, wie er damals den ganzen Sommer und Herbst, ja bis Weihnachten, neben dir gelebt hat – er hat doch deine Hilflosigkeit, deine verzweiflungsvolle Lage kennen müssen, und hat so ganz gleichgültig dagegen sein können?"

„Gleichgültig wie ein Klotz, der keine menschliche Regung kennt."

„Und ich, ich, der dich hätte bewahren sollen!" – Er schlug sich plötzlich vor den Kopf: „Justine!" rief er, „jetzt wird mir's auf einmal klar! Ich selber bin an deinem Unglück Schuld gewesen. Durch mein dummes Betragen hab' ich dich dem – dem andern in die Arme getrieben! Sag' nur: so ist's! und gib mir die ganze Schuld."

„Ich hab' damals durchaus nicht verstehen können, was du wider mich gehabt hast", erwiderte sie ausweichend.

„Nichts!" rief er, „so wenig als du wider mich! Es war gar nichts als die unreife Herbigkeit des Buben, der ein Mann werden soll und den Weg nicht finden kann. Wir haben einander doch von Anfang an lieb gehabt und sind wie füreinander bestimmt gewesen; wie aber nun die Zeit kam, daß wir uns hätten verstehen sollen, da war ich dir so borstig und trotzig, daß ich mich jetzt noch nicht mehr begreifen kann. Ich brauche dir nicht davon zu erzählen, dir wird's noch hinlänglich im Andenken sein. Es wollte mir eben gar nicht in den Kopf, daß ein bloßes Kind mir so zu schaffen machen sollte, und wiederum, so oft ich dich vor den Kopf stieß, hätt' ich mir hinterher alle Haare dafür ausreißen mögen. Das hätt' ich jetzt vollends doppelt nötig, nun ich erst recht sehe, was du davon gehabt hast, daß du mich lieb hattest!"

„Ich bin mir's nicht recht klar bewußt gewesen", sagte sie, „sonst wär's nie so weit kommen, sonst hätt' ich eher verstanden, was in dir vorgeht, und alles wär' zwischen uns anders gangen. Du weißt, ich hab' an dir hinaufgesehen, wie an einem älteren Bruder, und da hält's schwer und dauert lang, bis eine eigentliche Liebschaft draus wird. Es ist freilich eine Zeit kommen, wo ich mich selber besser verstanden hab', aber da ist's eben viel zu spät gewesen und alles verloren! Da hab' ich mich dann als die schlechteste und verworfenste Kreatur auf Erden ansehen müssen!"

„Das bist du nicht!" rief er lebhaft. „Wer will dich verdammen, daß du dem Eidschwur eines Schurken Glauben geschenkt hast?"

„Daraus hätt' ich mir auch keinen so schweren Vorwurf gemacht", erwiderte sie. „Aber daß ich an dir und mir einen Mord begangen hab', das hab' ich mir nie verzeihen können und nie werd' ich mir's verzeihen."

„Aber ich verzeih' dir's und nehm' den Mord auf mich!" rief er, indem er sie von neuem in die Arme schloß und ihren Mund mit Küssen bedeckte. Sie duldete sie, ohne sie zu erwidern.

„Ach Erhard!" sagte sie wehmütig, indem sie sich ihm entwand, „ich hab' mir nicht vorgestellt, daß ich dich je in diesem Leben wiedersehen sollt'."

„Ich hab' keinen Tag eher kommen können", erwiderte er und erzählte ihr in der Kürze seine Schicksale.

„Bedenk' doch nur", sagte sie, „daß einer zwischen uns steht, der ganz in der Nähe lebt. Für den Augenblick hörst du bloß auf deinen Edelmut, aber auf die Länge kannst du nicht über den Balken wegkommen, den du jetzt nicht sehen willst."

„Ei was, wir gehen in die weite Welt!" rief er. „Anderswo ist auch gut leben. Aber halt! du sagst ja, dein Kind sei am Leben. Wo ist es denn? Und alles ist vor der Welt verborgen geblieben, sagst du? Freilich, ich hab' ja selber nichts davon gemerkt. Aber wie ist das möglich gewesen? Es ist mir doch noch vieles unklar. Warum bist du denn so unvorsichtig gewesen, das Verlöbnis geheim zu halten? Warum hast du deine Rechte nicht geltend gemacht? Mit dem Ring allein hättest du ihn ja geschlagen."

„Es ist eben alles Lug und Trug gewesen", erwiderte sie. „Er hat mir vorgespiegelt, er habe Verwandte, die er einmal erben werde und denen man die Sache langsam beibringen müsse, weil sie beim Heiraten aufs Geld sehen. Und der Ring dann, der ist so falsch gewesen wie sein Herz und sein Eid."

Sie rang eine Weile nach Worten, dann nahm sie die Bibel, die nach alter Sitte auf dem Schranke lag, falls ein Gast darin zu lesen begehren würde, schlug sie auf und deutete mit dem Finger auf eine Stelle. Erhard las. Es war die Stelle, wo Sara, Raguels Tochter, ihre Seele vor Gott rechtfertigt, daß sie in seiner Furcht und nicht aus Vorwitz einen Mann zu nehmen gewilligt habe.

„Ich kenne dich ja", erwiderte er. „Vor Gott und meinen Augen bist du wie eine, die ihr Mann nach der Hochzeit verraten und verlassen hat. Was du bist, das bist du mit Leib und Seel', und wem du traust, dem vertraust du nicht bloß halb. Dein Vertrauen allein hat dich gestürzt."

Sie sah ihn mit einem freudigen und dankbaren Blicke an, welcher ihm sagte, daß er sie verstanden habe. „Und doch", erwiderte sie, „hat mich eine innere Stimme gewarnt; aber er brachte sie zum Schweigen mit den Worten, wo kein Vertrauen sei, da sei auch keine Liebe."

„Die Worte sind wahr!" rief Erhard: „und wenn sein Herz noch so schnöd' gelogen hat, sein Mund hat die Wahrheit gesprochen."

„Und doch", erwiderte sie, „wie ich mit ihm vom Steinkreuz heimging, hatte ich ihn nicht mehr so lieb wie zuvor, statt daß ich ihn doch jetzt noch hätte viel lieber haben sollen. Es überkam mich ein Gefühl von Fremdheit, das mir wie ein kalter Schauer durch's Herz fuhr, und von Stund' an erwachte eine Abneigung in mir, die mir erst nach und nach recht klar wurde. Freilich fand sich gleich ein Anlaß dazu. Ich hatte mit meinem vollen Herzen nicht daran gedacht, daß einmal am Steinkreuz ein Mord verübt worden sein sollte; er aber hatte daran gedacht, und im Heimgehen, wo wir eine Strecke weit zusammen gingen, spottete er darüber, wobei ein kalter frecher Zug in seinem Gesicht zum Vorschein kam, den ich sonst nie gesehen hatte und der mir das Herz zuschnürte. Aber es war zu spät. Ich bekämpfte diese Abneigung mit aller Kraft, aber es ist leicht zu denken, daß mein Widerwille nicht vermindert wurde, wie sich's um die Zeit, wo die Arbeiten zunehmen, immer deutlicher zeigte, daß es außer dem Herzen auch noch am Kopf, an den Händen und Füßen fehlte. Ich hatte mich nun schon ganz an den Gedanken gewöhnt, daß mir das Los beschieden sei, das so viele Frauen haben: mit einem Mann leben zu müssen, den man nicht mag. Aber so kam es nicht. Ich wurde allmählich gewahr, daß ich noch durch etwas ganz anderes als durch Eid und Ring an ihn gebunden sei, und sagte ihm dies bei einer Gelegenheit, wo ich unbemerkt mit ihm reden konnte. Er hatte damals, wie es sich später herausstellte, seine Augen bereits auf seine jetzige Frau geworfen. Anfangs wollte er mich nicht verstehen, dann brauchte er jämmerliche Ausflüchte; als ich mich aber auf das Geschwätz gar nicht einließ, sondern geradeaus ging und ihm sein Gelöbnis vorhielt, da – o Erhard, du würdest's keinem Menschen, du würdest's dem Teufel kaum zutrauen – aber der Teufel hat ihm auch in jener Stunde leibhaftig aus den Augen gesehen – da faßte er auf einmal seinen Entschluß, stieß ein höhnisches Gelächter aus und sagte, ob ich denn nicht wisse, daß, was man am ersten April verspreche, nichts gelte, ich hätte mir's den andern Tag noch einmal versprechen lassen sollen."

Erhard prallte sprachlos zurück. Die freche Niederträchtigkeit, die sich in dieser Art und Weise eines Wortbruchs aussprach, und dazu an einem von ihm so geliebten Wesen verübt, machte ihn so bestürzt, daß er keines Wortes fähig war. Er ballte beide Hände, die Ader an der Stirn schwoll ihm an, und mit weit offenen Augen suchte er nach einem Gegenstande, den er, wenn er dagewesen wäre, zermalmt haben würde.

„O Erhard, Erhard!" rief Justine: „Nicht wahr, dazu war ich doch zu gut, um so unter die Füße getreten zu werden? So feile Ware ist mein Herz doch nicht gewesen, um – in den April geschickt zu werden?"

„Sei ruhig", sagte er, sich nach und nach von der Erregung erholend. „Wenn man das Gold auch über und über mit Kot besudelt, es bleibt doch Gold, aber gefallen hättest du dir's nicht lassen sollen."

„Hätt' ich ein Messer bei der Hand gehabt", erwiderte sie, „wer weiß, was geschehen wär'! Ich kehrte ihm den Rücken und ging in der ersten freien Stunde zu seiner Mutter. Da war ich vom Teufel zu seiner Großmutter gekommen. Sie stellte sich sehr erstaunt und voll Unwillens. Sie hätte nie geglaubt, sagte sie, daß ich ein solches Ärgernis geben würde, sie habe mich für eine ganz andere Person gehalten; aber noch empörender sei es, daß ich ihren Sohn beschuldige; ihr Sohn habe immer gesittet und eingezogen gelebt; ich solle mich wohl in acht nehmen, es werde ihm ein Leichtes sein, wider mich zu schwören, und niemand werde meine Aussage Hellers wert achten. Ich zeigte ihr den Ring. Sie besah ihn und lachte mich aus: ich solle nur den Goldschmied fragen, was er von einem Treuring solcher Art halte, dessen Erlös nicht zu einem Stück Brot hinreiche. Wenn es je wahr sei, was sie nicht einmal glaube, daß ihr Sohn mir diesen Ring geschenkt habe, so sei das der beste Beweis, wie sehr er von seiner anfänglichen guten Meinung zurückgekommen und wie wenig ich ihm wert gewesen sei. Nach seinem Reden über mich zu schließen, habe ich das durch meine Aufführung verschuldet. Ihr Sohn habe nämlich schon seit einiger Zeit Verdacht auf mich, und dieser Verdacht sei ihr auch anders woher bestätigt worden, daß ich mich sehr stark mit einem andern eingelassen habe. Und jetzt – sie hätte es nicht meisterhafter machen können, mich stumm zu Boden zu schlagen – jetzt nannte sie – wen meinst du?"

„Mich."

„Ja dich. Die schreckliche Bestürzung, in die mich diese grausame Gegenbeschuldigung versetzte, gab ihr leichtes Spiel, und während ich den Mund nicht aufzutun vermochte, redete sie in mich hinein, ich solle nicht glauben, daß mit einer solchen abgekarteten Geschichte gegen ihren Sohn so leicht durchzudringen sein werde; freilich wär's bequem, einen Fehltritt mit dem Mantel einer honetten Familie zu bedecken, aber es gebe einen Gott im Himmel und einen Richter auf Erden, und die Welt sei so eingerichtet, daß man eine honette Familie nicht so leicht im Stich lassen werde. Endlich, als sie mich ganz vernichtet und darniedergeschmettert sah, wurde sie wieder ein wenig freundlicher, hieß mich ein unerfahrenes junges Ding, und sprach mir gütlich zu. Aber ich bin nicht imstand, ihre Worte zu wiederholen, denn ich hörte sie nur halb, obgleich ich sie wohl verstand. Beweisen kann ich ihr nichts, aber ich hab' gar keinen Zweifel, daß sie mich in versteckter Art zu einem Verbrechen hat anreizen wollen, denn sie hat mich fortwährend mit verdächtigen Redensarten ihrer völligen Verschwiegenheit versichert. Nachher wenigstens hab' ich's so ansehen müssen. Damals freilich bin ich ohne ein Wort zu ihrer Tür' hinaus geschwankt und bin keines Gedankens mächtig gewesen."

„Arme Justine", sagte er, „hättest du mir nur vertraut, du wärst nicht fehlgegangen."

„Ich hätte dich doch auf eine harte Probe gestellt", erwiderte sie, „wenn ich dir an unserem letzten Morgen, wo du mir so bös' wurdest – morgen früh sind's sieben Jahr' – wenn ich dir da auf deine Werbung geantwortet hätte: Ja, aber du darfst dich nicht daran stoßen, daß ich heut' nacht ein Kind geboren habe, das einen anderen zum Vater hat."

„In jener Nacht?" rief Erhard. „Sind wir denn alle mit Blindheit geschlagen gewesen? Wir war dir's möglich, uns so die Augen zu verkleben?"

„Auch mir", versetzte sie, „ist's oft gewesen, als wär' eine Wolke zwischen mir und den andern Menschen, aber ich hab' nichts dazu getan. Was ich von der Welt zu erwarten hatte, wenn sich mein Geheimnis nicht mehr verbergen ließ, das wußte ich nur allzu gut, und selten möcht' ich einer raten, in solchem Unglück auf menschliche Hilfe und Milde zu bauen. Ich verzichtete darauf, hielt mich an den Vater im Himmel und sagte zu ihm: in deine Hände geb' ich mich ganz, dir stell' ich's anheim, wie du's mit mir hinausführen willst; hast du Erbarmen mit mir, so zeige mir einen Weg aus der Not, willst du mich aber noch tiefer hinunterstoßen, so möge es geschehen. Wie die Rettung beschaffen sein sollte, davon konnte ich mir freilich kein klares Bild machen, und mit eiskaltem Herzen, an Gott und Menschen verzagend, sah ich die Zeit immer näher rücken, wo das Blendwerk, das sich die Leute über mich machten, plötzlich vor ihren – und vor deinen Augen, Erhard! – zerreißen und ihr Abscheu gegen mich um so größer werden mußte, je größer vorher ihre Meinung von mir gewesen war. So brach die letzte Nacht an und ich fühlte, wie meine Stunde kam, aber Gott half mir und ließ sie verziehen, bis ich allein im Haus und alles zum Nachtgottesdienst ausgezogen war. Niemand sah, was mit mir vorging, und doch hatte ich unter den Lustbarkeiten, in die ich hineingezogen wurde, schon den schweren Kampf zu kämpfen begonnen, worin auch das ärmste Weib nicht leicht ohne Trost und Beistand gelassen wird; mit Mühe stieg ich noch die Treppe hinab, um euch beim Fortgehen zu leuchten; mit Aufbietung aller meiner Lebensgeister kroch ich wieder herauf und sah nach den schlafenden Kindern, um keine Pflicht zu versäumen; dann schleppte ich mich auf mein Kämmerlein, und ihr waret noch nicht bei der Kirche angekommen, so hielt ich schon, wie eine zweite Genoveva, meinen Schmerzenreich in den Armen."

„Guter Gott!" rief Erhard, „so hab' ich doch damals richtig geahnt, daß etwas Ungewöhnliches vorgehe, denn ich hatte beständig ein dunkles Gefühl davon und wollte dich fragen, ob dir etwas zugestoßen sei."

„Es ist besser, daß du unwissend geblieben bist", versetzte sie. „In jener Nacht erfuhr ich, daß dem Menschen eine Kraft gegeben ist, die er selbst nicht kennt, und daß sie mit der Not und mit dem Leiden wächst. In meiner nagenden Angst und tiefen Verzweiflung hatte ich doch schon seit Monaten nicht vergessen, die Zurüstungen zu machen, die für alle Fälle dem Ankömmling nötig waren, und wie ich ihn nun mit meinen hilflosen Händen warm eingehüllt an meine Brust drückte, da hab' ich mich in all meinem Elend freuen und mir sagen müssen, ich sei doch keine ganz schlechte Mutter, und es sei schad um mich, daß ich meinem Beruf nicht besser nachkommen dürfe. Aber es war keine Zeit zum Weinen. Ich ruhte ein wenig und sammelte meine Kräfte für den Rest der Nacht. Mein armes Kind schlief bald beschwichtigt ein, als ob es wüßte, was es mir schuldig sei und wie es sich betragen müsse, um mich und sich vor Schmach zu bewahren. Wie es Zeit wurde, daß ich euch aus der Kirche erwarten mußte, stand ich auf, was mich wahrlich sauer ankam, und sah zuerst nach den Kindern. Sie vergalten mir die Treue, die ich ihnen, zum Teil von ihrer ersten Lebensstunde an, bewiesen hatte, und schliefen ganz ruhig. Nun hörte ich euch kommen und ging euch mit dem Licht entgegen. An meinem Auftreten hing nicht weniger als Leben oder Tod – das wußte ich, aber ich nahm mich auch so zusammen, daß niemand einen Argwohn schöpfte."

„Mein Gott, mein Gott!" rief Erhard, „also hab' ich mich doch nicht ganz geirrt – Aber wie weit war ich von der Wahrheit entfernt!"

„Und jetzt kam erst noch das Schwerste!" fuhr Justine fort. „Ich wartete in meinem Bett, bis alles eingeschlafen war, dann stand ich abermals auf, raffte alles Mögliche zusammen, um mein schlafendes Kind recht gut zu verwahren, und nachdem ich vorher überall umhergelauscht hatte, stahl ich mich mit ihm aus dem Haus. Die Straße mußte ich vermeiden, weil mir da zu jeder Stunde Menschen aufstoßen konnten. Daher schlug ich hinten hinaus übers Feld – ach mit bittrem Widerstreben! – den Weg nach dem Steinkreuz ein. Der Waldpfad ist wenig betreten, da sogar bei Tag nur selten jemand von den Höfen über den nicht verwachsenen Kreuzweg kommt. Die Kälte war mäßig und im Wald lag der Schnee nicht tief. Ich hielt mein Kind hoch herauf an die Brust und deckte es so viel als möglich mit dem Gesicht, so daß es meinen warmen Atem hatte. Aber die Anstrengung war übermenschlich, und mehr als hundertmal gab ich die Hoffnung auf, einen Schritt weiter zu kommen. Ach, damals hab' ich Mitleid mit mir selbst gehabt. Dazu kam eine entsetzliche Angst, wie ich sie noch nie gekannt hatte, vor den Gespenstern der Nacht. Es klang mir nur wie entferntes Läuten im Ohr, daß kurz vorher von dem Jäger ohne Kopf, von dem wilden Heer auf dem Kreuzweg und von einem feurigen Hund am Steinkreuz die Rede gewesen war. Aber ich überwand mich, obgleich ich's beständig vor mir und hinter mir rauschen zu hören meinte. Das Feld war vom Schnee erhellt gewesen, aber unter den Föhren wurde es immer dunkler, und es war mir grauenhaft zumut, als ich endlich am Steinkreuz ankam. Ich verdoppelte meine Schritte, um dort, wo es am finstersten war, eilig hindurchzukommen – da fällt mir neben dem Kreuz eine Gestalt in die Augen! Ich sinke schier zu Boden, all mein Blut stockt und es rieselt mir wie ein Eisstrom durch die Glieder. Aber in dem Augenblick steigt der Mond hell wie eine Fackel über die Föhren herauf, ich erkenne Fleisch und Blut, und auf den ersten Blick seh' ich, wen ich vor mir habe und wer noch weit ärger erschrocken ist als ich. Es war mein Mörder. Ich wußte nicht, was er da tat –"

„Einen Schatz wollte er heben!" unterbrach sie Erhard. „Ei sieh! So feig man ihn glaubte, so war er doch draußen, und seine Habgier schauderte nicht vor dem Ort zurück, der ihm so laut seinen Meineid predigte!“

„Nachher“, sagte Justine, „hab’ ich alles zusammensetzen und begreifen können, damals aber wußte ich noch nicht, was ihn hinausgeführt hatte, denn während der Vormittnacht, wo sich mir der Kopf beständig drehte und ich nur auf Augenblicke meiner Sinne mächtig war, hatte ich auf eure Reden noch viel weniger geachtet als ihr auf mich, und hatte bloß von allerlei unheimlichem Wesen, aber nichts von der Schatzgräberei gehört. Wie ich seiner ansichtig wurde, hatte ich eine verworrene Vorstellung, er wolle Holz stehlen oder irgend etwas dergleichen, was mir nur in dem verrückten Zustand meines Kopfes einfallen konnte. So viel aber sah ich deutlich und mit guter Vernunft, daß er kein Geist war, wohl aber, daß er mich für einen hielt, und bei meinem Aussehen hätte das vielleicht auch einem Beherzteren geschehen können. Es war mir gleich ganz klar: er meinte, ich habe zu dieser Stunde mir und meinem Kind ein Leid angetan, und erscheine ihm nun nach meinem Tod, um ihn zur Rechenschaft zu ziehen; denn er war in die Knie gestürzt und streckte die Hände wie abwehrend und um Gnade flehend gegen mich aus. Wie ich das sah, ging ich, als ob etwas meinen Fuß vom Boden aufhübe, stracks an ihm vorüber und warf einen Blick auf ihn herab, nur einen einzigen Blick! Kaum war ich vorbei, so hörte ich, wie er hinter mir vom Boden aufsprang und in verzweiflungsvoller Angst seitwärts ohne Weg und Steg in den Wald entrannte.“

„Das also war der Geist, den er in jener Nacht gesehen hat!“ rief Erhard.

„Von Stund an war meine Schwäche von mir genommen“, erzählte Justine weiter: „Es war mir, als ob ich die

Angst auf den abgeladen hätte, dem sie gebührte, alle meine meine Lebenskraft hatte ich wieder und kam mit großen leichten Schritten vorwärts. Der Wald wurde lichter, das entblätterte Laubholz ließ den Mondschein eher durch, und bald war ich im freien Feld, wo nur gar zu viel Licht war, denn hell wie am Tag lag die Stadt vor mir. (...)

Ich suchte und suchte, wem ich mein Kind anvertrauen könnte, aber niemand war mir barmherzig genug dazu;

ich irrte wie ein Geist von Haus zu Haus, aber an keinem fand ich das Zeichen angeschrieben, das meinem Findling Aufnahme verhieß. Ich war an Leib und Seel' ermattet, der Tod saß mir im Herzen, und schon gedachte ich mich in den Schatten der Kirche zu legen und dort mit meinem Kind zu sterben, da führte mich der Zufall, der sicher mehr als ein Zufall war, vor das rechte Haus. Du kennst's: am scharfen Eck, dem Pfleghof gegenüber, das kleine Haus mit dem halben Giebel –"

„Wie?" rief Erhard, „das Schustershäuslein, das überhängende, von Alter schwarzbraune? Es ist freilich wahr, die Leute sind kreuzbrav, aber –" Er schüttelte den Kopf und sah sie ungewiß an.

„Ich weiß, was du sagen willst", erwiderte sie. „Bei gewöhnlichem Nachdenken hätt' ich wohl auch anders gehandelt, aber es war wie eine Eingebung über mich gekommen, Zeit zum Überlegen hatte ich ohnehin keine mehr, und so legte ich meine Bürde sacht auf die Hausstaffel, zog an der Schnur, die dort herabhängt, und sprang hinter einen Mauerpfeiler, der mich mit seinem Schatten deckte. Auf das Klingeln erschien der Hausherr bald am Fenster und rief: ‚Wer ist da?' Wie er aber niemand bemerkte, schlug er mit einem Brummen das Fenster zu und im Hause blieb es still. Ich war in Verzweiflung, die Morgenkälte schauerte mir durch die Glieder und ergriff auch das Kind, das bis dahin ruhig geschlafen hatte. Es begann zu schreien und seine klägliche Stimme drang mir durch Mark und Bein. Ich wagte mich auf jede Gefahr hin hervor, hauchte es an, um ihm ein wenig Wärme zu geben, riß an der Klingel, als ob ich Sturm läuten müßte, und flüchtete mich wieder in mein Versteck. Gleich fuhr er wieder heraus und fluchte greulich, denn das ist eine Kunst, worin er seinen Meister sucht, der Meister Christoph. Nachdem er seinen Fluch ausgestoßen hatte, fiel das Kind ein und antwortete ihm mit einer Stimme, die mir bei aller Angst das Herz im Leib erfreute, denn sie klang gar nicht schwächlich, sondern kerngesund. Wie er hörte, daß ein Kind auf seiner Staffel schrie, fluchte er noch viel ärger und rief nach seiner Frau. Es dauerte nicht lang, so kamen sie beide mit dem Licht herunter. Ich bückte mich hinter meinen Pfeiler und hörte mit an, wie sie sich miteinander über ihren Fund besprachen. Ich konnte ihnen nicht zumuten, daß sie eine übermäßige Freude dran haben sollten, und es fielen Reden, die mich in Angst setzten, aber das Ende war doch, daß sie das Kind mit sich ins Haus nahmen und daß ich allein auf der Gasse blieb. Als es nach und nach still wurde, wagte ich mich hervor, lief die Mauer entlang und kam aus der Stadt hinaus, ich weiß nicht wie, denn ich war vor Freude außer mir und hätte mitten im Winter auffliegen und jauchzen mögen wie eine Lerche, daß mir das Rechte eingegeben worden war. Meine Eingebung aber, Erhard, war die: die Leute sind freilich arm, aber sie sind reicher als ich, denn sie sind Vater und Mutter vor Gott und den Menschen, sie haben freilich neun Kinder, aber sie haben auch ein Herz für ihre Kinder, und diesen Leuten will ich mein Kind anvertrauen, da wächst's im Segen der Armut auf, und wenn je etwas von seines Vaters Herzlosigkeit in ihm ist, so wird das in dieser Schule erstickt. Dieser Gedanke war schnelle gefaßt und ausgeführt, als ich mit Worten ausdrücken kann, aber ich hab' ihn bis zu dieser Stunde nie zu bereuen gehabt."

Justine hatte die ganzen Jahre nie die Verbindung mit ihrem Kind verloren, sondern war als gute, hilfsbereite Freundin im Schusterhause ein- und ausgegangen. Zusammen mit Erhard enthüllt sie nun den Schustersleuten die wahre Herkunft des Kindes und nimmt dieses nach ihrer Heirat mit Erhard zu sich, so daß für den „Weihnachtsfund" alles gut endet.

Vom Himmel hoch

(Ein Kinderlied auf die Weihnachten von Dr. M. Luther)

Diese noch heute übliche Mel. zuerst in Schumann's Gesangb. Leipzig 1539. Bl. 3.

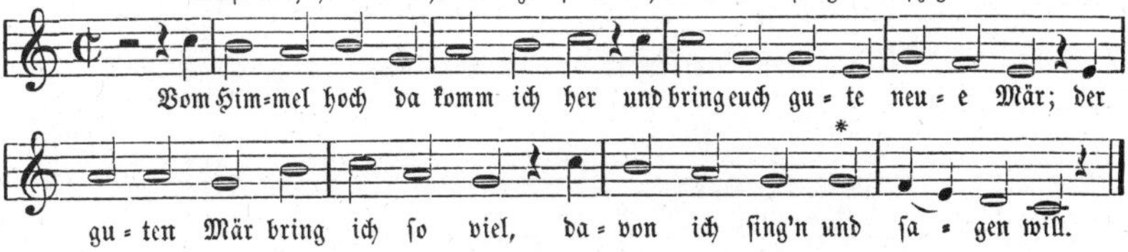

Vom Himmel hoch, da komm' ich her
Und bring euch gute neue Mär;
Der guten Mär bring ich so viel,
Davon ich sing'n und sagen will.

Euch ist ein Kindlein heut geborn
Von einer Jungfrau auserkorn;
Das Kindelein so zart und fein,
Das soll eur Freud' und Wonne sein.

Es ist der Herr Christ, unser Gott,
Der will euch führ'n aus aller Not,
Er will nur Heiland selber sein,
Von allen Sünden machen rein.

Er bringt euch alle Seligkeit,
Die Gott, der Vater, hat bereit,
Daß ihr mit uns im Himmelreich
Sollt leben nun und ewigleich.

So merket an das Zeichen recht,
Die Krippen, Windelein so schlecht:

Da findet ihr das Kind gelegt,
Das alle Welt erhebt und trägt.

Des laßt uns alle fröhlich sein –
Und mit den Hirten gehn hinein,
Zu sehen, was Gott uns beschert,
Mit seinem lieben Sohn verehrt.

Merk auf, mein Herz, und sieh dort hin:
Was liegt doch in dem Krippelin?
Was ist das schöne Kindelein?
Es ist das liebe Jesulein.

Bist willkomm', du edler Gast!
Den Sünder nicht verschmähet hast
Und kömmst ins Elend her zu mir,
Wie soll ich immer danken dir?

Ach Herr, du Schöpfer aller Ding,
Wie bist du worden so gering,
Daß du da liegst auf dürrem Gras,
Davon ein Rind und Esel aß.

Und wär die Welt vielmal so weit,
Von Edelstein und Gold bereit,
So wär sie doch dir viel zu klein,
Zu sein ein enges Wiegelein.

Der Sammet und die Seiden dein,
Das ist grob Heu und Windelein,
Darauf du Kind, so groß und reich,
Her prangst als wär's dein Himmelreich.

Das hat also gefallen dir,
Die Wahrheit anzuzeigen mir:
Wie aller Welt Macht, Ehr und Gut
Vor dir nichts gilt, nichts hilft noch tut.

Ach, mein herzliebes Jesulin,
Mach dir ein fein sanft Bettelin,
Zu ruhn in meines Herzen Schrein,
Daß ich nimmer vergesse dein!

Davon ich allzeit fröhlich sei,
Zu springen, singen immer frei
Das rechte Susanine schon,
Mit Herzen Lust den süßen Ton.

Lob, Ehr sei Gott im höchsten Thron,
Der uns schenkt seinen einigen Sohn;
Des freuen sich der Engel Schar
Und singen uns solchs neues Jahr.

Heinrich Meinhold

Klausenbaum und Weihnachtspyramide

In anderen Gegenden, z. B. in Bayern, stellte man in der gleichen Absicht Klausenbäume her, d. h. Bäume des heiligen Nikolaus. Hier werden die Äpfel durch Holzstäbchen nach dem gleichen Plane verbunden; drei bilden den Grundriß, einer krönt die Pyramide. Dazu hat der Heilige die untern Stäbchen noch mit Wachsstockendchen geziert, so daß auf jeder der drei Seiten ein Lichtchen freundlich brennt, und Frau Barbara hat Buchsbaumzweiglein in die

Äpfel gesteckt, so daß der Klausenbaum mit roten Äpfeln und grünem Laub und dem warmen Wachsgelb der brennenden Lichtchen schon farbenfroh und festlich genug ausschaut; gut bayrisch gesinnt, pflegt man noch das Stäbchen blau-weiß zu streichen. In Tölz wieder will man noch höher hinaus: dort wird die Klausenpyramide zum Paradeis und leitet nun zu der Schar der großen prunkvollen Paradeise, die sich ihres einfachen Ursprungs gar nicht mehr erinnern können, über. Das Tölzer Paradeis hat zur Grundlage eine Schüssel, ist also eher eine Art kunstvoll verzierter, bunter Teller. Der Klausenbaum hat hier zwei Stockwerke; neben den Buchsbaumzweiglein spicken goldene Nüsse mit roten Stäbchen die Äpfel. In der Mitte Sankt Nikolaus selbst aus Lebkuchen oder Marzipan, inmitten eines kleinen Hügels von Rauschgoldnüssen, und vor ihm brennen zwei stille Lichtchen als kleine Vorboten der Lichter am Baum. Auf der baumlosen Insel Föhr muß die ähnlich reich ausgestaltete Tunschere den Weihnachtsbaum ersetzen. Die Stäbchen sind hier verschiedenartig zu verschiedenartigen Figuren zusammengefügt, mit Äpfeln und Nüssen, Kandiszucker und schmackhaften Girlanden von Dörrpflaumen, Rosinen und Feigen ausgeziert. Am Grunde und auf dem Baume dürfen die auf den Jahrmärkten käuflichen Lebkuchenfiguren nicht fehlen. Schafe oder Hunde und unten regelmäßig Adam und Eva unter dem Paradeisbaum, zuweilen werden die Gerüste mit Blattwerk oder geschnitzeltem Papier recht lustig besteckt. Hier nun teilt sich der Weg, der von der Tunschere über das Paradeis zur Krippe und anderseits von der kleineren zur größeren Pyramide führt, die viele Jahrzehnte hindurch in zahlreichen Häusern den Weihnachtsbaum ersetzte, in späterer Zeit wohl auch begleitete. In der Sammlung des Vereins für Volkskunst in

München findet sich eine Pyramide aus Frankfurt a. M., die ganz und gar mit feingeschnittenen Papiergewinden reizend geschmückt ist, an der große Rosen in sehr zierlicher Ausführung blühen und die auf ihren Armen Lichter trägt. Zum Überfluß steht sie in einem richtigen Christbaumbänkchen mit Garten und kann einen Christbaum recht wohl vortäuschen. Nach denselben Prinzipien schickt man auch Bäume nach Übersee, und auch in diesem Kriegsjahr hat die Industrie sie in ähnlicher Art, zusammenlegbar für Feldpostsendungen, in den Handel gebracht. In der nüchterneren Mark Brandenburg zeigten sich die Pyramiden meist kahl, waren dafür aber reichlicher mit Lichtern besteckt, wie wir sie aus dem bekannten Chodowieckischen Bilde kennen, zuweilen waren sie mit Moos umwunden. Es ist bekannt, daß sie in dieser Art bis zur Mitte des vorigen Jahrhunderts in den Berliner Bürgerfamilien vom Christbaum nicht verdrängt wurden. – Dagegen geht vom Tölzer Paradeis mit dem breiten festen Untergrund und der figürlichen Darstellung des guten Bischofs eine andere Linie aus. Hier wurde der Untergrund größer und größer, zu der einen Gestalt gesellten sich andere, mit Moosen, Zweiglein, Sand und Wurzeln wurden kleine Landschaften bereitet, und endlich wurden Stockwerke der Pyramiden mit Gestalten belebt, die die Entwicklung der Kirche von Christi Geburt bis auf unsere Tage darstellten. Natürlich waren die Abarten dieser Pyramiden so verschieden, wie die Verhältnisse ihrer Besitzer, und besonders geschickte Eigentümer erreichten bei ihren Kunstwerken auch noch das Vermögen, sie durch die Wärme der Lichter sich drehen zu lassen, so daß man die Herrlichkeit in aller Gemächlichkeit von allen Seiten beschauen konnte. Häufig wurden auch diese Pyramiden an der Decke aufgehängt, wo sie durch die Wärme des Lichtes sich bewegten, und so einen Übergang zu dem Weihnachtsleuchter der Bergleute Sachsens bilden. Von diesen so reich ausgebauten Pyramiden war dann nur ein Schritt bis zur Herstellung der Familienkrippe. Zumal in den protestantischen Gegenden mag der Wunsch, den Kindern die alte Freude jener köstlichen Darbietungen zu erneuen, ausschlaggebend für die Herstellung der Krippen gewesen sein. Nirgends aber war man eifriger um sie bemüht, als im sächsischen Erzgebirge, im protestantischen Bergvolk, in der, den heimatlichen Anschauungen entsprechend, die Krippen Weihnachtsberge genannt wurden. Zur Zeit des Nationalismus war der eigentliche Sinn dieser Gebilde soweit verlorengegangen, daß man Windmühlen, weidende Schäfchen und Kriegsschiffe in Wasserbehältern zu Weihnachten den Kindern vorführte.

Mit dem erwachenden Glaubensleben wurde auch die Freude an den Weihnachtsbeschäftigungen vertiefter und inniger. Wie am Christabend zur Bergmette die Bergleute mit brennenden Grubenlichtern zur Kirche gehen, und daheim die Fenster mit Lämpchen und Bergleuchtern besetzen, so daß das Licht in die Nacht hinausscheint, damit das Volk, das im Finstern wandelt, das Licht der heiligen Geburt sähe, und ein Weihrauchduft dem Christkind zu Ehren die Zimmer erfüllt, so mag man sich wohl denken, wie Luthers, des Bergmannskindes, Erinnerung an diesen dunklen Tagen voll Lichtscheins in die Nacht hinausgehangen hat und wie er später dichtete:

Das ew'ge Licht geht dahinein,
Es gibt der Welt einen neuen Schein;
Es scheint wohl mitten in der Nacht
Und uns des Lichtes Kindern macht.

Dann werden die Weihnachtsleuchter hervorgeholt oder die Christengel, die Lichter oder Öllämpchen tragen, und neu bemalt und übergoldet, und der Vater baut mit den Kindern Jahr für Jahr die Paradiesgärten und Pyramiden auf, und in diesen gemütvollen Aufbauten liegt ein gutes Teil Familien- und Lebensgeschichte beschlossen. Hat das junge Paar mit der kleinen Krippe, mit Maria und Joseph begonnen, so hat des ersten Kindes Lächeln über Ochs und Eselein geleuchtet. Im nächsten Jahr sind die Hirten mit ihren Gaben dazugekommen. Als der Bub kam, wurde schon angebaut, und die Hirten hüteten seitwärts ihre Herden, bis der Verkündigungsengel, die heiligen drei Könige und Gestalt um Gestalt, oft mit der rührendsten Sorgfalt von den kunstgeübten Händen geschnitzt, hinzukamen. So kommen aus Flimmersteinchen, Moos, Erzen, Bachkies oft Dinge vom traulichsten Reiz zusammen, die wie nichts anderes all die holden Dinge voll Freude und Schmerz zurückrufen, aus denen das Menschenleben wunderbar sich webt und über denen, wie es über jedem Leben sein soll, der Schein des göttlichen Kindes liegt, dem zu Ehren und zu Liebe die Liebe in diesen Tagen sinnt und sich müht.

Was das Christkindlein sagt

(Aus „Des Knaben Wunderhorn")

Das Christkindlein bin ich genannt,
Den frommen Kindern wohl bekannt,
Die ihren Eltern gehorsam sein,
Die früh aufstehn und beten gern,
Denen will ich alles bescher'n.
Die aber solche Holzblöck' sein,
Die schlagen ihre Schwesterlein
Und necken ihre Brüderlein,
Steckt Ruprecht in den Sack hinein.

Ludwig Tieck

Weihnachtszeit in Berlin

„Als ich ein Kind war", so erzählte Medling, ein geborener Berliner, „war der Markt und die Ausstellung, wo die Eltern für die Kinder oder sonst Angehörigen Spielzeug, Näschereien und Geschenke zum Weihnachts-

fest einkaufen, eine Anstalt, deren ich mich immer noch in meinem Alter mit großer Freude erinnere. In dem Teil der Stadt, wo das Gewerbe am meisten vorherrschte, wo Kaufleute, Handwerker und Bürgerstand vorzüglich ein rasches Leben verbreiteten, war in der Straße, die von Kölln zum Schloß führt, schon seit langer Zeit der Aufbau jener Buden gewöhnlich, die mit jenem glänzenden Tand als Markt für das Weihnachtsfest ausgeschmückt werden sollten. Diese hölzernen Gebäude setzten sich nach der langen Brücke sowie gegenüber nach der sogenannten Stechbahn fort, als rasch entstehende, schnell vergehende Gassen. – Vierzehn Tage vor dem Fest begann der Aufbau, mit dem Neujahrstag war der Markt geschlossen, und die Woche vor der Weihnacht war eigentlich die Zeit, in der es auf diesen beschränkten Raum der Stadt am lebhaftesten herging und das Gedränge am größten war. Selbst Regen und Schnee, schlechtes und unerfreuliches Wetter, auch strenge Kälte konnten die Jugend wie das Alter nicht vertreiben. Hatten sich aber frische und anmutige Wintertage um jene Zeit eingefunden, so war dieser Sammelplatz aller Stände und Alter das Fröhlichste, was der heitere Sinn nur sehen und genießen konnte, denn nirgendwo habe ich in Deutschland und Italien etwas dem Ähnliches wiedergefunden, was damals die Weihnachtszeit in Berlin verherrlichte.

Am schönsten war es, wenn kurz zuvor Schnee gefallen, und bei mäßigem Frost und heiterem Wetter liegengeblieben war. Alsdann hatte sich das gewöhnliche Pflaster der

Straße und des Platzes durch die Tritte der unzähligen Wanderer gleichsam in einen marmornen Fußboden verwandelt. Um die Mittagsstunde wandelten dann wohl die vornehmeren Stände behaglich auf und ab, schauten und kauften, luden den Bedienten, welche ihnen folgten, die Gaben auf, oder kamen auch nur wie in einem Saal zusammen, um sich zu besprechen und Neuigkeiten mitzuteilen. Am glänzendsten aber sind die Abendstunden, in welchen diese breite Straße von vielen tausend Lichtern aus den Buden von beiden Seiten erleuchtet wird, so daß fast eine Tageshelle sich verbreitet, die nur hie und da durch das Gedränge der Menschen sich scheinbar verdunkelt. Alle Stände wogen fröhlich und laut schwatzend durcheinander. Hier trägt ein bejahrter Bürgersmann sein Kind auf dem Arm, und zeigt und erklärt dem laut jubelnden Knaben alle Herrlichkeiten. Eine Mutter erhebt dort die kleine Tochter, daß sie sich aus der Nähe die leuchtenden Puppen, deren Hände und Gesicht von Wachs die Natur anmutig nachahmen, näher betrachten könne. Ein Kavalier führt die geschmückte Dame, der Geschäftsmann läßt sich gern von dem Getöse und Gewirr betäuben und vergißt seiner Akten, ja selbst der jüngere und ältere Bettler erfreut sich dieser öffentlichen, allen zugänglichen Maskerade und sieht ohne Neid die ausgelegten Schätze und die Freude und Lust der Kinder, von denen auch die geringsten die Hoffnung haben, daß irgend etwas für sie aus der vollen Schatzkammer in die kleine Stube getragen werde. So wandeln dann Tausende scherzend mit Plänen zu kaufen, erzählend, lachend, schreiend an dem süßduftenden mannigfaltigen Zucker- und Marzipangebäck vorüber, wo Früchte, in reizender Nachahmung, Figuren aller Art, Tiere und Menschen, alles in hellen Farben strahlend, die Lüsternern anlacht: Hier ist eine Ausstellung wahrhaft täuschenden Obstes, Aprikosen, Pfirsichen, Kirschen, Birnen und Äpfel, alles aus Wachs künstlich geformt; dort klappert, läutet und schellt in einer großen Bude tausendfaches Spielzeug aus Holz in allen Größen gebildet, Männer und Frauen, Hanswürste und Priester, Könige und Bettler, Schlitten und Kutschen, Mädchen, Frauen, Nonnen, Pferde mit Klingeln, ganzer Hausrat oder Jäger mit Hirschen und Hunden, was der Gedanke nur spielend ersinnt, ist hier ausgestellt, und die Kinder, Wärterinnen und Eltern werden angerufen, zu wählen und zu kaufen. Auf der anderen Seite erglänzt ein überfüllter Laden mit blankem Zinn (denn damals war es noch gebräuchlich, Teller und Schüsseln von diesem Metall zu gebrauchen), aber neben den polierten und spiegelnden Geräten blinkt und leuchtet in Rot und Grün und Gold und Blau eine Unzahl regelmäßig aufgestellter Soldatesken, Engländer, Preußen und Kroaten, Panduren und Türken, prächtig gekleidete Paschas auf geschmückten Rossen, auch geharnischte Ritter und Bauern und Wald im Frühlingsglanz, Jäger, Hirsche, Bären und Hunde in der Wildnis. Wurde man schon auf eigene, nicht unangenehme Weise betäubt, von all dem Wirrsal des Spielzeuges, der Lichter und der vielfach schwatzenden Menge, so erhöhten dies noch durch Geschrei jene umwandelnden Verkäufer, die sich an keinen festen Platz binden mochten, diese drängen sich durch die dicksten Haufen und schreien, lärmen, lachen und pfeifen, indem es ihnen weit mehr um diese Lust zu tun ist, als Geld zu lösen. Junge Burschen sind es, die unermüdlich ein Viereck von Pappe umschwingen, das an einem Stecken mit Pferdehaar befestigt, ein seltsam lautes Brummen hervorbringt, wozu die Schelme laut: ‚Waldteufel kauft!' schreien. Nun fährt eine große Kutsche mit vielen Bedienten langsam vorüber. Es sind die jungen Prinzen und Prinzessinnen des königlichen Hauses, die auch an der Kinderfreude des Volkes teilnehmen wollen. Nun freut der Bürger sich doppelt, auch die Kinder seines Herrschers so nahe zu sehen: Alles drängt sich mit neuem Eifer um den stillstehenden Wagen.

Jedes Fest und jede Einrichtung“, so beschloß Medling seinen Bericht, „wächst mit den Jahren, und erreicht einen Punkt der Vollendung, von welchem es dann schnell oder unvermerkt wieder hinabsinkt. Das ist das Schicksal alles Menschlichen im großen wie im kleinen. Soviel ich nach den Erinnerungen meiner Jugend und Kindheit urteilen darf, war diese Volksfeierlichkeit von den Jahren 1780 bis etwa 1793 in ihrem Aufsteigen und in der Vollkommenheit. Schon in den letzten Jahren richteten sich in näheren oder entfernteren Straßen Läden ein, die die teuern und gleichsam vornehmeren Spielzeuge zur Schau ausstellten. Zuckerbäcker errichteten in ihren Häusern anlockende Säle, in welchen man Landschaften aus Zuckerteig oder Dekorationen, später ganz lebensgroße mythologische Figuren wie in Marmor ausgehauen, aus Zucker gebacken sah. Ein prahlendes Bewußtsein, ein vornehmtuendes Überbieten in anmaßlichen Kunstproduktionen zerstörte jene kindliche und kindische Unbefangenheit, auch mußte Schwelgerei an die Stelle der Heiterkeit und des Scherzes treten. Doch ist mit allen diesen neueren Mängeln“, so endigte unser Freund seinen Bericht, „diese Christzeit in Berlin, vergleicht man das Leben dieser fröhlichen und für Kinder so ahndungsreichen Tage, mit allen andern Städten, immer noch eine klassische zu nennen, wenn man das Klassische als den Ausdruck des Höchsten und Besten in jeglicher Art gebrauchen will.“

Nikolaus Lenau

Weihnacht

O Nacht des Mitleids und der Güte,
Die auf Judäa niedersank,
Als einst der Menschheit sieche Blüte
Den frischen Tau des Himmels trank!

O Weihnacht! Weihnacht! höchste Feier!
Wir fassen ihre Wonne nicht,
Sie hüllt in ihre heil'gen Schleier
Das seligste Geheimnis dicht.

Denn zöge jene Nacht die Decken
Vom Abgrund uns der Liebe auf,
Wir stürben vor entzücktem Schrecken,
Eh' wir vollbracht den Erdenlauf. –

Der Menschheit schmachtendes Begehren
Nach Gott; die Sehnsucht, tief und bang,
Die sich ergoß in heißen Zähren,
Die als Gebet zum Himmel rang;

Die Sehnsucht, die zum Himmel lauschte
Nach dem Erlöser je und je;
Die aus Prophetenherzen rauschte
In das verlass'ne Erdenweh;

Die Sehnsucht, die so lange Tage
Nach Gotte hier auf Erden ging
Als Träne, Lied, Gebet und Klage:
Sie ward Maria – und empfing.

Das Paradies war uns verloren,
Uns blieb die Sünde und das Grab;
Da hat die Jungfrau ihn geboren.
Der das Verlor'ne wiedergab;

Der nur geliebt und nie gesündet,
Versöhnung unsrer Schuld erwarb,
Erlosch'ne Sonnen angezündet,
Als er für uns am Kreuze starb.

Der Hohepriester ist gekommen,
Der lächelnd weiht sein eignes Blut,
Es ist uns der Prophet gekommen,
Der König mit dem Dornenhut. –

Karl Söhle

Friede auf Erden

Eine niedersächsische Weihnachtserzählung

„Tag auch, Vorsteher Grootkas! Warten Sie, ich geh' die Straße ganz mit bis 'rauf. Hab' eben für den Pastor noch 'n Weihnachtshasen geschossen. Schauen Sie mal – da, heben Sie ihn mal empor: ein schöner Bengel, ein mächtiger alter Rammler! – Na Grootkas, Sie sind ja so ein alter Wetterprophet, was meinen Sie denn: kriegen wir heut' wohl noch was? Der graugelbe Himmel, die Wolken gerade wie ein Napf voll Klößchen, und sie kommen immer tiefer und stopfen sich fest; es lag ja auch die ganzen letzten Tage dick in der Luft."

„Jawohl, jawohl, Herr Förster, wir bekommen ganz sicher weiße Weihnachten, da können Sie sich drauf verlassen! Ja, wenn ich mein Reißen krieg', da weiß ich Bescheid. Und diesmal ist's ganz besonders schlimm! Immer hinten das Kreuz den Rücken rauf, nein, solche Schmerzen!"

„Sagen Sie, Vater Grootkas, dem Kantor seine Posaunen blasen ja wohl heut' abend zum ersten Mal in der Christkirche? Da bin ich doch schon ganz schön neugierig drauf."

„Zum Teufel, ich auch, Herr Förster! Es sind ihrer acht, soviel ich weiß, was man ein doppeltes Quartett nennt. Unser Großknecht ist ja auch mit dabei. Bis eben ist er im Pferdestall auf der Haferkiste gesessen und hat geübt und sich fast zu Tode geblasen.

Die alte Blesse könnte zuletzt noch falsch werden und nach hinten ausschlagen. – Halt, warten Sie mal – he, was, hören Sie nichts? Da übt auch einer. Das ist sicher Chrischan Schapen-Hünten. Der übt wahrhaftig oben auf dem Hinterboden. Pottsteufel, wo er reintutet, grad als wenn ein Bulle brüllt!"

„Donnerblitz, Grootkas, wenn sie heut' abend alle so reintuten wie Chrischan? – Na, sagen Sie noch, Vater Grootkas, wie ist denn diesmal Ihr Butterkuchen ausgefallen?"

„Ei, schön gelb und knusprig, es ist eine wahre Pracht, Herr Förster! Meine Alte versteht sich darauf, das können Sie mir glauben! Was da aber auch für ein Klumpen Butter reingekommen ist – so groß! Ich meine halt, das gehört zum Christkind, Herr Förster: Äpfel und Nüsse und ein ordentlicher Butterkuchen, wer sich das zugute tun kann, ich eß beim ersten Mal immer allein einen halben. Ach, und dazu ein ordentlicher Napf warmen Kaffee – ja da sind Sie auch begierig drauf, Herr Förster, ich weiß, Sie sind ja auch so ein altes Leckermaul." „Ja, sie backen doch auch alle bei uns im Dorf und Gott sei Dank, daß sie es können. Pfannenmacher Stöhrs, die armen Schlucker mit ihren acht kleinen Kindern, die oben drauf, und Maurer Kötjens im Armenhaus, es ist nicht zu glauben: vier große Platten, sagt meine Frau!"

„Nein, Herr Förster, nein, nein, alle nicht dieses Mal, bei Schneider Linselers haben sie nicht gebacken, Linselers nicht! Lieber Gott, es kann einem leid tun! So rechtschaffene Leute, er hat sich immer aufgemacht wie jeder.

Schon gleich, als er aus der Fremde zurückkam und geheiratet hat und anfing zu arbeiten, bekommt er einen krummen Rücken vom scharfen Draufgucken beim Nähen. Nein, ich sage, auch zu genaue Arbeit und ganz stark die Nähte haltend! Ja und dabei nichts als Unglück!"

„Ja, ja, schon gut und ich bin ja auch bei ihm, aber er

ist noch ein Schneider nach alter Art. Er näht zu langsam, alles mit der Hand, von einer Nähmaschine will er weiß Gott noch immer nichts wissen, das ist Teufelswerk, sagt er. Sehen Sie und als dann Willem Fahnel am Sandberg und Fernand Kleefußen anfingen, beide mit großen Maschinen, da ist ihm sofort viel Kundschaft abgesprungen. Doch wahr ist es, Grootkas: er hat nichts als Unglück, denken Sie an seinen Fritz, na und nun wieder das neue Unglück . . ."

„O lieber Gott, da hat man ihn mal wieder schön betrogen!"

„Pst, wir kommen gerade bei ihm vorbei. Sehen Sie, da sitzt er an seinen kleinen Guckloch. Wie er sticht und ausgreift, es flutscht geradeso! Er ist doch immer am Arbeiten, man kann vorbeikommen, wann man will, und der Buckel wird alle Tage krummer. Ich glaube, Grootkas, er tut sich etwas an, wenn er raus muß, er läßt ja sowieso immer den Kopf hängen. Für Donnerstag nach Neujahr ist die Auktion ausgeschrieben, wie ich gehört habe. So einen Prozeß verlieren, Grootkas, das ist bitter, das ist aber auch wirklich das Schlimmste, was einem passieren kann! Hol's der Teufel: Gerechtigkeit gibt's heutzutage nicht mehr in der Welt! Volle vier Jahre hat die Geschichte hingedauert, und ein Termin nach dem anderen. Der Lüneburger Anwalt von Tischler Klintzen hat so viele Weitläufigkeiten gemacht, und der ist ja auch so ein richtiger alter Aasgeier, der die Prozesse in die Länge zieht, nur weil er den Hals nicht voll genug kriegen kann, er ist ja bekannt dafür. Na, überhaupt die Anwälte, trau einer den Anwälten, oje, wer es mit den Schurken im Leben zu tun kriegt! Ja, dann ist er zugrunde gegangen, der Schneider. Und das wegen so einem lächerlichen Mäusedreck, Grootkas! Auf dem Düsterkamp hinten die eingebildeten

Wegerechtsame zwischen den Äckern vom Tischler und vom Schneider – so ist 's gekommen: Als der Tischler den schmalen Streifen mit einpflügen tut, stehenden Fußes rennt mein Schneider wie ein gereizter Truthahn aufs Amt und klagt. Sie wissen doch, er ist ganz schön hitzig von Geblüt, wenn er auch bloß so ein kleiner dünnarmiger und krummbuckliger Schneider ist. Na, und am grünen Tisch haben Sie's nun ja endlich ausgetüftelt, daß der Schneider ..."

„Der Dumme von den beiden ist, und die Dummen müssen bezahlen, das ist nun mal so in unserer törichten Welt. Aber ich meine, Herr Förster, wem nicht zu raten ist, dem ist auch nicht zu helfen! Nun adieu auch! Ich gehe jetzt hier um die Ecke und den Grashoff rauf, der alte Imker Olfermann soll meinen Rücken mal wieder strekken – au! Zum Teufel noch mal! Wieder eine frische Tour! Adieu auch, ich muß mich sputen, 's ist schon spät."

Über Fichtenhagen dämmert der Abend heran. Seine Schattenhände tasten sich langsam näher aus der Heide und vom Felde herüber, sachte näher an das kahle Geäst der Dorfeichen, an die Zäune und Obstbäume, und wei-

ter an die Scheunen und Häuser – bald ist alles grau zugedeckt.

Kühle, lauschige Stille, nichts Lebendiges regt sich. Nur Krähen fliegen dann und wann schräghin über das Dorf, langsam, einzeln und in kleinen Gruppen. An den einzelnen Hainbuchen in den Hecken raschelt verstohlen noch vorjähriges trockenes Laub.

Im Backhaus sind glücklich die letzten Platten aus dem Ofen. Bäcker Heers hat die Plackerei nachgerade satt und will seine Ruhe haben, und mitten in ihrem Schwatzen und Bewundern schiebt er die backenden Weiber mit den Ellbogen zur Tür hinaus.

Bei Kaufmann Kiehn in der „Weihnachtsausstellung“ feilschen ein paar Tagelöhnerfrauen noch um 'ne Puppe Deidei, um ein hölzernes Hottepferd, um Goldschaum zum Nüssevergolden. Bis zur letzten Minute hat man gewartet, sich's nicht ankommen lassen wollen, und man hat die sauer verdienten Tagelohngroschen wohl zehnmal umgewendet.

Überall brennen schon die Hängelampen in den Stuben. Die Kinder sitzen hinten in der Kellerstube bei der Großmutter und singen die in der Schule wieder neugelernten Weihnachtslieder. Früher gefüttert haben heute die Knechte und Mägde und prangen bereits in ihrem Sonntagsstaat.

Vorsteher Grootkas hat wieder mal richtig prophezeit, es fängt wahrhaftig an zu schneien. Herrgott und gleich Flocken wie Gänsefedern groß! Wie sie um den Kirchturm durcheinander wirbeln. Ein riesiger Geisterbesen fegt sie heran, aus dem Wetterloch, über die frierenden, einsamen Kreuze des Friedhofes hin, wo keine Eichen sich schützend erheben. Noch liegt die Kirche tot und dunkel da. Bald aber werden die hohen, schmalen Fenster hell erglänzen, wenn aus dem Schalloch über die Bäume und Häuser hin die Glocke schallt, das Wunder von Bethlehem neu zu verkünden, und die Gemeinde singt:

„Das ew'ge Licht geht da herein,
gibt der Welt nun neuen Schein,
es leuchtet mitten in der Nacht
und uns zu Lichteskindern macht."

Aber wie, bei Schneider Linselers ist's ja noch stockdunkel im Hause?

„Linseler, willst du nicht endlich deinen Kaffee austrinken und einen kleinen Happen essen, es steht alles schon eine ganze Zeit lang vor dem Schrank? – Soll ich dir nicht die Lampe anstecken?"

Ein trübseliges Kopfschütteln ist die Antwort, und die blauleinene Schürze an den Augen, in der anderen Hand einen weitbauchigen irdenen Topf ohne Henkel, schlürt Mutter Linseler in ihren dicken Filzpapuschen geräuschlos hinaus zum Ziegenstall.

In den Schneewirbel starrt unausgesetzt der Schneider aus seinem Guckfenster. Die längste Zeit hat er nun wohl daran gesessen, zweiunddreißig Jahre. Ganz seine eigene Idee war's, als das Haus gebaut wurde, mochte Maurermeister Beene man ruhig mit dem Kopf schütteln und brummen: das dämliche, kleine Lock verunziere die ganze Giebelwand. In die Faust hatte Meister Linseler sich eins gelacht, er wußte wohl, was er wollte. Die ganze Straße blickt man hinauf, bis an die Kirche hin, und alles kann man genau beobachten, was passiert: wieviel Fuder guten Strohmist Bauer Baster-Lühr hinausfährt auf seine Koppel, und dann im Herbst die entsprechenden Fuder Ernte herein; und ob die Kartoffeln gut, schlecht oder mittel geraten sind, die Thiessen Knecht gerade vorbeikarrt; und warum dieser oder jener es wohl so eilig haben mag; und in welches Haus die Hebamme Greyern mit ihrer Tasche wohl gerade will; und wie diesem oder jenem Vorübergehenden das Zeug sitzt: wie's gearbeitet und von wem wohl, was der Hose fehlt oder dem Rock, ob's solide Handnaht oder schundige Maschinenarbeit; und allemal wenn Pastor Barthel und Kantor Konring vorbei spazieren gehen, grüßen sie so freundlich ins Fenster herein: Guten Tag, Meister Linseler, immer so fleißig; selbst damals, sie kehrten sich nicht an den Klatsch im Dorfe.

Plötzlich streckt das Schneiderlein seine kurzen, beweglichen Beine vor und lehnt den langen, schmächtigen Oberleib weit nach hinten über – blitzschnell ist's vom Tisch gerutscht. Ans Schapp tastet Linseler sich vorsichtig hin, steht still und besinnt sich, nimmt bedächtig einen Schluck Kaffee und schließt endlich mit vielem Drehen und Nackeln das obere linke Eckfach auf. Einen viele Male mit Bindfaden umwickelten Zigarrenkasten holt er hervor, knotet auf und nimmt ein schmutziges und zerknittertes Bündel Briefe heraus. Eilig wie ein Ackermännchen wippt er damit zur Kommode, zündet das grünblecherne Kuppellämpchen mit zierlichem, perlengehäkeltem Schirm an, klemmt sich die Brille auf die Nasenspitze und liest einen Brief nach dem andern sorgsam durch, jede Seite zweimal, jedes einzelne Wort nagen die Augen förmlich ab.

Er seufzt und hält kopfschüttelnd inne: „Daß es auch so hat kommen müssen! Zwei Jahr' all im Amt, und so 'ne schöne Stelle, Haus, Garten, Ackerkoppel für zwei Kühe – nichts stand er aus in Räderloh. Das Brot vom Mund hat man sich gespart. Was das 'n Geld kostete im Lüneburger Seminar! Aber 's war nun mal seit seiner Geburt meine

Idee. Als die Greyern rief: ‚Meister Linseler, 's ist'n Junge, 'n Neunpfünder', da bildete ich mir Wunder was darauf ein, und ‚Greyern, 's ist 'n besonderer, er wird Schullehrer', war meine Antwort. Ja und nun so! So 'n Sängertenor, so 'n Komödiant – Opernsänger, wie sie in Hamburg so welche nennen. Ach mein Gott und das Frauensmensch von der Komödie, das er geheiratet hat! 's ist zu viel, vergeb's ihm Gott!"

Linseler setzt die Lampe aufs Fensterbrett und trippelt aufgeregt im Zimmer hin und her. Endlich schwingt er sich auf den großen, blankgesessenen Schneidertisch, läßt die Lederpantoffeln fallen, schlägt die Beine schneidergerecht übereinander und nimmt hastig den mittags frisch zugeschnittenen, schwarzen Gottestischrock für Lehrer Dörge in Runkelfeld in Arbeit.

Weit klaftern die Arme auseinander beim Wachsen des Zwirnes. Hast du nicht gesehen, ist eingefädelt und prick, prick – Stich sitzt auf Stich, die geballte knochige Hand saust nur so durch die Luft.

Behaglich warm ist's in der Stube. In der Ofenröhre bratzelt ein einsamer Bratapfel still melancholisch vor sich hin. Die peinliche Sauberkeit, wie geleckt ist alles. Mutter Linseler hält auf Ordnung. Auf dem Fußboden ist reichlich schneeweißer Sand gestreut. Auf Rück- und Armlehnen des langleibigen, hohldärmigen Sorgensofas sind frische gewaschene, kattunene Schoner mit Sicherheitsnadeln festgesteckt. Die Kommode bedeckt eine blanke, grau marmorierte Wachstuchdecke. Ein von allen Kunden vielbewunderter Kammkasten, in Form eines grimmen Wikingerschiffes, kunstvolle Laubsägearbeit, prangt darauf in der Mitte. Rechts und links daneben stehen zwei fröhlich bunte Rokoko-Porzellanfigürchen. Hinten längs der Wand liegen ein vorjähriger „Hannoverscher Haus-

und Familienkalender“ mit Jahrmarktsverzeichnis und immerwährender Trächtigkeitstabelle der gebräuchlichsten Haustiere, ein uraltes, zerschabtes Kirchengesangbuch und ein winziges „Neues Testament und Psalter“, zierlich goldschnittgebunden. Am weißgestrichenen Fensterpfosten herunter hängen eine gewaltige, langstielige Fliegenklappe, zwei solide althannöversche Ellen, dicke Bündel Papierstreifen-Maße mit vielen eingeknipsten Zeichen und große Docken Bockgarn. An den weißgetünchten Wänden hin spazieren, auf vergilbten Blättern, elegante Herren mit hübschen Gesichtern, zwanglos einzeln und in Gruppen. Das gewaltige Bügeleisen mit lappenumwickeltem Griff schaut von seinem Hufeisensessel tief in Gedanken vor sich nieder, wie ein Hamburger Senator, der in seinem sorgenschweren Beruf vollständig das Lachen verlernt hat. Fest zu sind die bissigen Schnapper an der respektgebietenden, blanken Zuschneideschere, von keiner profanen Hand jemals berührt. Und wie eigen die Fingerhüte und Nadeln auf dem zerstochenen Sandkissen heute blinkern. Denken sie an die alten Zeiten? Ja, das Leben früher bei Meister Linseler in der eiligen Zeit vor Weihnachten! Auf Tisch und Stühlen, Sofa, Kommode – bergehoch lagen die zugeschnittenen Hosen, Westen, Jacken da herum; alle drei Tage war die Hölle bis oben rauf zum Platzen voll, und das Prickeln und Schnippeln, das Ratschen, Klopfen, Streichen, Bügeln und Walken – bis nach Mitternacht dauerte es oft hin, und ganz zusammen hotzelten Meister, Geselle und Lehrjungen und schnallten die Leibriemen enger.

Mutter Linseler ist aus dem Ziegenstall zurückgekommen und hat scharfsinnig berechnend die gemolkene Milch in verschieden Töpfe gegossen. Eine Weile schaut sie dem eifrigen Hantieren ihres Mannes ungläubig zu. –

„Linseler, gleich läutet es.“ Keine Antwort. Lange Pause.

„Linseler, willst du dich nicht zurecht machen? Soll ich dir nicht das frischgebügelte Vorhemd hinten zubinden?“

„Prick, prick“, geht gleichmäßig die Nadel.

Als der Schneider dann aber seine Frau leise schluchzen und „Fritz“ stöhnen hört, näht er langsamer. – Noch ein verlorener Stich und die Arbeit sinkt ihm nieder auf die Beine.

Das glattrasierte, spitzige Kinn in der Hand, starrt er trübsinnig in die Lampe.

„Der schönste Junge im Dorf, munter wie ’n Eichhörnchen. Wenn er wintertags so hast-du-nicht-gesehen mit dem Piekschlitten den Weg von Käters Sandberg runtergesaust kam. Das Leben im Hause. Seine Weihnachtslieder. Immer vorsingen mußte er Ostern in der Schulprüfung. Und ganz sicher: Kantor Konring hat die Hauptschuld, der hat ihm die großen Rosinen in den Kopf gesetzt. Freilich, Lust hatte er ja nie so recht zum Schullehrer, am liebsten saß er immer am Klimperkasten und klimperte und sang dazu. Ja und zuletzt denn heimlich auf und davon, in den Micheliferien, und stantepeh nach Hamburg. Was vorgesungen hat er ihnen und gleich festgehalten haben sie ihn da und ihn auslernen lassen. Na und da singt er nun ja wohl in der Kamöje und treibt Narrenspossen. Ach Jesus und wie das – Frauensmensch wohl aussieht? Sind so welche getauft und haben Christentum?“

Da, horch – es läutet!

Leise, gedämpft und doch tief und voll klingt’s durch die Schneenacht. Die alten, trauten Glockenklänge.

Da aber reißt Mutter Linseler die Geduld. Schwabb, mit einem einzigen wohlgezielten Griff hat sie ihren schmächtigen Mann am Kragen vom Tische herunter, daß ihm Hören und Sehen vergeht. Schnell die Iltispelzmütze ihm über die Ohren, den langen, grauwollenen Schal ein halb Dutzendmal ihm um den Hals gewunden, in die gestrickten Fausthandschuhe die knochigen Hände, und fort geht's im Trab zur Kirche.

In blendendem Kerzenschimmer erstrahlt das Fichtenhagener Gotteshaus. Ein mächtiger Tannenbaum erhebt sich auf den ausgetretenen Fliesen vorm Altar. Links etwas vor, überm Armenblock am Kirchenvorsteherstuhl, da prangt im dichten Tannenzweigrahmen, mit Knittergoldfahnen, ein kerzenerhelltes Transparentbild der Geburt Christi, gestiftet vom reichen Vollmaier Christoph Wesemann. Wie feierlich sich das Bild doch macht! Sogar der gute dicke Ochse, der nachdenkliche Esel und die neugierigen Schafe hinter der Krippe haben ganz verklärte Mienen. Für einen ordentlichen, feierlichen Christabendgottesdienst lassen sich Pastor Barthel und Kantor Konring aber auch wirklich keine Mühe verdrießen! Auch das Lutherbild vorn an der rechten Wand der Empore hat der treffliche Kantor in der letzten Minute noch mit Tannenzweigen geschmückt.

Na, Fichtenhagener, heut' stehen euch Überraschungen bevor, heute werdet ihr was erleben! Nicht nur die neuen Posauner – macht euch noch auf mehr gefaßt!

So 'ne merkwürdig geheimnisvolle Andeutung hatte der Kantor gemacht, als er nach dem Mittagbrote die Schnarrwerke der Orgel schnell noch mal durchstimmte. Spornstreichs ins Backhaus zu den backenden Weibern war Bälgentreter Lühmann, der sich immer gern wichtig macht, gerannt, und nach knapp einer halben Stunde war's herum und zerbrach man sich in allen Häusern den Kopf über Lühmanns phantastische Vermutungen. Und gleich darauf die zweispännige „zue" Kutsche, die beim Kantor vorgefahren kam und der vornehme Stadtherr und die

Stadtmadame, die ausgestiegen waren? Kantors heute so'n vornehmen Besuch, „nanu"? Der Kutscher hatte im Pasemannschen Gasthause „Zum vier Linden" ausgespannt und gefüttert, aber der dumme Kerl, es war nichts weiter aus ihm herauszubringen, als: „Sie sind in Uelzen aus der Eisenbahn gestiegen."

Die Aufregung im Dorfe steigerte sich von Minute zu Minute. Auch auf die Posauner kam man immer wieder zu sprechen, wenn man von frischem hörte, wie sie in allen Ecken im Dorfe den ganzen Nachmittag über übten, jeder einzeln für sich.

Die Frau Kantorin und Minna hatten am Morgen beim Kaufmann Kiehn in der „Weihnachtsausstellung" erzählt: so eilig hätte es der Vater wirklich noch nie gehabt, auch nicht bei der Orgelweihe vor sechs Jahren. Keinen Mittagsschlaf mehr, und nicht mehr satt äße er sich abends und die Backen wären ihm ganz eingewelkt. Kaum hätten sie ihm abends die dritte Kartoffel abgepellt, da habe er schon wieder die Stimmgabel aus der Westentasche und 'raus aus dem Korbsessel und prustend hinein in die Schulstube, und das Üben dann mit den stockdummen

Posaunern – solchen greulichen Lärm sollte man mal 'n anderer unter seinem Dache erleben! Und vernünftig über was reden könne man mit dem Vater schon lange nicht mehr, er habe wirklich noch nicht 'mal gefragt, wie der Butterkuchen ausgefallen wäre und ob die bereits vorgestern ausgenommene Weihnachtsgans auch ordentlich Flohmen gehabt habe.

Die Leute sind nur so in die Kirche geströmt.

Von auswärts sind sie mit großen Stallaternen in der Faust durch den Steinfink und den Haarsahler Wald gekommen.

Mit Schulteranstemmen haben die Erbeingesessenen durch das Gedränge der nicht sitzberechtigten Außendörfler sich an ihre Platznummern durchgearbeitet.

Als das Geläute verhallt ist, spielt Kantor Konring zuerst das liebliche Pastorale von Johann Sebastian Bach, aus dem ersten Bande der Orgelwerke, sein Christabend-Vorspiel seit er im Amte ist.

Heiß wird ihm das Herz dabei, seine Wangen röten sich, seine Augen leuchten. Das Christkindlein auf Mariä Schoß, von Himmelslicht umflossen, lächelt holdselig ihn an, winkt und nickt ihm freundlichen Gruß aus den friedevollen Harmonien, aus den still selig wallenden Rhythmen; und ihm ist, als säßen, dicht neben ihm, rund um die Orgelbank, muntere, pausbäckige und buntbeflügelte Englein und die begleiteten ihn ganz sachte auf alten Lauten, Flöten, Schalmeien und Zymbeln.

Zu einer eigenen, gar stattlichen Fugetta über den Weinachtschoral „Vom Himmel hoch da komm ich her" moduliert er darauf hinüber, und als der Cantus firmus zuletzt im Pedal erledigt ist, schlägt Meister Konring zufrieden die Arme übereinander, um sich eine Weile zu verschnaufen. Die Gemeinde darauf scharf im Winkelspiegel fixierend, singt er sodann vor, herzhaft, aus voller Brust.

Christeldierk, der Großknecht von der Emmer Mühle, steht auf seinem Erbplatz Nummer 8 schon längst auf der Lauer, die Lunge zum Platzen aufgepumpt. Seine Prieche und die vorderen Reihen auf der Prieche gegenüber hat er noch jedesmal mit seinem Nebelhornbaß sofort in Schwung gebracht. Na und unten im Schiffe fassen sie ja denn auch allmählich Ton.

Ei, aber die Posauner, die sind schön in Angst. Beim zweiten Verse sollen sie einfallen und mitblasen.

„Gott, o Gott, Karl, mich schaudert's die Beine hinab, mein altes Hirn hat einen schweren Ansatz!"

„Denker und ich greife an dem alten Daumenventil so leicht daneben bei meinen tiefen F."

„Du, Johann, du bist so ein alter Langweiler, paß aber auf beim Ausholen – immer den Kopf des Kantors fest ins Auge fassen, schärfer auf seine Zeichen achten!"

„Schaut mal her, Kinder, schaut mal her: wie ich zittre! Ich glaube, ich werde noch ohnmächtig vor lauter Angst! Wenn ich nur nicht mein schweres B zu tief anblase."

„Kinder, nur immer einen ordentlichen Ansatz", mahnt Chrischan Schaper-Hünten. „Der Ansatz ist die Hauptsache. Und das Luftschnappen nicht vergessen. Und um Gottes Willen die Finger nicht von den alten Ventilen runter. Und nach jedem Vers das Mundstück vom Mund und die Spucke rauslaufen lassen."

Alle acht sitzen steil da, die Kessel an den gespitzten Lippen.

Schaper-Hünten Chrischan setzt in aller Eile noch mal ab und trocknet sich den Schweiß. Fuhlbooms Willem und Ohlmanns Jehann räuspern sich in einem fort und lecken sich die Lippen feucht.

Zu Ende nun das Zwischenspiel. Der Kantor hält Ton und biegt sich halben Leibes zu seinen Posaunern herum. Sie sitzen in schönster Ordnung im Halbkreis hinter der Orgelbank. An jedem Ende stehen Kollegen aus den eingepfarrten Nachbardörfern und passen auf und leisten mit wichtiger Miene Korrepetitordienste.

Ehre sey Gott in der Höhe
Friede auf Erden.
L. R.
1855
A. GABER.

Energisch nickt des Kantors weißer Kopf und es erdröhnt der erste Posaunenakkord – leider etwas blökig im Tenorhorn (Chrischan, Chrischan, du warst der Sünder!), aber der zweite gelingt schon viel besser und nach jedem neuen Akkorde glättet sich Konrings Gesicht mehr und mehr: „wirklich, es geht, sie passen auf und halten sich tapfer."

Beim dritten Verse:

„Es ist der Herr Christ, unser Gott,
Der will uns helfen aus aller Not,"

läßt der Kantor den goldenen Stern auf dem Sims überm Orgelspruch (Psalm 96, Vers 4 bis 6) sich munter drehen. Ein prachtvoller Anblick überhaupt die schöne, berühmte Fichtenhagener Orgel mit ihren herrlichen blanken Prinzipalpfeifen aus vierzehnlötigem Zinn!

Die Posauner haben mächtig Mut bekommen. Den dritten Vers bringen sie tadellos zu Ende. Darauf verschnaufen sie sich freudestrahlenden Gesichtes und halten ihre blitzblank geputzten Instrumente so, daß sie weitherum in der Kirche zu sehen sind.

Durch die Gemeinde geht eine rauschende Bewegung: alles war aufgestanden und setzt sich nun wieder.

Nach der Liturgie am Altar singen die Schulkinder im Chor, vom Kantor leise auf der Violine begleitet, das Weihnachtslied:

„Es ist ein Reis entsprungen
Aus einer Wurzel zart.
Wie uns die Alten sungen:
Aus Jesse war die Art,
Und hat ein Blümlein bracht,

Mitten im kalten Winter,
Wohl zu der halben Nacht."

Und danach predigt Pastor Barthel in schlichten und kernigen Worten, daß es der gemeine Mann fassen kann, von Weihnachten, dem Fest der Liebe. Seiner Predigt hat er den Lobgesang der himmlischen Heerscharen in der heiligen Nacht zugrunde gelegt:

„Ehre sei Gott in der Höhe
Und Friede auf Erden
Und den Menschen ein Wohlgefallen."

Und als er „Amen" gesagt hat, noch einen väterlichen Blick auf die Gemeinde wirft und darauf die Kanzel verläßt, da stimmen die Kinder auf dem Chore hell und herzhaft eine dreistimmige Motette auf die Lobgesangworte an, die hat Kantor Konring selber extra für heute komponiert.

„Na, was ist denn, will der Kantor noch nicht das Vorspiel für den Ausgangsgesang anfangen? –"

„Was kriecht und drängt sich denn da zum Chor? Nein, dort wo alle den Hals recken und schauen. Auch die Posaunen rücken zur Seite und machen Platz."

„Herrje, das ist wohl gar der neue Doktor aus Hankensbüttel, der ja wohl so einen großen russischen Pelz hat, und seine junge Frau?"

„Herr du mein, sind das nicht dieselben, die heute bei Kantors aus der schwarzen Kutsche –"

„Nein, eine gelbe Halbkutsche war's –"

„Ach, hat sich was: gelb – ich hab's je selbst von unserem Hof aus mit angesehen: 'ne schwarze, und ein grauer Koffer war hinten draufgebunden."

„Nanu, jetzt treten sie an die Brüstung. Wirklich, die beiden fangen zu singen an, und der Kantor spielt dazu ganz sanft auf der Orgel! Ach, Kinder, haben die aber eine Gurgel im Hals, alle beide, die verstehen sich aufs Singen, die können sich hören lassen! – Du meine Güte, so eine hohe Stimme, ne, ganz toll! Und wie fein und süß nun, wie wenn an Pfingsten die Schwarzdrossel flötet! – Nun geht der Ton wieder rauf und runter, rauf und runter, wie ein Eichhörnchen im Apfelbaum! Ach, wie schön das klingt, das wärmt einem das Herz. Steh mir bei: nun drängt er sich wieder vor und ist die Hauptperson! – Nun sie! – Nun beide wieder zugleich an einem Strang!"

Offenen Mundes staunt alles zum Chor hinauf.

Was hätte man nicht darum gegeben, Namen, Stand, Wohnort und Vermögensverhältnisse des geheimnisvollen Sängerpaares schleunigst herauszubekommen, denn der niedersächsische Bauer ist durchaus Realpolitiker auch in Fragen der Kunst.

Kaum kommt man etwas zum Aufatmen, als das Duett zu Ende, und macht sich gerade daran, Nummer 77:

„Nun singet und seid froh,
Jauchzt all und saget: Oh!"

im Lüneburgischen Kirchengesangbuch aufzuschlagen, während der Kantor präludiert – da wieder eine Überraschung.

„Nanu, was ist denn mit dem Schneider, was haben denn die alten Linselers?"

Laut schluchzend hat sich das alte Paar umfaßt. „Er ist's, unser Fritz, unser Sohn!"

Das Elternohr sollte des eigenen Kindes Stimme nicht wiedererkennen, ja und wäre auch noch so ein gewaltiger Hamburger Operntenor daraus geworden? Im Handumdrehen ist's in der Kirche herum: „'s ist Linselers Fritz, der Hamburger Opernsänger, und die Frauensperson bei ihm ist seine Frau!"

Die alten Linselers können von ihrem Platz nicht in die Höhe, als die Kirche aus ist. Der Schreck ist ihnen in die Beine gefahren. „Ein geistlich Lied hat er gesungen, heilig Abend, in unserer Fichtenhagener Gotteskirche, und die Frau – seine Frau, die mit ihm – –?"

Von allen Seiten drängen sie sich nun zu ihnen heran. Vorsteher Grootkas, Fahnehl-Heinemann, Wesemanns Christoffer, Förster Danckert – was, auch Tischler Klintze, was will der Schuft?

„Hier Schneider, meine Hand – laß sein, laß sein – ich gebe dir Frist mit den Prozeßkosten, solange du willst. Du bleibst dort wohnen – wir wollen uns vergleichen – den Koppelweg kriegst du wieder, wir wollen es schriftlich machen in Isenhagen auf dem Amt."

Wahrhaftig, Pastor Barthel kommt nun auch noch, aus der Sakristei, im Talar.

Der Respekt vorm Pastoren im Talar bringt die alten Linselers endlich auf die Beine.

Hinter dem Pastoren tritt Kantor Konring aus der Sakristei, feierlich und langsam und mit triumphierenden Blicken. Den Fritz führt er mit der einen Hand und die schöne junge Frau mit der andern.

„Da, Linselers, habt Ihr Euren Jungen wieder und eine Tochter daneben. Ich kenn' den Fritz, ich wußte, daß er Euch keine Schande machen würde. So nehmt nun endlich Vernunft an, Meister, der liebe Gott hat alles zum Guten gefügt. Geht heim und feiert in Frieden zusammen Weihnachten. In Frieden! In Liebe!"

Friedrich Hebbel

Auszüge aus seinen Tagebüchern

25. Dezember 1848

Der gestrige Weihnachtsabend wurde auf eine fast vornehme Weise bei uns gefeiert. Ein Tannenbaum für das kleine Titele, an dem mehr hing, als ich mein ganzes Lebelang beschert erhalten habe; freilich alles von außen her in's Haus geschenkt, sonst wär' es sündlich gewesen. Gesellschaft; Fasanen, Karpfen, Champagner, unerhört, wie weit man es auf Erden bringen kann. Meine liebe Frau schenkte mir Walter Scotts Romane, die ich längst gern besessen hätte; Frau von la Roche überraschte mich mit einem Autograph von Goethe!

25. Dezember 1850

Den gestrigen Weihnachtsabend sehr glücklich mit den Meinigen verbracht. Titele war, meinem Wunsch gemäß, wieder als Braunschweiger Bauernmädchen angekleidet, was ihr allerliebst stand, und wartete nun im Kabinett meiner Frau, mit dem Rücken gegen die Glastür gesetzt und von der kleinen Komtesse Lichtenberg unterhalten, aufs Anzünden des prächtig herausgeputzten, im großen Zimmer aufgepflanzten Baums. Zuletzt mußten ihr die Augen zugehalten werden, weil sie gerade im entscheidenden Moment nicht länger zu vertrösten war. Dann eine Überraschung, eine Freude, die sie wirklich sprachlos machte. Sie glühte, wie eine dunkelrote Kirsche, wie meine liebe Frau sagte. Heute sah ich auf der Straße noch einen kleinen Weihnachtsbaum tragen; der hat gewiß das meiste Entzücken hervor gerufen, denn offenbar hatte die

Mutter erst so spät Rat geschafft. Ein verspäteter Weihnachtsbaum!

25. Dezember 1851

Den Weihnachtsabend unter den Meinigen und meinen Freunden aufs Heiterste verbracht. Meine liebe Frau verehrte mir Rötschers und Ulricis Abhandlungen über den Shakespeare, Kuh den Minckwitzschen Äschylos, Bücher, die ich mir längst gewünscht hatte. Der kleine Werner aus Olmüz war auch da. Es kommt einem seit dem neusten Pariser Ereignis doch nach und nach mehr Sicherheitsgefühl der Existenz, man wagt wieder Pläne zu machen und auf die Zukunft zu rechnen. Man merkt das selbst nicht so, wie es wächst, man wird plötzlich davon überrascht, daß es da ist.

Johann Peter Hebel

Die Mutter am Christabend

Er schläft, er schläft! Das ist einmal ein Schlaf!
So recht, du lieber Engel du!
Tu mir die Lieb' und lieg in Ruh',
Gott gönnt es meinem Kind im Schlaf!

Was häng' ich dir denn an?
'nen Pfefferkuchenmann,
Ein Kätzelchen, ein Spätzelchen
Und Blumen bunt und süß und weich,
Und alles ist von Zuckerteig.

Jetzt rote Äpfel her,
Die schönsten, die ich haben kann!
Es ist auch nicht ein Fleckchen dran,
Wer hat sie schöner, wer?

's ist wahr, es ist 'ne Pracht,
Was so ein Apfel lacht;
Der Zuckerbäcker wär' ein Mann,
Der solchen Apfel machen kann!
Den hat nur Gott gemacht.

Jetzt wär' genug wohl da?
Jetzt hast du alles Gute.
Der Tausend! Ja, 'ne Rute,
Die fehlte noch; da ist sie ja!

Vielleicht – sie freut dich nicht,
Vielleicht – sie schlägt die Hand dir wund,

KRÜGER

So manchem war es schon gesund,
Sei gut, so schlägt sie nicht.

Fängst du danach es an,
In Gottes Namen sei es drum!
Die Mutterlieb' ist fromm und zart,
Sie windet rote Bänder um
Und macht ein Schleifchen dran.

Jetzt – Gott behüte dich,
Ein andermal dann mehr.
Heut war es, wo der heil'ge Christ
Ein Kind wie du geworden ist,
Werd auch so brav wie er!

Ernst Rietschel

Erinnerungen an Weihnachten

Weil man in kleinen Städten bestrebt ist, alle inneren häuslichen Verhältnisse zu erspähen, um sie unter der Bitte um Verschwiegenheit zum Gemeingut zu machen und zu besprechen, so wurde einerseits alles vermieden oder heimlich getan, was der Ehre des Hauses zu nahe treten und die Voraussetzung erzeugen konnte, daß der so anspruchslose arme Hausstand nur mit Entbehrungen, wie sie selbst seiner Anspruchslosigkeit nicht angemessen seien, durchgeführt werden könne, wie andererseits auch jede kleine Ausgabe verheimlicht wurde, die nicht unbedingt notwendig war, sei es die eines Groschens zu Obst oder Brezeln oder früh zu einer Semmel zum Kaffee. Es kam das freilich selten vor, galt nur als ein Festvergnügen, und doch wurde es, wenn man jemanden kommen hörte, schnell weggeräumt, daß niemand etwa meinen Eltern nachsagen könnte, sie verständen nicht sparsam zu wirtschaften und gäben Geld für Dinge aus, welche besser entbehrt würden. Diese Rücksicht fand nun besonders am Weihnachtsfeste statt. Jede noch so bedürftige Familie suchte zum Weihnachtsfest einige Stollen und Kuchen zu backen. Es war dies das eine Mal im Jahre, wo jeder glaubte, ein Recht zu haben, sich einen Genuß zu verschaffen, gleich anderen Menschen von nur einigermaßen besseren Verhältnissen. Jeder hatte durch den lebhaften Verkehr mehr Arbeit und Verdienst, und so fehlte es auch bei meinen Eltern nicht, daß die Mutter einige Stollen und Kuchen backen, daß ein Braten gekauft und daß sogar einigemal für die Mutter vom Vater ein Tuch oder ein kleiner Vorrat von Kaffee, Zucker, Reis und dergleichen als Christgeschenk angeschafft werden konnte. Wir Kinder hatten nur in den frühesten Jahren ein kleines Christbäumchen mit einigem billigen Spielzeug angeputzt erhalten. Ich erinnere mich auch eines kleinen Schattenspiels, das mein Vater gemacht hatte. Vom achten Jahre an kam es zu keiner Bescherung mehr. Die ahnungsvolle glückliche Stimmung für das Fest hatte in der frühesten Jugend, wo ich noch durch die billigsten Kleinigkeiten befriedigt werden konnte, Platz in mir gewonnen. Daß Geschenke und Christbäume später fehlten, vermißte ich nicht. Meine ganze Glückseligkeit konzentrierte sich auf die Stollen, die erst am Heiligen Abend gebacken wurden, vorher hatte ich die im Jahre gesammelten Pflaumenkerne aufzuklopfen, die statt bitterer Mandeln benutzt wurden. Über die Behaglichkeit dieser Arbeit ging nichts. Erst spät in der Nacht kehrte die Mutter mit dem Backwerk vom Bäcker nach Hause zurück. Ich hatte keinen

Schlaf empfunden und wachte mit dem Vater, der das Spätaufbleiben erlaubt hatte. Als die Stollen glücklich in die Wohnung gebracht waren, ging ich ruhig zu Bett und erwachte um sechs Uhr früh, wo das Fest mit den Glokken eingeweiht wurde, in gehobener Stimmung, die der Geburt des Christkindes galt und im Hintergrunde der Aussicht auf köstliche Stollen zum Kaffee und schulfreie Festtage.

Philipp Ernst Spieß

Vom Fitzeln

Der unschuldige Kindleinstag (28. 12.) wird an manchen Orten auch der Pfefferleins- oder Fitzelstag genannt. In Franken ist der Gebrauch, daß die Eltern von den Kindern gefitzelt werden. Es ist auch kein Unterschied in Ansehung der Religion, sondern das Fitzeln ist bei den Protestanten ebenso üblich wie bei den Katholiken. Die Ruten werden von solchen Gewächsen gebunden, welche um diese Jahreszeit noch grün sind, oder es werden auch nur einzelne Zweige von Buchsbaum, Rosmarin, Lorbeer, Pomeranzen etc. etc. genommen und damit gefitzelt. Indem man fitzelt, welches gemeiniglich auf die Hände geschieht, so spricht man dazu: „Schmeckt der Pfeffer gut? Schmeckt der Pfeffer gut?“ oder auch: „Ist das Pfefferleinsbrot gut? Ist's gesalzen? Ist's geschmalzen?“ Das Bauernvolk hat an manchen Orten ein besonderes Reimsprüchlein beim Fitzeln, welches also lautet:

Frischa, Frischa, gruna
Solltmer olsig lona,

Pfeffernüß und Brondawei
Und an ganzen Dohler drei
Getmer olsig müt.

Frische, frische, grüne
Sollt mir jetzo lohnen,
Pfeffernüß und Branntewein
Und einen ganzen Taler darein,
Gebt mir ihn gleich mit.

Man gibt hierauf den Kindern einen sogenannten Fitzelslohn an Geld oder Eßwaren. Es fitzeln auch erwachsene Personen einander, besonders Eheleute, Anverwandte und Bekannte vornehmen und niederen Standes. Zuweilen wird auch das persönliche Fitzeln vornehmlich von Personen höheren Stands unterlassen und nur eine schöne Fitzelsrute überschickt, zum Zeichen, daß man aneinander denke.

Eduard Mörike

Zum neuen Jahr

Wie heimlicherweise
Ein Engelein leise
Mit rosigen Füßen
Die Erde betritt,
So nahte der Morgen.
Jauchzt ihm, ihr Frommen
Ein heilig Willkommen!
Ein heilig Willkommen,
Herz, jauchze du mit!

In ihm sei's begonnen,
Der Monde und Sonnen
An blauen Gezelten
Des Himmels bewegt!
Du, Vater, du rate!
Lenke du, wende!
Herr, dir in die Hände
Sei Anfang und Ende,
Sei alles gelegt!

Ludwig Emil Grimm

Erinnerungen an das Neujahrsfest

Noch recht gut erinnere ich mich, wie das Jahr 1800 gefeiert wurde; gegen Abend war Posaunenmusik vom Turme herab. Es war kaum dämmerig, so hörte man überall Schüsse, und die Leute jubelten überall in den Straßen und warfen sich alte und neue, große und kleine Töpfe an die Haustüren, das ging so fort bis an den hellen Neujahrstag.

Wilhelm Busch

Zu Neujahr

Will das Glück nach seinem Sinn
Dir was Gutes schenken,
Sage Dank und nimm es hin
Ohne viel Bedenken.

Jede Gabe sei begrüßt,
Doch vor allen Dingen:
Das, worum du dich bemühst,
Möge dir gelingen.

Paul Fleming

Neujahrsode 1633

Stelle deine Schlachten ein,
Mars, und lerne milder sein!
Tu die Waffen ab und sprich:
Hin, Schwert, was beschwerst du mich?

Dieser Helm wird nütze sein,
Daß die Schwalben nisten drein,

Daß man, wann der Frühling kömmt,
Junge Vögel da vernimmt.

Und der brachen Erde Bauch
Darf der Spieß und Degen auch,
Doch daß sie sehn anders aus:
Pflug und Spaten werden draus.

Tritt, was schädlich ist, beiseit!
Hin, verdammte Pest und Streit!
Weg, ihr Sorgen, weg, Gefahr:
Jetztund kommt ein neues Jahr!

Neujahrslied

Mel. 1584.

Nu wolle Gott, daß unser G'sang
Mit Lust und Freud' von Herzen gang,
Zu wünschen euch ein neues Jahr
Und er 's im Glauben mache wahr.

Julius Stinde

Buchholzens feiern Silvester

Bei uns geht es nämlich mit dem Silvesterabend um. Einmal wird er bei Krauses gefeiert, in dem folgenden Jahr bei Bergfeldts und dann bei uns. Wir hatten ihn zuletzt gehabt und somit waren Krauses dran. Wie aber sollte es mit Bergfeldts werden?

Die Bergfeldten hatte mich tödlich beleidigt; ich kann nicht sagen, wie ich mich geärgert habe, ja ich hätte sie zu meinen Füßen sterben sehen können, und wenn sie mich

um einen Tropfen Wasser gebeten hätte, würde ich ihr Vitriolöl gereicht haben! – Doch nein. Diese Gefühle bestürmten mich nur im ersten Moment und waren auch wohl schuld daran, daß ich das Gallenfieber bekam; jetzt, nachdem ich mich ordentlich ausgeseucht habe, denke ich nicht mehr so intolerant und schäme mich ordentlich, daß jemals solche Gedanken in meinem Busen aufsprießen konnten. Damit will ich aber keineswegs eingestanden haben, daß die Bergfeldten ohne Schuld sei. Im Gegenteil, sie war es, die anfing.

Also Krauses waren dran! – Herr Krause kam denn auch zu uns, um uns zu bitten, und mein Karl nahm die Einladung ohne weitere Überlegung an. „Karl!“ rief ich, mit einer Kleinigkeit Schärfe im Ton: „Weißt du denn auch, ob die Bergfeldten da sein wird oder nicht?“ – „Gewiß!“ erwiderte mein Mann trocken, „wir sind alle die Jahre an Silvester zusammengewesen und werden es diesmal auch!“ – Er sagte diese Worte mit einer Bestimmtheit, die ich lange nicht an ihm bemerkt hatte. Während er sprach, fixierte ich ihn deshalb mit meinen Augen, aber obgleich er diesen Blick kennt, sah er nicht weg.

„So?“ rief ich. – Weiter sagte ich kein Wort, aber in diesem „So?“ lag etwas drin, daß mein Karl doch einen Schreck bekam, und man ihm ganz gut ansehen konnte, wie es ihm vor Angst trocken im Munde ward.

„Liebe Frau Buchholz“, nahm nun Herr Krause das Wort, „ist es denn nicht möglich, daß Sie verzeihen können? Sehen Sie, draußen in der Welt gibt es Unfrieden genug, und Haß und Zwietracht wird an allen Enden gesäet. Sollen diese blöden Dämonen auch das Familienleben zerstören, alte Bande der Freundschaft zerreißen und uns um die wenigen Freuden bringen, die aus dem humanen Zusammensein hervorblühen?“ – Ich kämpfte eine Weile mit mir selber. „Nein“, sagte ich darauf: „Mit Dämonen mag ich nichts zu tun haben; ich hab’ noch genug von neulich, als das dämonische Weib mir erschien. Und niemand soll mir nachsagen, daß ich nicht human wäre. Sie haben so schön gesprochen, Herr Krause, daß es unrecht von mir sein würde, wenn ich nicht nachgäbe! Natürlich aber muß die Bergfeldten mir das erste Wort gönnen, sonst bleibt’s beim alten.“ Herr Krause garantierte für die Bergfeldten, und so versprach ich denn, daß wir kommen würden.

Kaum war Herr Krause gegangen, als ich zu Karl sagte: „Er hat doch wohl recht. Es ist besser, wir leben in Frieden als im Streit; wozu auch das ewige Maulen? Aber die Weihnachtskleider der Kinder müssen noch bis zu Silvester fertig werden, und das neue Medaillon mit dem großen Diamanten, das du mir geschenkt hast, werde ich tragen. Soweit bringen Bergfeldts es doch nie!" – –

Der Abend kam. „Wir wollen nicht die ersten sein", sagte ich, „es sieht so gierig aus, wenn man zu präzise antritt." – „Wie du meinst", erwiderte Karl, „aber bedenke doch, wir gehen nicht in Gesellschaft, sondern zu Freunden!" Ich blieb jedoch auf meiner Meinung bestehen, und wir warteten daher so lange, bis der kleine Krause kam und sagte, sie wären alle da und die Schlagsahne finge schon an dünne zu werden, Mama könnte sie nicht länger halten. Da machten wir uns denn auf den Weg.

Als wir ankamen, ließ ich meinen Mann eintreten, dann folgte ich in hellgrauer Seide, etwas ausgeschnitten, mit dem neuen Medaillon, begleitet von den Kindern, die in

ihren Weihnachtskleidern sehr vorteilhaft aussahen. Alle standen auf und wir begrüßten uns. Krauses waren sehr herzlich, desgleichen Herr Bergfeldt, aber sie, die Bergfeldten, machte eine Verbeugung, die acht Tage auf Eis gelegen hatte. Mir versetzte es ordentlich den Atem, zumal die Krausen mich auf das Sofa neben die Bergfeldten nötigte. Es war eine Angstpartie, und da sie alle das bemerkten, redete keiner ein Wort: es flog ein Riesenengel durch das Zimmer. Mit einem Male unterbrach Onkel Fritz die fürchterliche Stille, nachdem er laut ausrief: „Es kann heute ja noch recht gemütlich werden!“ – Alle fingen an zu lachen, während ich und die Bergfeldten rot übergossen auf dem Sofa saßen. Nun kam es darauf an zu zeigen, wer von uns die Gebildetste sei, und deshalb rief ich: „Das wird es auch wohl noch!“ und hierauf antwortete die Bergfeldten: „Es ist ja nur einmal Altjahrsabend im Jahre!“ Dem stimmten denn auch alle bei, der Tee kam und nach dem Tee Kirschmarmelade mit Schlagsahne für die Damen und Bier für die Männer, und ehe ich mich versah, war ich mit der Bergfeldten im Gespräch ganz wie früher. Während die jungen Leute „Taler wandern“ spielten – Onkel Fritz ließ den Taler mitwandern und brachte die ganze junge Gesellschaft immer ins Lachen – unterhielten wir älteren uns über dies und das, bis wir zu Tisch gingen. Die Bergfeldten hatte mir erzählt, daß der Student, Herr Weigelt, sich sehr nett herausmache und nächstes Jahr wohl Assessor sein würde und dann Auguste heiraten könnte, und ich mußte ihr versprechen, zur Hochzeit zu kommen. Es war ganz wie zu alten Zeiten. Herr Krause hatte auch wohl mit ihr geredet, und so konnte man deutlich sehen, daß ein vernünftiger Mann doch viel Gutes stiften kann, wenn er die Gelegenheit dazu wahrnimmt. Überhaupt wünschte ich in diesem

Augenblicke, daß mein Karl in dieser Beziehung etwas von Herrn Krause abhätte, so sehr ich sonst im übrigen mit ihm zufrieden bin.

Bei Tische war es wieder außerordentlich nett. Wir saßen zwar ein bißchen sehr eng, aber es ging doch. Erst hatten wir Mohnpielen, dann Karpfen mit Meerrettich und dann Rippespeer mit Kompott, zum Schluß gab es Eis. Mitten auf dem Tisch stand eine Bowle. Herr Krause und Onkel Fritz schenkten ein, und wenn sie leer war, kam Frau Krause mit einem großen Topf und goß sie wieder voll. Wir wurden nun zusehends fideler. In den Pausen sangen wir Lieder, die Onkel Fritz auf dem Klavier begleitete. Vor dem Fisch sangen wir: „Wohlauf noch getrunken den funkelnden Wein“ und vor dem Braten „Wir gehen nach Lindenau“, wozu Onkel Fritz eine ganze Masse neuer Verse gemacht hatte, die er solo vortrug, und wobei wir andern immer nur den Refrain sangen. Nein, wie haben wir gelacht! Einen Vers hatte er auf mich gedichtet, in welchem er sagte, ich würde überall gelesen, „sogar in Lindenau!“ Als wir das Eis „intus“ hatten, wie der Student, Herr Weigelt, zu sagen pflegt, erhob sich Herr Krause, sah nach der Uhr und klopfte an sein Glas, um die Rede auszubringen. Es wurde mit einem Male sehr still und feierlich, und auch der kleine Krause hielt mit dem Singen inne, nachdem sein Papa ihm einen milden Klaps verabreicht hatte. Was Herr Krause nun sprach, war wirklich sehr wohltuend. „Dem neuen Jahre“, so etwa sprach er, „jubele man zu, als wenn es die Macht hätte, alle Hoffnungen und alle Wünsche, selbst die eitelsten und die gefährlichsten, zu erfüllen, während man das alte Jahr verabschiede wie jemanden, der mehr versprach, als er habe halten können, ohne Mitleid und ohne Bedauern. Und doch sei das alte Jahr während 365 Tagen unser Freund gewesen und habe uns im bunten Wechsel Freude und Leid gebracht, wie der liebe Gott es für gut halte. Die Freude ermutige den Menschen, das Leid läutere ihn, beide aber hätten sie das Gemeinsame, die Herzen der Menschen einander zu nähern, und wo wahre Liebe zu Hause, da lege sich jedes Jahr ein neuer Ring um die, welche sich liebten, daß sie nimmer voneinander lassen könnten. Und das wollen wir auch von dem neuen Jahre hoffen: Was es auch bringe, die Liebe möge es festigen." – Als Herr Krause geendet, schlug es im Nebenzimmer dumpf zwölf und wir stießen mit den gefüllten Gläsern an. Da rief plötzlich der kleine Krause: „Es hat dreizehn geschlagen." – Und so war es auch. Onkel Fritz, der im Nebenzimmer mit der Feuerzange die Glocke schlug, hatte, wie stets, wieder einmal Unsinn gemacht. Wir lachten jedoch und ließen uns nicht weiter stören, obgleich dreizehn keine angenehme Nummer ist.

Onkel Fritz hat eben etwas reichlich Freigeistiges an sich. Wir blieben noch bis gegen zwei, dann brachen wir mit dem Bewußtsein auf, einen recht frohen, gemütlichen Abend verlebt zu haben. Die Bergfeldten lud uns zu ihrem Geburtstag ein, der nächstens ist, und ich sagte zu. So wäre denn das Kriegsbeil zwischen uns begraben.

Unterwegs sprach ich mit meinem Manne darüber, wie prächtig es doch von Herrn Krause gewesen sei, die Versöhnung zwischen mir und Bergfeldts herbeizuführen. – „Warum sollte er auch nicht", antwortete mein Karl, „ich hatte ihn ja darum gebeten!" – „Du, Karl?" – „Mir tat euer Zwist längst in der Seele weh!" – „Mein Karl!" – Weiter sagte ich nichts, aber ich fiel ihm um den Hals und gab ihm einen tüchtigen Kuß. „Wilhelmine!" rief er ganz überrascht. – „Du bist doch der beste Mann auf dem Erdboden", sagte ich, „du hast das Herz auf dem rechten

Fleck, nur nicht immer den Mund!" – „Das hat seine guten Gründe", lachte er, „dafür sprichst du für zwei!" – „Aber Karl!" – „Laß gut sein, Kind, es soll im neuen Jahr bleiben wie im alten!"

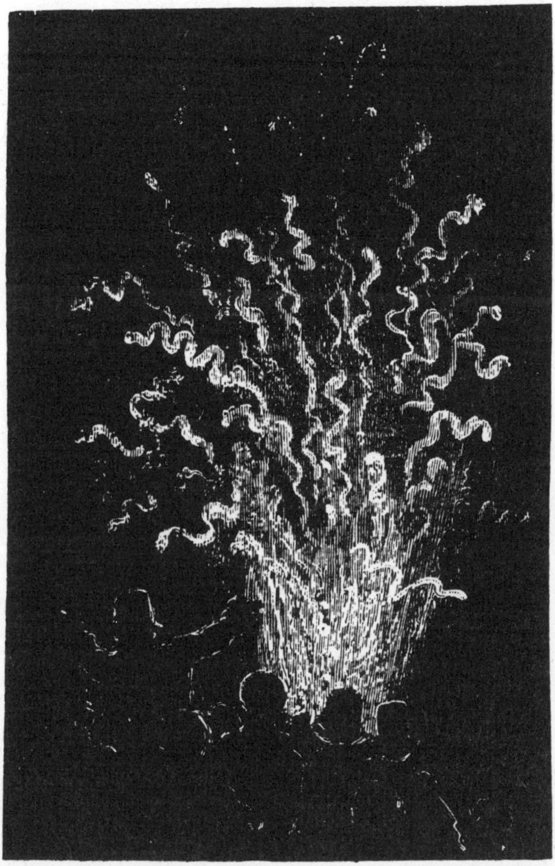

So feierten wir Silvester bei uns in der Landsberger Straße. Hoffentlich ist eine von meinen beiden am nächsten Silvester verlobt und auch für Onkel Fritz wird sich wohl etwas Passendes finden; für den wird es nachgerade Zeit. Prosit Neujahr!

Annette von Droste-Hülshoff

Am letzten Tag des Jahres

Das Jahr geht um,
Der Faden rollt sich sausend ab.
Ein Stündchen noch, das letzte heut,
Und stäubend rieselt in sein Grab,
Was einstens war lebend'ge Zeit.
Ich harre stumm.

's ist tiefe Nacht!
Ob wohl ein Auge offen noch?
In diesen Mauern rüttelt dein
Verrinnen, Zeit! Mir schauert doch.
Es will die letzte Stunde sein
Einsam durchwacht.

Geschehen all,
Was ich begangen und gedacht,
Was mir aus Haupt und Herzen stieg,
Das steht nun, eine ernste Wacht,
Am Himmelstor. O halber Sieg!
O schwerer Fall!

Wie reißt der Wind
Am Fensterkreuze! Ja, es will
Auf Sturmesfittiche das Jahr
Zerstäuben, nicht ein Schatten still
Verhauchen unterm Sterne klar.
Du Sündenkind!

War nicht ein hohl
Und heimlich Sausen jeden Tag.
In deiner wüsten Brust Verlies,
Wo langsam Stein an Stein zerbrach,
Wenn es den kalten Odem stieß
Vom starren Pol?

Mein Lämpchen will
Verlöschen, und begierig saugt
Der Docht den letzten Tropfen Öl.
Ist so mein Leben auch verraucht?
Eröffnet sich des Grabes Höhl'
Mir schwarz und still?

Wohl in dem Kreis,
Den dieses Jahres Lauf umzieht,
Mein Leben bricht. Ich wußt es lang,
Und dennoch hat dies Herz geglüht
In eitler Leidenschaften Drang.
Mir brüht der Schweiß

Der tiefsten Angst
Auf Stirn und Hand. Wie! dämmert feucht
Ein Stern dort durch die Wolken nicht?
Wär es der Liebe Stern vielleicht
Dir zürnend mit dem trüben Licht,
Daß du so bangst?

Horch, welch Gesumm?
Und wieder? Sterbemelodie!
Die Glocke regt den ehrnen Mund.
O Herr, ich falle auf die Knie:
Sei gnädig meiner letzten Stund!
Das Jahr ist um!

Wilhelm Busch

Die Uhren

Es ist Silvester. Eine schlichte Bowle,
Von kluger Hand bereitet, schmückt den Tisch.
Man war bei Piepenbrinks. Herr Piepenbrink,
Frau Piepenbrink und deren Fritz und Julchen,
Welch letztre beiden heute auch noch auf,
Herr Küster Klöppel, treubewährt im Amte,
Ap'theker Mickefett, den diese Gegend
Von wegen seiner Pillen höchlich pries –
Dies waren die Personen, welche hier
Zum frohen Jahresschlusse sich versammelt. –
Darüber ist man einig, punkto zwölf
Ein kräftig Prostneujahr sich zuzurufen,
Worauf getreu das Glas zu leeren sei. –
„Nun aber", spricht Herr Klöppel mit Bedacht,
„Nun aber ist die Frage: Welche Uhr
Soll diesen schönen Augenblick verkünden?"
„Die beste Uhr", ruft Fritz ein wenig hastig,
„Von allen Uhren ist die Sonnenuhr!"
„Jawohl, mein Sohn!" erwidert Klöppel sanft,
„Die Sonne ist ein pünktlich Element,
Was mit der Dunkelnis von hinnen scheidet.
Insofern kommt sie hier nicht in Betracht.
Dagegen schlag ich unsre Turmuhr vor." –
Hier lächelt Mickefett verschmitzt und spricht:
„Die Geistlichkeit in Ehren. Doch man sagt,
Ein traulich später Trunk am Samstagabend
Wirkt zögernd auf die Sonntagmorgenglocke." –
Herr Klöppel schweigt, denn mild ist sein Charakter. –
Nun zieht aus ihres Busens Vorderfalte

Frau Piepenbrink bescheidentlich die Uhr.
Doch Piepenbrink ruft gleich: „Ich bitte dich,
Laß doch die Uhr im Stall. Fast alle Monat
Muß ich das Dings da reparieren lassen."
„Nun nun", spricht sie, „sei nur nicht gleich so rauh!
Ist's doch für uns ein lieblich Angedenken
An jene Zeit, da du mir Treue schwurst."
„Ahem!" macht Piepenbrink und schaut ins Glas.
„Ach", seufzt das Julchen, „wie entzückend schön
Wär doch so eine Dose, die so Stücke spielt."
„Sehr wahr, mein liebes Kind!" entgegnet Klöppel.
„Bewundernswert ist solch ein Kunstgetriebe,
Und gern belauscht man seine Melodien;
Nur lehrt sie uns vielmehr die Zeit vergessen,
Statt sie zu schätzen, wie's die Pflicht der Uhr.
Insofern kommt sie hier nicht in Betracht."
Jetzt wird der Fritz schon wieder laut: „Ja aber
Beim reichen Schrepper die Pendüle, die . . ."
„Pst!!" fällt ihm Mickefett sogleich ins Wort,
„Das ist 'ne böse Uhr, die nur die Dauer
Des Wehs im Zeh bemißt, die Stunden schlägt,
Wo's Pulver einzunehmen, welche ewig
Eintönig raunt: Klick klack! Die Aktien fallen! –
Da muß ich meine Taschenuhr hier loben.
Sie ist von einem übersee'schen Paten . . ."
„Insofern", meint Herr Klöppel! – „Bitte sehr",
Fährt jener fort, „sie ist durchaus von Gold . . ."
„Insofern kommt sie hier nicht in Betracht."
„Und", fährt Herr Mickefett gelassen fort,
„Und richtig geht sie. – Diesen letzten Herbst
Bin ich mit Munkel, dem Kaplan, in Straßburg.
Wir hatten gut gelebt, in jeder Hinsicht.
Das Geld war alle, und so wollten wir

Denselben Abend spät noch weitermachen.
Wir stehn so vor dem Münster. Salbungsvoll
Hub Munkel an und sprach: ‚Geliebter Freund!
Im Angesichte dieses hohen Tempels
Ermahn ich nochmals dringend dich: Kehr um!
Oh, kehre wieder in den weichen Schoß
Der heiligen Mutter Kirche und vertraue
Dich ihrer altbewährten Führung an!‘
Ich ziehe meine Uhr und sage: ‚Munkel,
Es ist ein Viertel zwölf; wir müssen eilen,
Wofern wir nicht den Zug verpassen wollen.‘
Indem so schlägt die Münsterglocke elf.
‚Du hörst es!‘ sagt er. ‚Hat noch lange Zeit!‘
Na gut, wir bummeln endlich so lala
Zum Bahnhof. Richtig. Tüht! Dort saust er hin!
– Freudlos wär uns die Nacht vergangen, hätt ich
Dem Herbergsvater nicht die Uhr gereicht. –
Seitdem vertrau ich keiner Kirchenglocke.
Und wenn die Engel selbst vom Turme bliesen,
Ich richte mich nach meiner Taschenuhr." –
Nun aber nimmt Herr Piepenbrink das Wort:
„Ich lobe mir", so spricht er, „jene Alte,
Die dorten in der Ecke ticktack macht.
Pünktlich um sieben morgens weckt sie uns.
Um achte mahnt sie Fritzen an die Schule.
Zwölfmal mit freud'gem Klang allmittaglich
Ruft sie zu Tisch, und jeder folgt ihr gern.
Getreulich zählt sie meiner lieben Frau
Beim Eierkochen die Minuten ab.
Was mich betrifft, so sorgt sie stets dafür,
Daß ich die Zeit des Klubs niemals verfehle.
Und ist die Ruhestunde dann erschienen,
Gewissenhaft um zehne schlägt sie zehn.

D. Maclise R.A. del. E.P. Becker, sc.

So machte sie's gar manches liebe Jahr,
Und keine Seele dachte was dabei,
Und keiner wußte, wie so gut sie war,
Bis daß sie eines Morgens stillestand.
Da wußte man's." – „Achgott", fiel Klöppel ein,
„So geht's mit mancher stillbescheidnen Treue.
Allein insofern ..." Baum! Da tönt es ernst
Vom nahen Turme zwölf, und Prostneujahr!
Ruft jeder klangvoll ausgehöhlte Mund
Und leert das Glas. (Zuerst ist Klöppel fertig.)
Hierauf zieht Mutter Piepenbrink die Uhr
Bescheiden aus des Mieders warmer Falte.
„Jetzt ist es zwölf auf meiner!" ruft sie froh
Und wieder folgt ein kräftig Prostneujahr!
„Und jetzt nach meiner!" schreit Herr Mickefett,
Und nochmals schallt der festlich frohe Gruß,
Und nochmals beugt sich jeder gern nach hinten,
Um so das neugefüllte Glas zu leeren.
(Herr Mickefett tut's zweimal hinternander.)
Kaum ist's vollbracht, so fängt es in der alten
Höchst ehrenwerten Wand- und Ticktackuhr
Zu schnurren an, und bemm! und also fort
Dröhnt sie des Jahres letzte Stunde her. –
„Hurrah! und Prostneujahr!" Das klang mal schön. –
Herr Klöppel hält den Ton noch lange aus. –
Fritz trank zu hastig. Drum so muß er auch
Sehr heftig durch die Nase husten, welches
Mama und Julchen recht ins Lachen brachte.
Jedoch der biedre Vater Piepenbrink,
Der sanfte Klöppel, Mickefett der schlaue,
Die tranken kreuzweis ew'ge Brüderschaft.
So war man froh nach ganz verschiednen Uhren,
Schlief selig dann in ganz verschiednen Betten

(Der Vater und die Mutter ausgenommen)
Und ging des andern Tages, warm bekleidet,
Mit leichtem Schädelbrummen in die Messe.
(Herr Mickefett natürlich ausgenommen.)
Der kramt in der Butike und bereitet
Verdrießlich, doch mit Sorgfalt, einen Bittern.

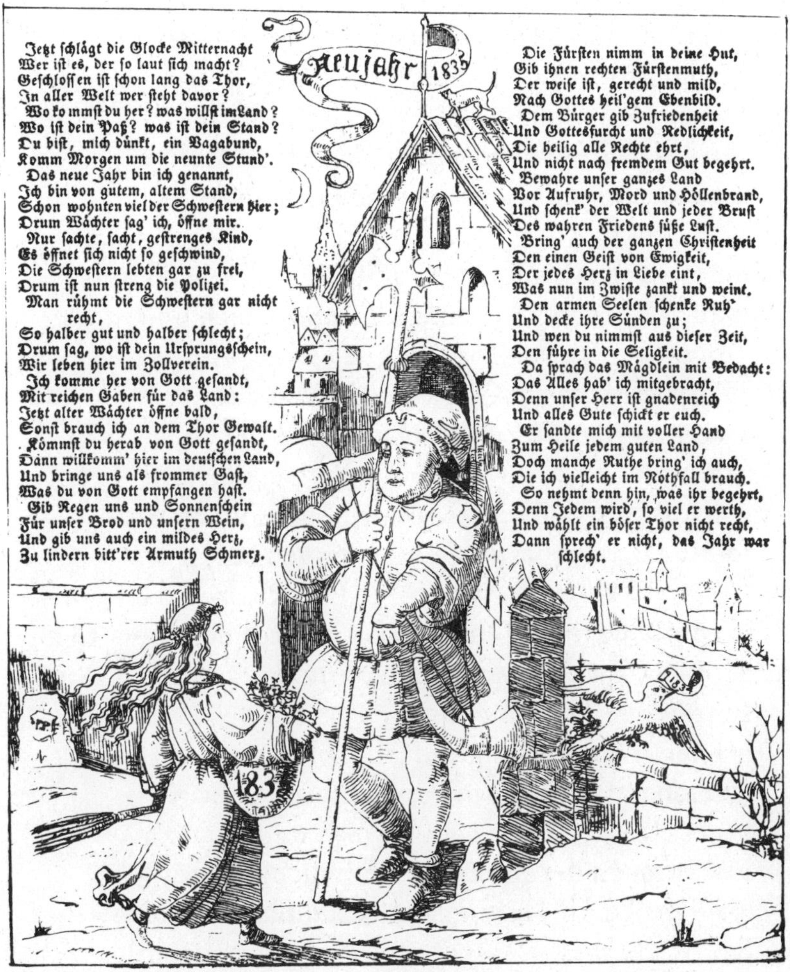

Sterndreherlied

Langsam. Westküste von Schleswig (Nordfriesland). 1891.

Hier treten wir ein mit unserm Stern,
Einen guten Abend, den hätten wir gern.

Einen guten Abend, eine goldene Zeit
Bracht unser Herr Christus vom Himmelreich.

Wir wünschen dem Herrn ein'n vergoldeten Tisch,
Auf allen vier Ecken einen gebratenen Fisch,

Und in der Mitte ein Gläslein mit Wein.
Dabei kann der Herr recht lustig sein!

Wir wünschen der lieben Frau ein' vergoldete Kron'
Und künftiges neues Jahr einen jungen Sohn!

Wir wünschen dem Junggesellen ein fröhlichs neues Jahr,
Ein junges wackres Mädchen von achtzehn Jahr!

Wir wünschen der Jungfrau ein fröhlichs neues Jahr,
Einen jungen Kavalier mit gele krausem Haar!

Wir wünschen der Köchin ein fröhliches neues Jahr,
Daß all ihr Unglück zum Schornstein hinausfahr!

Wir heiligen drei König' wir versuchen die Kron',
Wir meinen, wir wollen das Beste tun.

Wir heiligen drei König wir versuchen den Plan,
Drum bleibet „die Sterne“ ganz stille stahn.
(Pause)

Ach, Sternlein, du mußt nicht stille stahn,
Du mußt mit uns nach Bethlehem gahn,

Nach Bethlehem in Davids Stadt,
Wo Maria mit ihrem Kleinkindelein lag.

Ein kleines Kind, ein großer Gott,
Der Himmel und Erden erschaffen hat.

Jetzt hören wir allhier die Schlüsselein klingen,
Wir meinen, sie werden uns Verehrung bringen.
(Pause)

Jetzt haben Sie uns eine Verehrung gegeben,
Der liebe Gott lasse Sie in Frieden leben,

In Frieden leben immer fort,
Und so marschieren wir weiter fort.

Heilige Drei Könige

Andernacher Gsgb. 1608, S. 142.

Ich lag in einer Nacht und schlief:
Mich deucht, wie König Kaspar rief,
Ich sollt klärlich beschreiben
Von drei König' ein wahres Lied:
Sie sein zu Köln am Rheine.

Johann Wolfgang von Goethe

Epiphanias

Die heiligen drei König' mit ihrem Stern,
Sie essen, sie trinken und bezahlen nicht gern;
Sie essen gern, sie trinken gern,
Sie essen, trinken, und bezahlen nicht gern.

Die heil'gen drei König' sind kommen allhier,
Es sind ihrer drei und sind nicht ihrer vier;
Und wenn zu dreien der vierte wär',
So wär ein heil'ger drei König mehr.

Ich erster bin der weiß' und auch der schön',
Bei Tage solltet ihr erst mich seh'n!
Doch ach, mit allen Spezerei'n
Werd' ich sein Tag kein Mädchen mehr erfreu'n.

Ich aber bin der braun' und bin der lang',
Bekannt bei Weibern wohl und bei Gesang.
Ich bringe Gold statt Spezerei'n,
Da werd ich überall willkommen sein.

Ich endlich bin der schwarz' und bin der klein'
Und mag auch wohl einmal recht lustig sein.
Ich esse gern und trinke gern,
Ich esse, trinke und bedank' mich gern.

Die heil'gen drei König' sind wohl gesinnt,
Sie suchen die Mutter und das Kind;
Der Joseph fromm sitzt auch dabei,
Der Ochs und Esel liegen auf der Streu.

Wir bringen Myrrhen, wir bringen Gold,
Dem Weihrauch sind die Damen hold;
Und haben wir Wein von gutem Gewächs,
So trinken wir drei so gut als ihrer sechs.

Da wir nun hier schöne Herrn und Fraun,
Aber keine Ochsen und Esel schaun;
So sind wir nicht am rechten Ort
Und ziehen unseres Weges weiter fort.

Sebastian Sailer

Die schwäbischen Heiligen Drei Könige

(Einige Szenen)

Achter Auftritt: Herodes. Kaspar. Melchior. Balthasar.

Herodes: „Ih will gau jetz gean seah, was dös für Gspana sei wearet. As deucht mi afanga seall, as wear a schöana Bagasche sei. Aha, se kommet derzua schau. Nu rei!"

Alle drei: „Globt sei Jeses Chrischt, Herr König Herodes!"

Herodes: „In älle Ebigkoit, ihr Herra König beianand! Wohear bei deam staubiga Weatter?"

Balthasar: „Enser Knecht wead is jo au reacht agsait hau?"

Herodes: „Jo wohl, redle! Ihr haut koi Naut; es wead älles reacht weara. Iahr müasset halt mit Schleachtem verlieab neahma. Ih woiß zwor itt, was mei Weib kochet hot, ih will aber doh amol vorläufig abbeatta hau. Ih hau iahr zwor gsait, sui soll dösmal reacht auftischa, daß au an Aihr derbei sei. Aber iahr wisset seall – denn es wead bei ui halt au itt besser sei – d' Weiber laut halt oin nu schwätza und teant, was sie gean weant. Doh, ih hoff 's besser."

Melchior: „As hungeret is weiter itt stark, denn mer haut aischt vora Stunda vier ima Wiatshaus a jeder a Dutzed Nüarabergerwüschtla geassa und a halb Dutzed Wusela in d Brüah nei tunket. Aber a guats Tränkle könnt gwiß itt schada, denn mei Gurgel ischt wia a zsämmaschnorreter Dudelsack."

Herodes: „Beim Strohl! Vom Tränkle hot uier Knecht koi Wöatle gsait, und ih bi derzua grad dösmol reacht übel verseah. Doh ih willana gea, was ih im Haus hau. A Fläschla guata Bränntawei vo di Klauschterfraua haunih no im Kear. Doh, ih willana noh a halbs Bier derzua hola lau; as kommt mer ufan Groscha eaba itt a. Ar deafetna itt fürchta, daß es eabba möcht z'wenig sei; as ischt a grauße Moß, a Wiataberger Moß."

Melchior: „Haut ar koin Käs oder an Wei im Kear?"

Herodes: „Jo, ma hot freile noh a bitzle, aber es ischt halt z' feindle tuir, und ih komm a ums bar Geald itt über. Doh a Schöpple willana gea, aber wohl gmerkt, iahr müasset mi glei derfür zahla."

Melchior: „Nu, was koscht as denn?"

Herodes: „Zwölf Kreuzer, und dös ischt noh reacht wollfel."

Melchior: „'s ischt ziemle tuir. Doh, do haut ars."

Herodes: „Ih nimm koi Kupfermünz, a Konventiansgeld will ih noh us Gnoda aneahma; denn ih muaß dänischt noh an ganza Kreuzer dra verleiara. – Aber he! Wo haut ar da dritta hoiliga drei König glau?"

Balthasar: „Er hot, schätz wohl, noh am Steara z'putzet. – Wia, Kaschper, komm fürre und laß di au seah!"

Herodes: „Dea höllischa Fuirtuifel haun ih schau lang gseah. Bischt denn du der dritt König?"

Kaspar: „Dös bin ih mit Haut und Hor. Haut iahr denn noh niea koin Mohra gseah?"

Herodes: „Ghairt haun ih schau viel dervo, aber gseah haun ih noh koin."

Kaspar: „'s ischt doh a wunderlis Ding! Ih bi doh uff älle Bildla agmohlet, und an älle Türa agnaglet. Ih haus derzua eaba vor gseah; as ischt so a Bildle an uirer Stalltür."

Herodes: „Es ischt derzua wohr; da hoscht reacht. Ih hau jetz nu itt dra docht. Ih haus grad vor am Johr bei di Franzischkaner am hoiliga Dreikönigstag weiha lau. – Aber wenn iahr nix derwider haut, so will ih gau mein Kneacht hoißa rei komma. – He, Michel! Gschwind komm rei." (Er kommt.) „Jetz los, hol hutig a halbs Bier; und dernoh gohscht zua meim Weib, und guckescht, ob sui mitam Kocha noh itt fetig sei. Sag iahr nu, sui soll afanga arichta, daß ma bald essa könn." (Der Knecht geht ab.) „Aber jetz hairet! Iahr wearet wohl müad sei, drum hocket derweil nieder. Ih kas itt berga, as nimmt mi doh au Wunder, was jetz ihr in deam Land teant? Wenn iahrs saga und bstauh deafet, so laut mis au wissa."

Melchior: „Es ischt halt noh 's Nui Johr, und es ischt an alter Brauch, daß ma anander 's Nui Johr asingt. Mer want gau derzua nu glei dra, vors Eassa kommt, so könnamer au rüahbig eassa."

Balthasar: „D' Franzosa singet mit am nüachtera Bauch, aber ih itt."

Kaspar: „Wenn mer derweil nu ebbas z'trinket hättet, 's könnt sei, as tät's."

Herodes: „Do kommt jetz zua älligem Glück 's halbs Bier. Jetz saufet, bis iahr gnua haut." *(Sie trinken, hernach singen sie.)*

Chor:

„Dia hoilig drei König mit ihrem Steara
Dia kommet dohear, weil's Nui Johr noh tuat wäahra.
Sie bringet koin Weihrauch, koi Myrrha, koi Gold,
Drum wearet sie schwerle sei agnehm und hold.
Herodes weads dänischt ahaira ganz geara,
Weil sie ihm awaischet viel Glück und viel Steara.
Glück stearavoll zwor
Er leaba soll ällzeit im huiriga Johr!
Herodes, wia gfalltas?
Dös waischt ui der Kaschpar, der Melcher, der Balthas.
Jetz haut iahrs!"

Neunter Auftritt: Die Vorigen. Der Knecht des Herodes.

Herodes: „'s ischt reacht, daß iahr aufhairet. Iahr haut ana wohl ghalta. D' Hofmusikanta vo Paris seand nu Leirer gega ui. Mer weant jetz gau zum Tisch beata, d' Suppa kommt grad."

Kaspar: „Haut iahr huit in deam Land Faschttag?"

Herodes: „Potz Blitz! As ischt beim Strohl a Milsuppa. Dös wead gau a schöana Gaschterei agea. Gang, Michel, trag se wieder naus, und sag meim Weib, sui soll glei a

Floischsuppa arichta. – – Es wead gau a schöas Komplameant zruck komma. Hairet ar se pfutzga? – Was hot sui gsait?“

Knecht: „Ih deafs fascht itt saga vor so grauße Herra. ‚Freasset an Dreck‘, hot sui gsait, ‚wenn dös itt guat gnua ischt. Ma ka ui gwiß glei a Floischsuppa küchalä‘, hot se gsait. Dernoh hot se au noh gsait, ar sollet d’Nasa in Kolender nei stecka, so wearet ar glei seah, daß am Vorobad vo Hoilig Drei König a Vigil, mithi a Faschttag, sei.“

Herodes: „’s ischt beim Ackermeant wohr! Dösmol hot mei Weib reacht. Nu, Michel, hol nu di vorig Suppa wider.“

Knecht: „Dös wär freile a grauße Kauscht. Zaischt müaßt ih si mit am Beasa zsämma wischa, und dernoh müaßt ih a nuia Schüssel hau; denn d’ Frau hot voller Zora d’ Schüssel mitsamt der Suppa an d’ Wand nakeit.“

Melchior: „Jetz hau mer d’ Suppa schau gfressa. Hätt ma se nu do glau, se wär guat gnua gsei für da Hunger.“

Herodes: „Nu itt verzagt, Herr Melcher! ’s wead au noh eabbas anders gea as nu a Suppa. Gang, Michel, hol!“ (Er geht und bringt Salat.)

Balthasar: „Da Salot geit ma bei mir zletzschta rei.“

Herodes: „Nu zuaglanget, und itt verzagt! Dös ischt halt a französische Aat: mei Weib will nu’ zoiga, daß sui au groist sei.“

Zehnter Auftritt: Die Vorigen. Knecht. Frau.

Knecht: „Jetz bring i d’ Frau seall.“

Frau: „Iahr müaßet halt verlieab neahma, ihr Herra! ’s ischt huit Faschttag.“

Herodes: „Worum hoscht jetz itt au a paar Oier eigschlaga?“

Frau: „Ma hot gwiß übrig Schmalz zum Verdreckla.“

Herodes: „As nimmt mi jetzt dännischt au nohmol Wunder, was ihr Herra doh bei mer teant. 's Nui Johr awaischa alloi hot ui gwiß itt dohear trieba. Was soll aber der seall Steara bedeuta, dear im Winkel stoht?"

Kaspar: „Iahr haut reacht; es ischt eabbes derhinter verdeckt. Ih willanas gau kuz verzähla. Vor zwölf Täga augfähr bin ih spazieara ganga ganz alloi, und dös bin ih. No wia os halt goht, do sieh ih uff oimol an reachta schöana Steara. Do sag ih zua mer seall: ‚Kaschper, dös ischt beim Blitz a feiner Steara, so haun ih mei Leabtig noh koin gseah.‘ In deane Gedanka gang ih zum Melcher, und sag, haun ih gsait: ‚Los, Melcher, hoscht du noh noitz gseah?‘ ‚Jo’, sait er, ‚ih hau mei Leabtig schau miah gseah as du, weil ih älter bi‘, hot er gsait. ‚Jo‘, haun ih gsait, sag ih, ‚ih moi am Himmel. Hoscht da sealla Steara noh itt gseah‘, sag ih? ‚Noi‘, sait er. ‚Ih will aber gau luaga, was dös Ding sei.‘ Nu, dös Ding wär guat! Der Melcher gucket da Steara a und hot gsait, sait er: ‚Dös ischt a rarer Steara; er muaß eabbes bedeuta.‘ ‚Jo‘, haun ih gsait, sag ih, ‚was möcht es denn bedeuta?‘ Und weil mer so mianand schwätzet, so kommt der Balthas. ‚Grüaß Gott, Balthas‘, haun ih gsait; ‚da kommscht grad reacht‘, sag ih. ‚Hoscht da sealla Steara au schau gseah’, sah ih. ‚Jo, redle’, sait der Balthas, ‚weaga dem bin ih zua ui komma, und hau ui grad wölla froga‘, sait er, ‚was es z’ bedeutet häb’. Nu wia sott as weiter ganga sei! Weil mer so äll drei beianand seand, so guck ih halt da Steara nohmol a: do sieh ih an schöana Buaba drin hocka, und hot Kreuzle in der Hand ghett. ‚Balthas‘, sag ih, ‚luag! Siehscht da sealla Buaba dötta?’ ‚Jo, freile’, sait er, ‚sieh ehn.‘ Der Melcher gucket halt auch noh amol, und sait glei: ‚Jetz woiß ih, was es ischt. Dös ischt grad dear Steara‘, sait er, ‚vo deam miar mei Näne gsait hot; denn er hat zuamer gsait, as wear a Steara komma; und wenn der Steara komm, so wear im Judaland a nuier König uff d Wealt komma. Und uff am Taudbett hot er noh zuamer gesait: ‚Bua‘, sait er, ‚wenn da noh leabscht, wenn der Steara komma tuat, so gang nu glei ins Judaland, und suach da nuia König, bis an hoscht, und veraihra fei reacht.' – Und jetz seammer halt do, und weant afroga."

Herodes: „Weib, gang gschwind, und hol dein kleina Buaba! 's ka sei, as ischt der nui König."

Frau: „Freile wead er's sei. Ih willa gau seah lau, denn as ischt gar a heazigs Engele." (Geht ab.)

Frau: „Do bin ih schau wieder, und jetz könnet iahr dös nui Königle seah."

Balthasar: „Noi, noi, dös ischt es itt. Dös ischt jo nu so a schwazer, rotziger Bua, und as euser ischt a so a feis atigs Schätzle."

Frau: „Was, ihr Lumpa, ihr Landlaufer, ihr Leutebetrüager, ihr Schelma, ihr Dieab! Jetz haut ar gfressa, und richtet noh d' Leut derzua aus. So ischt es, wenn ma so ar a Lumpabagasche eabbas tuat; do hot ma Tuifels Dank dervo. Und du bischt der graischt Lump. Älles loscht rei. So müaßa mer verderba. Da stiehlscht di Kinder 's Braut weag. Da bischt a Kindermärder, a Stock, a Esel, a Ochs, a Büffel."

Herodes: „Jetz halt mer beim Akermeant amol 's Maul! Ih hau dös Prediga schau lang gnua ghairt. Dia Kanali ka noitz as poltera. Pack di naus, oder ih will der gau da Bschluß vo deiner Predigt macha mitama halb Dutzed Auhrfeiga."

wead: wird / agsait: angekündigt / Naut: Not / itt: nicht / Aihr: Ehre / teant: tun / gean: gern / weant: wollen / is: uns / fürre: hervor, nach vorne / nakeit: geworfen / Näne: Ahn / noitz: nichts

Stichworte zu den Autoren

von Arnim, Achim (* 1781 Berlin, † 1831 Wiepersdorf i. d. Mark)
Stammte aus altpreußischem Adelsgeschlecht. Studierte Naturwissenschaften und Jura in Halle und Göttingen. Freund von Clemens von Brentano, mit dem er die Liedersammlung „Des Knaben Wunderhorn“ herausgab. Mit Brentano und Josef Görres bildete er den Heidelberger Kreis der Romantik. Werke u. a.: Hollins Liebesleben (1802), Tröst-Einsamkeit (1808), Der Wintergarten (1809), Die Majoratsherren (1822), Landhausleben (1826).

Blüthgen, Viktor (* 1844 Zörbig/Halle, † 1920 Berlin)
Studierte Theologie in Halle. Arbeitete als Hauslehrer, war zeitweise Redakteur der „Gartenlaube“. Werke u. a.: Unser Hausgärtchen (1876), Bunte Novellen (1880), Gedichte (1881), Gesammelte Jugenderzählungen, 3 Bd. (1885 – 88), Das Weihnachtsbuch (1900), Bruder Serafin (1904), Teresita, die Zwergin u. a. Jugenderzählungen (1909), Hinter der Front (1916).

von Bodelschwingh, Friedrich (* 1831 Haus Mark/Tecklenburg, † 1910 Bethel)
Theologe. Seit 1872 Leiter der 1874 in Anstalt Bethel umbenannten „evangelischen Heil- und Pflegeanstalt für Epileptische Rheinlands und Westfalens“ in Bielefeld. 1882 Gründer der Arbeiterkolonie Wilhelmsdorf bei Bielefeld, 1905 der Arbeiterkolonien Hoffnungstal, Lobetal und Gnadental bei Berlin. 1903 Abgeordneter des Preußischen Landtags.

Brücker, Friedrich Wilhelm (* 1864 Straelen)
Sohn eines Schuhmachers, besuchte später eine Lateinschule und 1882 – 85 das Lehrerseminar in Elten. Lehrer in Rahm bei Düsseldorf und seit 1887 in Krefeld, seit 1911 in Hochemmerich (Kreis Moers) Werke u. a.: Weh, dem der lügt, Das Kind seiner Mutter (1894); Ein böser Traum. Auch ein Dichter (1894); Jugendspiegel (1895); Heimatglocken (2. Aufl./1908).

Brunner, Sebastian (* 1814 Wien, † 1893 Wien)
Sohn eines Seidenfabrikanten. Studium der Theologie in Wien. Priester und Kaplan in Neudorf, Perchtoldsdorf, Wienerherberg und Altlerchenfeld. 1845 Doktor der Theologie, 1849 Herausgeber der „Kirchenzeitung“. Werke u. a.: Wiener Neustadt (1842), Die Glockenweihe (1844), Fremde und Heimat (1845), Kirchen- und Staatsgedanken (1851), Gebetbuch für Reisende (1878), Kreuz- und Querfahrten in Italien (1888).

Busch, Wilhelm (* 1832 Wiedensahl/Hannover, † 1908 Mechtshausen/Harz)
Studium am Polytechnikum in Hannover und an den Kunstakademien in Düsseldorf, Antwerpen und München. Seit 1859 Mitarbeiter der „Fliegenden Blätter“ und der „Münchner Bilderbogen“. Werke u. a.: Max und Moritz (1858), Schnaken und Schnurren, 3. Bde. (1867 – 72), Die fromme Helene (1872), Hans Huckebein (1872), Bilder zur Jobsiade (1874), Abenteuer eines

Junggesellen (1876), Maler Klecksel (1883), Zu guter Letzt (1904), Ein Abenteuer in der Neujahrsnacht (1911).

Cassel, Paulus (* 1821 Großglogau, † 1892 Friedenau/Berlin)
Studierte bei Ranke in Berlin Geschichte; Ausbildung zum Rabbiner. 1855 Übertritt zur evangelischen Kirche. Bibliothekar in Erfurt, 1867 Prediger in Berlin. Lebte seit 1890 als freier Schriftsteller in Friedenau. Werke u. a.: Historische Studien (1847), Dialoge über Wissenschaft und Christentum (1856), Weihnachten (1862), Die Schwalbe und ihre Heimkehr (1867), Deutsche Reden (1871), Die Juden in der Weltgeschichte (1880), Vom Nil zum Ganges (1880), Fredegunde (1883), Ahasverus (1885).

Dahn, Felix (* 1834 Hamburg, † 1912 Breslau)
Studierte in München und Berlin, wurde 1862 Privatdozent für deutsche Rechtsgeschichte in München, Mitglied des Dichterkreises „Krokodil", 1863 als Professor nach Würzburg, 1872 an die Universität Königsberg, 1888 an die Universität Breslau berufen. Werke u. a.: Gedichte (1857), Die Könige der Germanen (20 Bände, 1861 – 1911), Ein Kampf um Rom (4 Bände, 1876), Julian der Abtrünnige (3 Bände, 1893), Meine wälschen Ahnen (1903).

von Droste-Hülshoff, Annette (* 1797 Schloß Hülshoff bei Münster, † 1848 Meersburg)
Stammte aus einem alten westfälischen Geschlecht und erhielt eine umfassende Bildung. Hatte Kontakt mit zahlreichen Dichtern und Schriftstellern ihrer Zeit (u. a. Simrock, Schücking, Uhland). Lebte ab 1841 in Meersburg. Werke u. a.: Gedichte (1838), Die Judenbuche (1842), Gedichte (1844), Das geistliche Jahr (1852), Letzte Gaben (1860).

Fleming, Paul (* 1609 Hartenstein/Erzgebirge, † 1640 Hamburg)
Sohn eines Pastors. Studium in Leipzig. Begleitete als Hofjunker und Truchseß die Gesandtschaft des Herzogs von Holstein nach Moskau und Persien. 1640 Promotion zum Dr. med. in Leiden. Werke u. a.: Davids Bußpsalme und Manasse Gebet (1631), Poetischer Gedichte Prodomus (1641), Teutsche Poëmata (1641), Geist- und Weltliche Poëmata (1651).

Frapan, Ilse [eigentlich Ilse Levien] (* 1852 Hamburg, † 1908 Genf)
Volksschullehrerin in Hamburg, später Studium in München. Lebte zeitweise in Stuttgart und Zürich, dann wieder in Hamburg. Befreundet mit Theodor Storm. Werke u. a.: In der Stille (1879), Hamburger Novellen (1886), Zwischen Elbe und Alster (1890), Bittersüß (1891), Zu Wasser und zu Lande (1894), Wehrlose Novellen (1900), Altmodische Leute (1902), Jugendzeit (1904), Milch und Blut (1910).

Freytag, Gustav (* 1818 Kreuzberg/Schlesien, † 1895 Wiesbaden)
Studierte in Breslau Germanistik unter Hoffmann von Fallersleben und in Berlin. 1839 Privatdozent für deutsche Sprache und Literatur in Breslau.

Seit 1844 ausschließlich als Schriftsteller tätig. Leitete 1848 – 70 die „Grenzboten“ in Leipzig. Als Mitglied der nationalliberalen Partei im Norddeutschen Reichstag. 1886 Geheimer Hofrat. Werke u. a.: Bilder aus dem Volke (1838 – 41), Die Journalisten (1854), Soll und Haben, 3 Bde. (1854), Bilder aus der deutschen Vergangenheit, 5 Bd. (1859 – 67), Die Ahnen, 6 Bände (1873 – 81), Erinnerungen aus meinem Leben (1887).

Goethe, Johann Wolfgang von (* 1749 Frankfurt/M., † 1832 Weimar)
1765 – 71 Jurastudium in Jena und Straßburg; ab 1775 in Weimar, wo er von Herzog Karl August 1779 zum Geheimrat ernannt wurde; 1782 Verleihung des Adelsprädikats durch Kaiser Joseph II. In den Jahren 1783 – 1784 und 1786/90 Reisen u. a. nach Italien. Hielt sich auch mehrmals am Rhein auf; so 1792, 1794 und 1815. Werke u. a.: Götz von Berlichingen (1773); Die Leiden des jungen Werthers (1774); Rheinischer Most (1775); Iphigenie auf Tauris (1787); Egmont (1788); Torquato Tasso (1790); Wilhelm Meisters Lehrjahre (1795 bis 1796); Faust I (1808); Die Wahlverwandtschaften (1809); Aus meinem Leben, Dichtung und Wahrheit (1811/22); Faust II (1833).

Goltz, Bogumil (* 1801 Warschau, † 1870 Thorn)
Studium der Theologie und Philosophie in Breslau. 1823 Erwerbung des Gutes Lissowo bei Thorn, nach dessen Aufgabe seit 1830 in Gollub. Lebte seit 1847 als freier Schriftsteller in Thorn. Werke u. a.: Buch der Kindheit (1847), Ein Jugendleben, 3 Bde. (1852), Ein Kleinstädter in Ägypten (1853), Der Mensch und die Leute (1858), Die Deutschen (1860), Typen der Gesellschaft, 2 Teile (1860).

Goos, Berend (* 1815 Hamburg, † 1885 Hamburg)
Zunächst Apotheker, dann geschätzter Landschafts- und Genremaler. Werke: Erinnerungen aus meiner Jugend, 3 Bde. (1896/97).

Gotthelf, Jeremias [eigentlich Albert Bitzius] (* 1797 Murten, † 1854 Lützelflüh/Emmental)
Sohn eines Pastors. Studium in Göttingen. 1826 Vikar in Herzogenbuchsee, 1831 in Lützelflüh, 1832 dort Pfarrer. 1835 – 45 außerdem Schulkommissär. Werke u. a.: Der Bauernspiegel oder Lebensgeschichte des Jeremias Gotthelf (1837), Die Wassernot im Emmental (1838), Wie Uli, der Knecht, glücklich wird (1841), Bilder und Sagen aus der Schweiz (1842 – 46), Wie Anne Bäbi Jowäger haushaltet und wie es mit dem Doktern geht, 2 Bde. (1843 f.), Käthi, die Großmutter (1847), Gesammelte Erzählungen und Bilder aus dem Volksleben der Schweiz, 5 Bde. (1850 – 55).

Grimm, Ludwig Emil (* 1790 Hanau, † 1863 Kassel)
Bruder der Märchensammler Jakob und Wilhelm Grimm, Maler und Kupferstecher.

Gryphius, Andreas [eigentlich Greif] (* 1616 Glogau, † 1664 Glogau)
Sohn eines Predigers. Bereiste seit 1638 Holland, Frankreich und Italien. Studierte in Leiden. 1650 Syndikus bei den Ständen des Fürstentums Glogau. Werke u. a.: Fontanalia (1638), Sonette, Oden, Epigramme (1643), Teutsche Reim-Gedichte (1650), Übersetzte Lob-Gesänge oder Kirchen-Lieder (1660), Horribilicribrifax (1663), Absurda Comica oder Herr Peter Squentz (1663).

Güll, Friedrich (* 1812 Ansbach, † 1879 München)
Besuchte 1829 das Schullehrerseminar in Altdorf; Lehrer in Ansbach und ab 1842 in München. Verfasser volkstümlicher Kinder- und Jugendschriften. Werke u. a.: Kinderheimat in Liedern und Bildern (1836); Perlen aus dem Schatze deutscher Lyrik (1850), Lieder und Sprüche (1863).

Hebbel, Friedrich (* 1813 Wesselburen, † 1863 Wien)
Zunächst Schreiber beim Kirchspielvogt seines Geburtsortes; dann Studium der Geschichte, Literatur und Philosophie in Heidelberg und München. Ausgiebige Reisetätigkeit durch Europa und Beginn des dramatischen Schaffens. Werke u. a.: Gedichte (1842), Maria Magdalena (1844), Schnock (1850), Agnes Bernauer (1855), Erzählungen und Novellen (1855), Die Nibelungen (1862).

Hebel, Johann Peter (* 1760 Basel, † 1826 Schwetzingen)
Als Sohn armer Eltern geboren, studierte Hebel in Erlangen Theologie und wurde Vikar und Hauslehrer; ab 1783 Lehrer am Pädagogium in Lörrach; 1808 Direktor am Gymnasium in Karlsruhe; 1819 Prälat und Landtagsabgeordneter. Bedeutendster alemannischer Mundartdichter, schrieb im Dialekt der Gegend um Lörrach „Alemannische Gedichte" (1803 und 1820), daneben auch schlichte, z. T. didaktische Kurzerzählungen, die in seinem Kalender „Der Rheinländische Hausfreund" (1808 bis 1811), später im „Schatzkästlein des rhein. Hausfreundes" (1811) erschienen und ihn als Meister der Anekdote und der volkstümlichen Kalendergeschichte ausweisen.

Heiberg, Hermann (* 1840 Schleswig, † 1910 Schleswig)
Buchhändler in Kiel und Berlin, seit 1870 Geschäftsführer der „Norddeutschen Allgemeinen Zeitung". 1883 Vertreter des „Hamburgischen Korrespondenten" in Berlin, ab 1892 freier Schriftsteller in Schleswig. Werke u. a.: Acht Novellen (1882), Die goldene Schlange (1884), Esthers Ehe (1886), Geschichten (1888), Drei Schwestern (1891), Dunkle Geschichten (1892), Am Kamin (1893), Zwischen engen Gassen (1896), Norddeutsche Menschen (1898), Der Landvogt von Pellworm (1902).

Heyse, Paul (* 1830 Berlin, † 1914 München)
Studium der Philogie und romanischen Sprachen in Berlin und Bonn. 1854 Übersiedlung nach München, wohin König Maximilian II. Heyse berufen hatte. Sein Haus wurde der künstlerische Mittelpunkt des Münchner Dichterkreises. Erhielt 1910 den Literatur-Nobelpreis. Werke u. a.: Die Sabine-

rinnen (1859), Ludwig der Bayer (1862), Ges. Novellen in Versen (1863), Meraner Novellen (1864), Moralische Novellen (1869), Neues Novellenbuch (1871), Neues Münchner Dichterbuch (1882), Deutscher Novellenschatz (1871–76).

Hille, Peter (* 1854 Erwitzen, † 1904 Groß-Lichterfelde)
Nach zahlreichen Wanderfahrten ab 1891 vorwiegend in Berlin. Befreundet mit den Brüdern Hart und Mitglied in deren freireligiöser „Neuen Gemeinschaft". Werke u. a.: Die Sozialisten (1887), Des Platonikers Sohn (1896), Kleopatra (1902), „Die Hassenburg" und „Myrrdin und Vivyan" in den Ausgewählten Werken (1905), Aus dem Heiligtum der Schönheit (1909).

Hoffmann, Ernst Theodor Amadeus (* 1776 Königsberg, † 1822 Berlin)
1792 – 95 Jurastudium in Königsberg, 1800 Assessor in Posen, ab 1804 in Warschau. War zwischen 1808 und 1813 in Bamberg u. a. als Kapellmeister, Komponist und Musikkritiker tätig. 1813/14 Musikdirektor bei Secondas Schauspieltruppe in Leipzig und Dresden. Ab 1814 wieder in Berlin; 1816 Regierungsrat am Kammergericht in Berlin. Werke u. a.: Fantasiestücke in Callots Manier (1814 f.), Die Elexiere des Teufels (1815 f.), Klein Zaches genannt Zinnober (1819), Die Serapions-Brüder (1819 – 22), Lebens-Ansichten des Katers Murr (1820 – 22), Prinzessin Brambilla (1821), Meister Floh (1822).

Hoffmann von Fallersleben, August Heinrich (* 1798 Fallersleben/Lüneburg, † 1874 Corvey)
1816 Studium in Göttingen, später in Bonn (Germanistik). Sammelte Volkslieder. 1823 Kustos der Universitätsbiliothek Breslau, 1834 ordentlicher Professor der deutschen Sprache und Literatur in Breslau. Verfaßte 1841 das Deutschlandlied. 1860 Bibliothekar des Herzogs von Ratibor auf Schloß Corvey. Werke u. a.: Deutsche Lieder (1815), Die Schlesische Nachtigall (1825), Spanische Romanzen (1831), Reineke Vos (1834), Buch der Liebe (1836), Deutsche Gassenlieder (1843), Diavolini (1845), Heimatklänge (1851), Alte und neue Kinderlieder (1873).

Keller, Gottfried (* 1819 Zürich, † 1890 Zürich)
Durch Verweis von der Schule mußte sich Keller als Autodidakt bilden. Wurde nach gescheiterter Malerlaufbahn Schriftsteller. Nach Erscheinen seines Bandes „Gedichte" erhielt er von der Stadt Zürich ein Stipendium zur Ausbildung in Deutschland, die ihn 1850 – 55 nach Berlin führte. 1861 – 76 erster Staatsschreiber in Zürich. Werke u. a.: Gedichte (1846), Neuere Gedichte (1851), Der grüne Heinrich (1854 – 55), Die Leute von Seldwyla (1856/1874), Sieben Legenden (1872) Züricher Novellen (1876 – 78), Das Sinngedicht (1881), Martin Salander (1886).

Kerner, Theobald (* 1817 Gaildorf, † 1907 Weinsberg)
Sohn von Justinus Kerner. Studierte in Tübingen Medizin, war Arzt in Weinsberg (mit seinem Vater). War in die politischen Unruhen des Jahres 1848 verwickelt, floh nach Straßburg, wurde zu 10 Monaten Gefängnis verurteilt, später begnadigt. Seit 1863 war er wieder Arzt in Weinsberg. Werke u. a.: Gedichte (1845), Aus dem Kinderleben (1858), Tragische Erlebnisse (1864), Der Einsiedler an der Weibertreu (1870), Dichtungen (1879), Das Kernerhaus und seine Gäste (1894).

von Kügelgen, Wilhelm (* 1802 St. Petersburg, † 1867 Bernburg)
Sohn des Malers Gerhard von Kügelgen. Hofmaler in Bernburg. Werke u. a.: Jugenderinnerungen eines alten Mannes (1870), Zwischen Jugend und Reife (1925).

Kurz, Hermann (* 1813 Reutlingen, † 1873 Tübingen)
Studierte am evangelischen Stift in Tübingen, 1848 bis 1854 Leiter des liberalen „Beobachters“ in Stuttgart, seit 1863 Bibliothekar an der Universitätsbibliothek Tübingen. Vater von Isolde Kurz. Werke u. a.: Gedichte (1836), Dichtungen (1839), Schillers Heimatjahre (1843), Der Sonnenwirt (1855), Der Weihnachtsfund (1856), Erzählungen (1858), Aus den Tagen der Schmach (1871).

Lenau, Nikolaus [eigentlich Niembsch Edler von Strehlenau] (* 1802 Csatád/ Ungarn, † 1850 Ober-Döbling/Wien)
Studierte Philosophie, Jura und Medizin in Wien und Preßburg, ohne einen Abschluß zu erreichen. Ging 1831 nach Stuttgart, dort freundschaftliche Kontakte mit dem schwäbischen Dichterkreis. 1832 Auswanderung in die USA, 1833 enttäuschte Rückkehr. Lebte danach abwechselnd in Württemberg und Österreich. 1844 verfiel er dem Wahnsinn, Einlieferung in die Irrenanstalt. Werke u. a.: Gedichte (1832), Faust (1836), Savonarola (1838), Die Albigenser (1843), Gedichte (1844).

Meyer, Elard Hugo (* 1837 Bremen, † 1908 Freiburg i. Br.)
Volkskundler, seit 1890 Professor in Freiburg. Werke u. a.: Badische Volkskunde (1894), Badisches Volksleben im 19. Jahrhundert (1900).

Mörike, Eduard (* 1804 Ludwigsburg, † 1875 Stuttgart)
Sohn eines Arztes. Besuchte das evangelische Seminar in Urach und das Tübinger Stift. Wurde mit 30 Jahren Pfarrer in Cleversulzbach. Ließ sich schon 1843 aus Gesundheitsgründen pensionieren. Heiratete 1851 die katholische Offizierstochter Margarethe von Speeth. Lebte bis zu seinem Tod in Stuttgart. Werke u. a.: Maler Nolten (1832), Gedichte (1839/1844), Idylle vom Bodensee (1846), Das Stuttgarter Hutzelmännlein (1853), Mozart auf der Reise nach Prag (1856).

Raabe, Wilhelm (* 1831 Eschershausen, † 1910 ebenda)
Raabe fing eine Buchhändlerlehre an und nahm ab 1854 in Berlin das Studium der Philosophie auf. Z. T. auf Hörsaalbänken schrieb er seine „Chronik der Sperlingsgasse", für die sich trotz des lobenden Urteils von Alexis erst nach eineinhalb Jahren ein Verleger fand. Der Erfolg des Buches ließ ihn das Studium abbrechen und als Schriftsteller leben. 1856 Wechsel nach Wolfenbüttel. Werke u. a.: Die Chronik der Sperlingsgasse (1857 unter dem Pseudonym Jakob Corvinus), Die Leute aus dem Walde, ihre Sterne, Wege und Schicksale (1863), Der Hungerpastor (1864), Abu Telfan oder Die Heimkehr vom Mondgebirge (1868), Der Schüdderump (1870), Das Odfeld (1888), Stopfkuchen. Eine See- und Mordgeschichte (1891), Die Akten des Vogelsangs (1895), Hastenbeck (1899).

Reuter, Fritz (* 1810 Stavenhagen, † 1874 Eisenach)
Studierte in Rostock und Jena. Burschenschafter, 1833 in Berlin wegen Hochverrats zum Tode verurteilt, von Friedrich Wilhelm III. zu 30 Jahren Festungshaft begnadigt. Vorzeitig aus der Haft entlassen. 1856 – 63 lebte er in Neubrandenburg. Werke u. a.: Die Reise nach Braunschweig (1823), Briefe des Herrn Inspektors Bräsig (1855), Olle Kamellen (1859), Ut mine Festungstid (1862), Ut mine Stromtid (1862 ff.), Urgeschicht von Meckelnborg (1874).

Rietschel, Ernst (* 1804 Pulsnitz/Lausitz, † 1861 Dresden)
Bekannter Bildhauer; seit 1820 Besuch der Dresdner Kunstakademie, seit 1826 in Berlin Schüler von Rauch, 1832 als Professor nach Berlin berufen. Seine „Jugenderinnerungen" erschienen 1873/1881.

Rosegger, Peter (* 1843 Alpl/Obersteiermark, † 1918 Krieglach)
Sohn armer Bauern, wuchs als Hirtenknabe auf; völliger Autodidakt. 1870 Reisen nach Deutschland, den Niederlanden, der Schweiz, 1872 nach Italien. 1876 Gründer der Monatsschrift „Heimgarten". Werke u. a.: Zither und Hackbrett (1870), Sittenbilder aus dem steirischen Oberlande (1870), Aus dem Walde (1873), Waldheimat (1877), Die Schriften des Waldschulmeisters (1878), Neue Waldgeschichten (1883), Waldferien (1887), Alpengeschichten (1896), Mein Waldleben oder Wie es dem Waldbauernbuben bei den Stadtleuten erging (1897), Als ich noch der Waldbauernbub war, 3 Bde. (1902), Das Sündenglöckel (1904).

Rückert, Friedrich (* 1788 Schweinfurt, † 1866 Neuseß bei Coburg)
Wuchs in ärmlichen Verhältnissen auf. Studium in Würzburg, 1811 Habilitation in Jena. 1812 Gymnasiallehrer in Hanau. 1815 Schriftleiter am Cottaschen „Morgenblatt" in Stuttgart, 1826 Professor für orientalische Philologie in Erlangen, 1841 in Berlin. Werke u. a.: Deutsche Gedichte (1814), Gesammelte Gedichte, 6 Bde. (1834 – 38), Erbauliches und Beschauliches aus dem Morgenlande, 2 Bde. (1837 f.), Liebesfrühling (1844), Ein Dutzend Kampflieder der Schleswig-Holsteiner (1863), Sawitri (1866).

Sailer, Sebastian (* 1714 Weißenhorn/Schwaben, † 1777 Obermachtal a. d. Donau)
Bürgerlicher Name: Johann Valentin Sailer, Sebastian war der Name, den er als Prämonstratenser annahm. War ein berühmter Prediger. Komponierte auch Kirchenmusik. Werke u. a.: Das jubilierende Marchtal (1771), Die Erschaffung der Welt und der Sündenfall (1811).

Schenkendorf, Max von (* 1783 Tilsit, † 1817 Koblenz)
Nach Studium in Königsberg dort ab 1806 Referendar. 1812 Übersiedlung nach Karlsruhe, 1813 Teilnahme an den Befreiungskriegen, 1815 Regierungsrat in Koblenz. Besonders bekannt sind seine patriotischen Lieder. Werke: Gedichte (1810), Poetischer Nachlaß (1832), Sämtliche Gedichte (1837).

Söhle, Karl (* 1861 Uelzen, † 1947 Dresden)
Lehrer. 1885 vorübergehend Ausbildung am Konservatorium in Dresden. Mit dem Professoren-Titel ausgezeichnet. Werke u. a.: Musikantengeschichten (1898), Musikanten und Sonderlinge (1900), Schummerstunde (1905), Föhringer Wunderbilder (1907), Der heilige Gral (1911), Der verdorbene Musikant (1918).

Spieß, Philipp Ernst (* 1734 Ettenstatt bei Weißenburg/Bay.)
Besuchte das Gymnasium in Ansbach und studierte in Jena Jura und Geschichte. Ab 1754 als Kadett bei der markgräflichen Leibkompanie in Gunzenhausen. 1758 Beförderung zum Fähnrich, 1762 zum Unterleutnant, 1763 zum Oberleutnant, 1769 Anstellung als erster Geheimer Archivar auf der Plassenburg. Werke u. a.: Artikel und Rezensionen in „Mensels Geschichtsforscher", Halle 1775 – 79, und in „Mensels historischen Untersuchungen", Nürnberg 1779 – 80.

Stinde, Julius (* 1841 Kirch-Nüchel bei Eutin, † 1905 Olsberg)
Nach Apothekerlehre und Studium der Chemie Werkführer einer Chemiefabrik in Hamburg, später Redakteur. Nach ausgedehnten Reisen 1876 Übersiedlung nach Berlin. Am bekanntesten sind von Stinde die Unterhaltungsromane um die kleinbürgerliche Berliner Familie Buchholz: Buchholzens in Italien (1883); Die Familie Buchholz (1884 – 86), Frau Buchholz im Orient (1888), Wilhelmine Buchholz' Memoiren (1895), Hotel Buchholz (1897). Weitere Werke: In eiserner Faust (1872), Alltagsmärchen (1873); Hamburger Leiden (1875), Aus der Werkstatt der Natur (1880), Waldnovellen (1881), Humoresken (1892), Der Liedermacher (1893).

Storm, Gertrud (* 1865 Husum, † 1936 Husum)
Tochter von Theodor Storm. Werke u. a.: Briefe in die Heimat (1907), Theodor Storm, ein Bild seines Lebens (1911), Mein Vater für die Jugend (1922), Vergilbte Blätter aus der grauen Stadt (1923).

Storm, Theodor (* 1817 Husum, † 1888 Hademarschen)
Studierte in Kiel und schloß 1842 mit der Staatsprüfung ab. Ließ sich zunächst in Husum als Rechtsanwalt nieder. Durchlief von 1853 an die richterliche Karriere, bis er 1879 in Husum zum Amtsgerichtsrat ernannt wurde. Ab 1880 lebte er als Pensionär in Hademarschen. Werke u. a.: Immensee (1849), Von jenseits des Meeres (1863 – 64), Pole Poppenspäler (1873 – 74), Der Schimmelreiter (1885 – 86).

Tieck, Ludwig (* 1773 Berlin, † 1853 Berlin)
Sohn eines Seilers. Studium in Halle, Erlangen und Göttingen (Geschichte, Archäologie, Philologie). Ging 1799 nach Jena, dort Kontakt mit den Brüdern Schlegel, Schelling und Novalis. 1801 – 03 in Dresdnen. 1842 von Friedrich Wilhelm IV. als Vorleser und Geheimer Hofrat nach Berlin berufen. Werke u. a.: Die Sommernacht (1789), Almansur (1790), Die Brüder (1795), Wundersame Liebesgeschichte von der schönen Magelone und dem Grafen Peter aus der Provence (1796), Der blonde Eckbert (1796), Der gestiefelte Kater (1797), Die Freunde (1797), Historie von der Melusina (1800), Die Gemälde (1821), Das Zauberschloß (1830), Des Lebens Überfluß (1839), Vittoria Accorombona, 2 Bde. (1840).

Thoma, Ludwig (* 1867 Oberammergau, † 1921 Rottach-Egern)
Studierte in Aschaffenburg Forstwissenschaften, in München und Erlangen Jura. Rechtsanwalt in Dachau, 1897 Rechtsanwalt in München, ab 1899 freier Schriftsteller. Mitarbeiter des „Simplicissimus". Werke u. a.: Agricola (1897), Lausbubengeschichten (1905), Peter Schlemihl (1906), Briefwechsel eines bayerischen Landtagsabgeordneten (1909), Der Wittiber (1911), Jozef Filsers Briefwexel (1912), Waldfrieden (1917), Der Ruepp (1922).

Für die freundliche Erteilung von Abdrucksgenehmigungen danken wir insbesondere dem Verlag R. Piper & Co, München (für Ludwig Thomas Gedicht „Heilige Nacht", aus „Gesammelte Werke") und dem L. Staackmann Verlag, München (für Peter Roseggers Erzählung „Das Christkind von Scharau", aus der Gesamtausgabe).